BASTEI
LÜBBE
TASCHENBUCH

Über die Autoren:

Max ist Mitte dreißig, frisch gebackener Großstadtfamilien-
vater und arbeitet im sozialen Bereich. Jakob ist Anfang dreißig, Single und arbeitet im unsozialen Bereich: den Medien.
Beide leben und lieben in Berlin. Seit Januar 2015 betreiben
sie ihren Podcast BESTE FREUNDINNEN, der von Tausenden
gehört wird.

MAX & JAKOB

BESTE FREUNDINNEN

Wenn Männer über
Frauen, Sex und den Sinn
des Lebens reden

BASTEI
LÜBBE
TASCHENBUCH

BASTEI LÜBBE TASCHENBUCH
Band 60955

Dieser Titel ist auch als E-Book erschienen

Originalausgabe

Copyright © 2017 by Bastei Lübbe AG, Köln
Textredaktion: Tobias Schumacher-Hernández
Titelillustration: © Martina Hoffmann
Umschlaggestaltung: www.buerosued.de
Satz: hanseatenSatz-bremen, Bremen
Gesetzt aus der Serifa STD
Druck und Verarbeitung: CPI books GmbH, Leck
Printed in Germany
ISBN 978-3-404-60955-0

2   4   5   3

Sie finden uns im Internet unter
www.luebbe.de
Bitte beachten Sie auch: www.lesejury.de

INHALT

WARUM WIR DIESES BUCH GESCHRIEBEN HABEN

Hallo, mein Name ist Jakob. Also fast. Mein richtiger Name ist auch aus der Bibel, aber ein wenig anders. Dazu später mehr. Schön, dass du dir dieses Buch online bestellt, in der Buchhandlung deines Vertrauens gekauft, bei Freunden geliehen, eine Raubkopie aus dem Internet gezogen hast oder vielleicht gerade vor dem Regal stehst und erst mal nur überlegst, ob es etwas für dich ist. Wir freuen uns jedenfalls, dass du das Buch in den Händen hältst, ganz egal, wie es dort hingekommen ist.

Ich persönlich hasse Vorworte. Deshalb überspringe ich sie auch in den meisten Fällen rigoros, weil es mich wenig interessiert, ob Autor XY seiner Frau dankt, dass sie ihm bei Schreibblockaden und der Strukturierung geholfen hat. Aber um dir ein Gefühl dafür zu geben, worum es uns in diesem Buch überhaupt geht, ist ein Vorwort vielleicht ganz nützlich.

Selbst wenn ich nur ein Jahr zurückgehe, hätte ich nie gedacht, dass ich einmal ein Buch schreiben würde. Geschweige denn mit meinem besten Freund Max, der übrigens mal wieder unter einer Männergrippe leidet und dem Vorwort deshalb nur indirekt durch mich und meinen Blick auf ihn beiwohnen kann.

Alles fing damit an, dass Max und ich einen Anlass suchten, uns regelmäßig zu treffen. Ich neige nämlich dazu, die Dinge, die ich wirklich gerne mache, hinter die tausend Sachen zurückzustellen, die ich für mein berufliches Vorankom-

9

men erledigen muss. Wenn es aber einen guten Grund gibt, sich zu treffen, können sich all die Alltagsverpflichtungen nicht mehr so schnell dazwischendrängen.

Speziell unter Männern stelle ich immer wieder fest, dass gemeinsame Hobbys zusammenschweißen. Ich blickte auf unsere zehnjährige Freundschaft zurück und stellte fest, dass Max und ich schon immer eine Verbindung hatten, die ich mit nur sehr wenigen Menschen teile. Dass es ihm mit mir genauso geht, lallte er mir auch einmal im leicht berauschten Zustand ins Ohr. Diese Verbindung ist: Wir können extrem gut miteinander reden und finden auf einer besonderen Ebene zueinander. Wenn einer von uns im Gespräch einen Gedanken anstößt, weiß der andere meist schon, wie es weitergeht. Und ob wir nun gegenseitig unsere Gedanken zu Ende denken oder neue Perspektiven beisteuern: Es fühlt sich immer so an, als ob wir einander extrem gut verstehen.

Ich glaube, in einer Freundschaft geht es oft um das Potenzial des gegenseitigen Verständnisses und Vertrauens. Und mit Vertrauen meine ich nicht, dass man davon ausgeht, dass der Freund für einen da ist, wenn der nächste Umzug in den fünften Stock ansteht, und man niemals mit seiner Freundin schlafen würde. Das sind Sachen, die sich in der Praxis zeigen und zum Fundament gehören.

Mit Vertrauen meine ich, dass man dem anderen zutraut, einen verstehen zu können und Gedanken mitzugeben, die für einen selbst genauso wertvoll sind wie die eigenen. Zwischen Max und mir ist das definitiv so. Mit Vertrauen meine ich auch, dass man sich einander anvertraut. Vielleicht ist das sogar die wichtigste Sache in einer Freundschaft. Und das machen wir schon seit Anbeginn so – wir sind ziemlich offen und ehrlich. Wir können uns alles erzählen, und auch wenn mal ein abwertender oder dummer Spruch vom anderen kommt, wissen wir beide doch, dass wir niemals die Freundschaft infrage stellen.

Hinzu kommt, dass wir beide die Jamie Olivers der Küchenpsychologie sind und uns immer wieder begeistert in verschiedenen selbstgebackenen Handlungsmotivationstheorien verlieren. Im Nachhinein ist es naheliegend, dass wir unserer Leidenschaft mit dem Podcast einen Rahmen gegeben haben. Laut Max gibt es diese besondere Ebene nur zwischen gleichgeschlechtlichen Freunden. In unserem Fall heißt das plakativ: Wahre Freundschaft gibt es nur zwischen Männern – und so war »Beste Freundinnen« geboren.

Der Entschluss war gefasst, wir zögerten nicht lange und nahmen eine Woche nachdem wir die Idee besprochen hatten, die erste Folge auf. Doch natürlich ist es etwas anderes, nur miteinander zu quatschen oder zu wissen, dass das Gespräch aufgezeichnet wird. Um wirklich ehrlich miteinander in der Öffentlichkeit reden zu können, ohne den Druck der Bewertung durch andere, entschieden wir uns deshalb für Pseudonyme. Dass wir die wirklich brauchen würden, hätten wir nie gedacht, weil wir nicht damit rechneten, dass irgendwer sich für unseren Podcast interessiert.

In der ersten Folge ging es um das Thema »Traumfrau«. Es war mehr wie ein Interview, in dem ich Max ausquetschte. Es drehte sich vor allem um die Frage, ob seine Freundin seine Traumfrau ist, und von da aus ging es immer weiter bis hin zu den großen Lebensfragen. Max gefielen meine Fragen gar nicht, und er wollte sich aus der Situation rauswinden wie ein Wurm. Aber mein messerscharfer Spaten hatte ihn gepackt, und er stand ehrlich und offen Rede und Antwort. Und ich tat es ihm gleich. Von da an sprudelten die Themen nur so aus uns heraus, und wir hatten gleich eine ganze Batterie an weiteren Ideen für die nächsten Folgen.

Gemeinsam mit meinem besten Freund an einer Sache zu arbeiten fühlte sich gut an. Wir wussten nicht, ob es sich jemand anhören würde, aber es war uns auch egal. Es ging um die gemeinsame Aktion und nicht um die Aufmerksamkeit. Wie Tagebuch schreiben oder meinetwegen auch eine Therapiesitzung. Jemand anders ist da und spiegelt die Gedanken. Andere Menschen sind immer auch Projektionsfläche für die eigenen Gedanken und das Selbst. Mit dem Podcast hatten wir den Spiegel vergrößert. Um wie viel, konnten wir zu diesem Zeitpunkt noch nicht erahnen.

Unser Plan mit dem gemeinsamen Hobby ging voll auf: Wir trafen uns Woche für Woche und nahmen Folge um Folge auf. Irgendwann sprach ich Matze Hielscher von *Mit Vergnügen* an, ob er nicht Bock hat, das Teil auf seiner Seite hochzuladen.

Eine Eigenschaft, die beruflich erfolgreiche Menschen oftmals teilen, stellte ich auch bei Matze fest: Sie zögern nicht wahnsinnig lang, sondern machen einfach. Eine Woche später war der Podcast online und wir überrascht von der Resonanz. Im Postfach ploppten seitenlange E-Mails auf – mit Kommentaren, Fragen und Themen, die unsere Zuhörer beschäftigten. Menschen, die weder uns kannten noch wir sie. Auf sonderbare Weise hatte der Podcast eine Ebene geschaffen, die das Vertrauen zwischen Max und mir auch auf unsere Hörer ausdehnte. Und das war und ist ein wirklich großes Gefühl. Sich mit einem solchen Medium mit anderen zu verbinden und in aller Unterschiedlichkeit doch festzustellen, dass viele Menschen – egal welchen Geschlechts, welcher sexueller Orientierung und Sozialisierung – sich tief im Inneren mit ähnlichen Themen beschäftigen oder rumschlagen. So unterschiedlich, wie es manchmal scheint, sind wir gar nicht. Zum Glück.

Im Podcast formulierten wir ganz unverblümt Gedanken, die wir nicht nach gängigen Konventionen und Verhaltensregeln bewerteten. Um zu verstehen, was in einem anderen vorgeht, ist es wichtig, ungefiltert zu hören, wie er über gewisse Dinge denkt oder was er sagen würde, wenn er ersten Impulsen folgt. Es sind meist unbewusste Gedanken und Überzeugungen, die unser Weltbild und Handeln beeinflussen, aber niemals unter dem Hammer der Be- und Abwertung zum Vorschein kommen würden. Ich glaube, es ist viel spannender, genau über diese Gedanken zu diskutieren und daran zu arbeiten, weil sie so viel mehr über die Weltsicht aussagen als gefilterte Ansichten, die gesellschaftlich akzeptiert sind. Es ist nicht alles richtig, was man da sagt, und es ist bestimmt nicht alles schön. Aber es ist die Grundlage für eine ehrliche Diskussion.

Jede Frau weiß, dass sich die Art und Weise ändert, wie man miteinander redet, wenn eine andere Frau den Raum betritt. Geschlecht hat einen Einfluss auf die Kommunikation. Wenn dann ein Mann den Raum betritt, ändert sich wieder die Art, wie diese Gruppe von Frauen miteinander redet. Die Dynamik verändert sich, weil – evolutionär gesprochen – ein potenzieller Paarungspartner den Raum betritt und man sich alle Möglichkeiten offenhalten möchte. Dieser Prozess läuft mehr oder weniger unterbewusst ab.

Falls du jetzt denkst: Ich mache da keine Unterschiede zwischen männlichen und weiblichen Personen, kann ich nur sagen: Herzlichen Glückwunsch zur Ankunft im Nirwana der sexuellen Neutralisierung! Da bin ich noch nicht. Und Max auch nicht.

Wir werden von der Gesellschaft sozialisiert, von unseren Vätern und stärker vielleicht noch von unseren Müttern sowie von unseren Freunden. Am Ende muss alles durch einen Filter, der aus der Summe unserer Erfahrungen besteht. Gedanken kann man kritisieren, verachten und verwerflich finden, aber sie sind nun mal da. Wir wissen, dass einige davon provokativ und vielleicht sogar verletzend sind. Wer nicht wissen möchte, wie oberflächlich und in Machogebärden Männer oft reden und andererseits sensibel und offen miteinander umgehen, für den ist dieses Buch vielleicht ein reiner Aufreger, das man immer dann zur Hand nehmen kann, wenn man mal wieder einen Puls im dreistelligen Bereich braucht, ohne dafür Sportklamotten anziehen zu müssen. Für alle anderen soll es ein authentischer Einblick in die Gedankenwelt von zumindest zwei Exemplaren der Gattung Mann sein. Wobei ich merke, wenn ich mit Freunden und Bekannten spreche, dass sie viele Dinge sehr ähnlich sehen. Wir sind bestimmt nicht alle Männer, aber vielleicht sprechen wir für mehr als nur uns beide.

Nachdem der Podcast etwa ein Jahr lief, erhielten wir eine E-Mail von einer Lektorin. Sie schrieb, dass sie den Podcast sehr mag. Ob wir nicht Lust hätten, ein Buch zu schreiben. Erst mal packte mich großes Unbehagen bei dem Gedanken daran. Ich hatte gerade meine Masterarbeit in Psychologie abgeschlossen und war froh, den unangenehmen Schreibprozess beendet zu haben. Außerdem wusste ich um die Schwierigkeit, den lieben Max zur Arbeit zu motivieren.

Wir nahmen das Angebot erst wahr wie das eines charmanten Mannes an eine attraktive Frau, die sich zwar geschmeichelt fühlt, aber letzten Endes dankend ablehnt. Doch nach einigen Gesprächen freundeten wir uns immer mehr mit dem Gedanken an, obwohl manches stark dagegen sprach, nicht zuletzt Max' Freundin, die noch nicht mal wusste, dass wir den Podcast machten. Aber wir hatten das Gefühl, dass der Stein ohnehin schon am Rollen war, vielleicht auch, weil sich so eine große Gemeinschaft aufgetan hatte, von der wir weiterhin Teil sein wollen. Deshalb ist uns neben den eigenen Themen auch sehr wichtig, in diesem Buch Hörerfragen zu beantworten, die im Podcast aufkamen und die wir hier gründlicher und intensiver beantworten können. Das fühlt sich ein bisschen an wie Dr. Sommer für Erwachsene. Hörerfragen, unsere eigenen Gedanken und ganz persönliche Texte aus der reinen Max- oder Jakob-Perspektive. Wir haben im Prozess des Schreibens gemerkt, dass ein Buch noch mal andere Sachen zum Ausdruck bringt und eine größere Tiefe zulässt, die uns in der Schnelligkeit der gesprochenen Sprache nicht möglich ist.

Wir hoffen, dass du dich von unserem Buch nicht nur verstanden fühlst, sondern auch und vor allem neue Erkenntnisse gewinnst, dich aufregst, an unseren Gedanken reibst, dich wieder mit uns versöhnst und am Ende deinen Blick auf Männer, Frauen und alles, was zwischen ihnen passieren kann, ein wenig erweitern konntest. Wie das bei einem Gespräch unter besten Freundinnen eben so ist. – Wir freuen uns über deine Rückmeldung.

Wenn du etwas auf dem Herzen hast, schreib uns immer gerne an bestefreundinnen@mitvergnuegen.com

Und jetzt viele Emotionen beim Buch!

DIE COUCH FÜR MEINE SEELE – JAKOB ÜBER MAX

Max' Kontaktanzeige auf der letzten Seite eines Magazins für rüstige Damen würde ich wohl so aufgeben:

»Mittelgroßer, gut gebauter, braunhaariger Bärchentyp mit großem Herz. Manchmal grummelig, aber nur weil er keine Lust hat, seine wahren Gefühle zu zeigen. Verlässlich, aber faul. Auf der Suche nach dominanter Frau, um Reibungspunkte zu schaffen.«

Es ist schwer, jemanden zu beschreiben, der einem so nahesteht.

Oberflächlich betrachtet gibt es gar nicht so viel, was uns verbindet. Max arbeitet im sozialen Bereich und ist ein richtiger Spießer mit Freundin und Kind im Reihenhaus, dessen Leben um Hochbeete und Fahrradtaschen kreist.

Eigentlich das normale 08/15-Leben, das man vielen Menschen von außen andichten kann, wenn man sie nicht besser kennt. Ehrlich gesagt würde ich mir meistens nicht mal die Mühe machen, sie kennenzulernen, weil mir das einfach zu langweilig ist. Aber bei Max war es anders – und ich bin sehr froh darüber.

Vielleicht ist es seine Ehrlichkeit. Er ist nicht der Typ, der irgendwas schönredet. Auch wenn ich emotional am Boden zerstört bin, kann ich immer auf seine Meinung zählen. Manchmal ist das zwar wie ein Tritt in das Hofgelege, aber es hilft mir, immer wieder einen klaren Blick auf die Dinge zu bekommen.

Max ist das fleischgewordene MRT der Seele. Er durchleuchtet schnell den Charakter von Menschen und ist an ihren grundlegenden Motivationen interessiert – das verbindet uns. Ich habe bisher nur wenige Menschen getroffen, die ebenfalls davon getrieben und begeistert sind.

Der Hang dazu, stets das Süppchen der Küchenpsychologie am Köcheln zu halten, liegt wohl in unserer Sozialisation begründet. Max ist mit einer stets melancholisch angehauchten Mutter aufgewachsen, mit der er viele und vor allem analytische Gespräche über Emotionen, Situationen und ihre Zusammenhänge führte. Schon Max' Mama wollte den Dingen auf den Grund gehen. Für manche Menschen ist es eine Form, eine Verbindung zu schaffen. Auch meine Mutter hatte den Hang dazu, sich über die Analyse von Gefühlsprozessen mit ihren Kindern zu verbinden, und die Kindheit, die Zeit, in der man sich am meisten zu Hause fühlt, ist ja bekanntlich prägend.

Vor diesem Hintergrund erscheint die Idee, im Podcast über Dinge zu sprechen, die Männer bewegen, nur logisch. So ergeben die nicht immer ganz einfachen langen Gespräche mit unseren Müttern und deren gefühls- und kommunikationsbetonte Erziehung immerhin noch einen Sinn.

Max ist in Sachen Freundschaft meine bessere Hälfte. Er hat immer wieder inspirierende Einfälle, die ich sehr schätze. Aber bevor ich ihn hier über die Maße in den Himmel lobe, muss ich natürlich auch einige Sachen loswerden, die ich an ihm zum Kotzen finde. Dazu gehören ganz besonders seine lethargische Art und seine Passivität. Ich habe selten einen so talentierten Menschen gesehen, der seine Fähigkeiten so wenig nutzt – zumindest in materieller Hinsicht. Aber das ist ihm einfach nicht so wichtig. Und genau das mag ich ja wiederum an ihm. Max hält sich nicht mit Oberflächlichkeit auf – da kann ich noch was von ihm lernen. Und vielleicht ist genau deshalb alles gut, wie es ist.

MIT DER AXT DURCH MEINE KOMFORTZONE – MAX ÜBER JAKOB

Jakob ist wie ein Barkeeper, der auch zu Hause eine großzügige Minibar hat: Er vermischt gerne seinen Beruf mit seinem Privatleben. Das ist mal anstrengend, mal hilfreich, aber immer lustig und bereichernd.

Jakob ist ein sehr überlegter und reflektierter Mensch. Sein Perfektionismus lässt wenig Spielraum für Fehler anderer, aber am Ende ist er selbst sein größter Kritiker. Er macht keine halben Sachen, und jedes Projekt wird entweder richtig gemacht oder gar nicht.

Das überträgt sich auch auf seine Beziehungen zu Frauen. Freundschaften oder Beziehungen gehen bei ihm immer nur über tiefe und intensive Emotionalität. Dabei muss die Auserwählte nur aufpassen, nicht zur Patientin des Psychologen zu werden und sich kein schweres Vatertrauma andichten zu lassen – Jakob hat wirklich gerade sein Psychologiestudium abgeschlossen. Er ist, wie man so schön sagt, kein Kind von Traurigkeit. Auch in diesem Punkt macht er keine halben Sachen.

Wir sind sehr verschieden und bewegen uns in komplett unterschiedlichen Welten, das macht unsere Beziehung so spannend. Ich bin der gediegene Familienmensch mit fester Arbeit, Kind und Partnerin – und er der Zielstrebige, nach außen wirkende Medientyp mit Qualifikationen in allen Bereichen.

Was mich mit ihm verbindet, sind mindestens vier Dinge: seine sensible Art, seine Ehrlichkeit, seine Verlässlichkeit und seine Fähigkeit, mich immer wieder aus meinen bequem gewordenen Rückzugsorten zu locken. Er stürmt regelmäßig die Festung meiner Komfortzone und sorgt dafür, dass ich wieder mehr von dem mitbekomme, was außerhalb dieser Mauern so abgeht.

Seine weiche Seite blitzt in besonderen Momenten auf. Meistens überdeckt er die aber mit lässigen Sprüchen, die er als lässiger Typ natürlich stets parat hat. Und auch in unserer Biografie gibt es viele Überschneidungen, die zu unserer Nähe beitragen. Jakob ist ähnlich wie ich größtenteils von seiner Mutter sozialisiert worden, bei der er gelebt hat, bis er vierzehn war. Mit ihr hat er früh angefangen, über Gefühle zu sprechen – seine und die der anderen. Nach all den Jahren fällt es ihm trotzdem immer noch ein bisschen schwer, das auszudrücken, was er auf dem Herzen hat. Aber er ist auf einem guten Weg.

DIE LÄNGSTE LEBENSABSCHNITTSGEFÄHRTIN DER WELT – DIE TRAUMFRAU

Jakob: Wahrscheinlich ist es das größte Thema für Männer und Frauen gleichermaßen: die eine große Liebe. Klar gibt es auf dem Weg dahin meist mehrere Zwischenstopps, aber der Wunsch ist auf jeden Fall da, irgendwann zur Ruhe zu kommen und bei der Einen zu bleiben. Das treibt Männer an.

Ich saß neulich mit einem Kumpel zusammen, und der hat mir eine Frage gestellt, über die ich mir noch nie bewusst Gedanken gemacht habe. Und das ist ziemlich erschreckend für mich gewesen, weil die Frage so auf der Hand liegt: Was wünschst du dir von deiner Partnerin?

Und damit ist nicht gemeint, ob sie dicke Brüste, immer Bock auf Blasen oder einen geilen Arsch hat. Sondern was ich mir persönlich von Herzen wünsche. Mehr auf der seelischen Ebene.

Max: Ein geiler Arsch ist natürlich auch wichtig. Vor allem brauch ich dann nicht gleich so abrupt meinen seelischen Wühlkasten aufmachen. Da willst du ja auch gleich rein mit deinen Skalpellfragen.

Jakob: Genau, Max, aber ich schieb dir das nicht trocken rein. Wir beide tasten uns so langsam ran an das Thema. Alles über die Traumfrau, von außen nach innen.

Geiler Arsch oder etwas, das mich optisch anspricht, ist wichtig. Es muss schließlich immer den Anfangsimpuls geben, warum ich überhaupt auf einer Party über eine Frau sage: Ja, die gefällt mir, ich hätte Lust, sie anzusprechen. Offensichtlich laufe ich nicht immer mit dem Gedanken im Hinterkopf rum: Was wünsch ich mir von einer Partnerin? Erst mal ist da einfach: Gesicht, Lächeln, Augen, Brüste, Arsch, gefällt mir, will ich ansprechen. Welche Frauen lösen denn deinen Ansprechimpuls aus?

Max: Für mich gibt es da unterschiedliche Kategorien. So schäbig es sich vielleicht anhört: Es gibt die Frauen, die will ich einfach bumsen. Das gibt es ganz selten. Vielleicht kennst du das, im Sommer, wenn eine Frau an dir vorbeigeht und es kommt dir so vor, als würde sie beim Vorbeilaufen dein Gesicht mit ihrer Hand sanft in Richtung Arsch lenken und sagen: Hier, schau mal da hin. Das würde dir gefallen.

Jakob: Ich glaube, das kennt jeder Mann.

Max: Ja, und so eine Frau könnte mich in dem Moment an der Hand nehmen, ins nächste Gebüsch schleifen, und wir würden an Ort und Stelle Sex haben.

Jakob: Ja, das geht mir auch so. Das ist also die Kategorie der geilen Frauen. Mit denen stelle ich mir aber komischerweise nie wirklich eine Beziehung vor, mit denen will ich höchstens eine Affäre haben. Vielleicht könnte man mit denen auch eine gute Beziehung führen, aber irgendwie wird alles vom Körper so überstrahlt und dann natürlich von meiner Notgeil-

21

heit, dass ich daran überhaupt nicht denke. Das ist Fluch und Segen von geilen Frauen zugleich – aber auch für die geilen Frauen selbst. *Das Leid der geilen Frauen* – der neue Film von Rosamunde Pilcher.

Max: Ich habe den Verdacht, dass diese Frauen bestimmte Dinge einfach nicht weiterentwickeln. Jeder Mensch strebt ja nach Anerkennung, und wenn du merkst, du wirst immer bewundert, nur weil du ein kurzes Kleid trägst und mit deinem geilen Arsch ein bisschen wackelst, hast du nicht so einen Entwicklungsdruck in anderen Bereichen. Die bleiben dann quasi rudimentär ausgeprägt.

Jakob: Vielleicht erklärt das, warum geile Frauen manchmal ein bisschen dümmlich wirken.

Max: Das ist auch gewollt. Das macht mich sogar ein bisschen an.

Jakob: Ja, aber das ist es auch, was du in Dümmlich-Sein reininterpretierst. Das Leidenschaftliche. Die Naivität. Das »Ich kann meinen Kopf total ausschalten und mich hundertprozentig gehen lassen« – das geht ja umso besser, wenn da gar nicht so viel auszuschalten ist.

Max: Ich glaube, es ist eine Mischung aus beidem. Einmal werden wir geblendet durch unsere Geilheit, und manche geilen Frauen haben eben bestimmte intellektuelle Fähigkeiten nur rudimentär ausgebildet, weil es bisher keinen Entwicklungsdruck gab. Kommt spätestens im Alter, aber dann kann es auch schon zu spät sein. Das ist das Blöde mit der Geilheit. Wenn die Brust dann irgendwann über dem Bauchnabel hängt, ist es für die Entwicklung anderer Qualitäten zu spät.

Jakob: Vielleicht ist das auch der Grund, warum ich mich eher an anderen Frauen orientiere, wenn es um das Thema Beziehung geht.

Für mich gibt es noch drei weitere große Kategorien von Frauen, die ich ansprechen würde, wenn wir jetzt vom ersten Eindruck ausgehen.

Max: Schöne Frauen.

Jakob: Ja. Die wirken auf mich am elegantesten. Das sind auch keine Frauen, die ich mit purer Geilheit verbinde. Gleichmäßige Gesichtszüge. Tendenz ins Langweilige oder, positiv ausgedrückt: ins Modelhafte. Manchmal fehlt es den Frauen sogar an Geilheit, aber der große Vorteil, den ich diesen Frauen zuschreibe, ist: Sie sehen auch im Alter noch wahnsinnig gut aus.

Eine weitere Kategorie sind intelligente Frauen.

Max: Aber es geht doch um den ersten Eindruck. Intelligenz merkt man einer Frau nicht sofort an.

Jakob: Ich finde schon. Das ist eine bestimmte Wirkung, die eine Frau hat. Das hört sich vielleicht bescheuert an, aber manche Frauen wirken einfach intelligent, und dann, wenn man sich mit ihnen näher unterhält, bestätigt sich das. Gleich in den ersten Gesprächen tut sich ein ganzes Spektrum an Themen auf.

Max: Ich merke das oft am Humor einer Frau. Wie viel Ironie sie hat.

Jakob: Oh ja, Humor ist ein ganz wichtiges Thema. Auch ein ganz schwieriges Thema. Aber das führt jetzt zu weit. Die vierte und vielleicht letzte Kategorie sind die süßen Frauen.

23

Das sind für mich welche, die ich nicht auf Anhieb bumsen will. Bei denen kann ich mir das zwar schon vorstellen, aber das gerät erst mal in den Hintergrund.

Max: Okay, wenn dir eine süße Frau, die du kennenlernst, gleich Sex anbieten würde, sag mir nicht, dass du nicht sofort Ja sagen würdest.

Jakob: Weiß ich nicht. Bei manchen denke ich gleich längerfristig. Das ist ganz komisch. Da kann ich auf den schnellen Spaß verzichten, weil ich an das größere Projekt denke. Das wirkt bei mir wie ein Hemmer. Also Hemmer im positiven Sinne. Ich will es mal so beschreiben: Manche Frauen sitzen neben dir, und du denkst, während sie erzählen, an Sex und suchst nach der Vorspultaste. Dann gibt es Frauen, da interessiert es dich wirklich wahnsinnig, was die sagen. Weil du an ihnen als Mensch interessiert bist. Sexuell wirken die auch manchmal gar nicht so anziehend auf mich, weil das andere übergeordnet ist.

Und die Frauen, die ich bislang potenziell als Traumfrau einstufte, waren meist niedliche Frauen mit Komponenten aus den anderen Bereichen. Manchmal hat es dann zu Anfang an Geilheit gefehlt. Vielleicht weil ich mich dafür emotional hätte öffnen müssen. Und das konnte ich nicht.

Max: Klar, da spürst du, dass die dir viel näher kommen und auch potenziell gefährlicher für dich werden könnten, wenn du dich aufmachst.

Jakob: Ja, das kann ein Grund sein. Vielleicht haben aber auch unsere Pheromone einfach nicht zusammengepasst. Irgendwie hat etwas gefehlt. Und schon sind wir wieder bei unserer Frage vom Anfang: Was wünsche ich mir eigentlich von meiner Traumfrau beziehungsweise von einer Partnerin?

Max: Die anfängliche Anziehungskraft hast du ja ganz gut aufgesplittet.

Jakob: Aber was danach kommt. Da stehe ich verloren im Wald. Als mich das dieser Kumpel gefragt hat, wusste ich darauf keine Antwort. Auch nicht, nachdem ich mir etwas länger darüber Gedanken gemacht habe. Da habe ich mich wirklich vor mir selbst erschrocken. Ich habe zwar ein ziemlich klares Bild davon, was mich optisch anspricht, aber der Rest … keine Ahnung.

Und dann ist es mir wie Schuppen von den Augen gefallen: Wie soll ich finden, was ich brauche, wenn ich nicht weiß, wonach ich suche? Wenn ich auf mein Beziehungsleben der letzten Jahre zurückblicke, war ich erstens eigentlich nie alleine und zweitens die meiste Zeit davon in undefinierten Beziehungsaffären; vielleicht ist das der Grund dafür, dass ich nie so richtig wusste, was ich mir von einer richtigen Beziehung wünsche. Weißt du es denn für dich?

Max: Oh Mann. Können wir das nicht als philosophische Frage stehen lassen?

Jakob: Ich weiß, dass dir das unangenehm ist, aber genau deswegen will ich meinen Salzfinger in deine Wunde bohren.

Max: Über diese Grundfrage bin ich einfach schon lange hinaus. Die Wünsche bleiben eben nicht dieselben. Da verändert sich eine ganze Menge durch alles, was so im Leben passiert. In einer Beziehung bekommt vieles mit der Zeit eine andere Gewichtung. Du hast dieses Dating-Game nicht mehr und die Ansprüche, mit denen du in eine neue Partnerschaft gehst.

Am Anfang, wenn du eine Frau siehst, projizierst du noch

tausend Wünsche und Träume auf sie. Wenn du dann in der Realität mit ihr zusammenkommst und ihr die Beziehungspraxis lebt, müssen sich die Idealvorstellungen an dem, was ist, messen. Du merkst, das eine oder andere ist vielleicht nicht so, wie du es dir immer erträumt hast. Wie zum Beispiel der angesprochene Sex: Du hast irgendwann immer weniger Lust auf deinen Partner. Aber dafür sind andere Sachen wahnsinnig intensiv, dass du zum Beispiel jemanden hast, auf den du dich zu 100 Prozent verlassen kannst und bei dem du dich geborgen fühlst.

Das ist ein Prozess, und in dem stecke ich jetzt schon länger drin. Nach ein bis zwei Jahren sind in der Beziehung alle Fronten geklärt.

Bei mir heißt die Frage also nicht: Was wünsche ich mir in einer Beziehung, sondern: Wie stelle ich mir meine Zukunft in den nächsten fünf bis zehn Jahren vor?

Jakob: Super, dann bist du auch wieder bei null. Man ist eigentlich jeden Tag bei null.

Max: Ja, das stimmt. Ich kann dir nur sagen, wie es im Moment ist, und da läuft alles extrem gut. Ich fühle mich wohl, obwohl es auch immer mal wieder Streitigkeiten gibt und die meisten wegen kleinen Scheißsachen. Wir streiten zum Beispiel über das Autofahren, dass ich nicht sicher und zu schnell fahre, pah.

Aber insgesamt ist es ein wärmendes Wohlgefühl, das sich ausbreitet, das ich aber nicht unbedingt an einzelnen Punkten festmachen kann. Wenn ich dich immer reden höre, was du dir von einer Frau wünschst – »Ich wünsche mir, dass ich mit ihr Gespräche führen kann, dass man sich geistig auf einem hohen Level austauscht, dass man miteinander wachsen kann …« –, dann denke ich, ja, das ist alles wichtig, aber in meiner Beziehung merke ich, dass nicht die einzelnen Punkte so entscheidend sind. Es wird eher alles zusammengepresst zu einem Gesamtbild, und da ist wichtig, was du am Ende fühlst.

Jakob: Das kann ich gut verstehen. Ich war trotzdem extrem verunsichert, dass ich nicht klar benennen konnte, was ich mir von einer Beziehung erhoffe. Meine Vorstellung war wirklich rein an äußere Bilder geknüpft. Die Frau als kleines Prestigestück an meiner Seite. Also Haarfarbe und so weiter meine ich damit nicht, aber sie muss ein gewisses optisches Level haben.

Max: Das ist aber ganz normal, glaube ich. So war es bei mir auch. Da sind wir bei »Männer verlieben sich über die Augen und Frauen über die Ohren«, so ist es doch bei jedem. Das ist eine Art Schubladen- oder Facettendenken. Ich will eine Frau, die so und so ist. Ich will ein Auto, das so und so aussieht und so viel PS hat. Ich will ein Boot, Fernseher, Haus …

Und auch in einer Beziehung ist es so, dass man sagt: Ich will die und die Punkte unbedingt haben: gutes Bindegewebe, große Brüste oder worauf man auch immer steht, und wenn die Dinge nicht da sind, dann geht es einfach nicht mit der Partnerin. Vielleicht findest du eine Frau, die diese Punkte erfüllt oder zumindest zu einem gewissen Maße, aber erst durch das Zusammenleben und den Alltag entwickelt sich alles Weitere. Es ist dann ja nicht mehr so, dass du alleine bist und der andere ist alleine und man trifft sich nur an gewissen Schnittpunkten. Durch die Erfahrungen, die man miteinander macht, sei es der Abend auf der Couch, die Reise nach Vietnam oder das gemeinsame Einschlafen und Aufwachen, baut man sich zusammen eine Wirklichkeit auf, in der man miteinander lebt. Geiles Bindegewebe und andere optische Reize wie schöne

Brüste sind da nur noch Nebenschauplätze, die sich immer mehr vermischen und verschwimmen.

Es entsteht etwas, das größer ist und echter: die gelebte Beziehungsrealität. Das Vertrauen und die Geborgenheit, aber auch die Scheißzeiten, die Streits und die langweilige Routine. An die denkst du ja erst mal nicht, wenn du eine neue Partnerin kennenlernst. Und auch die blöden Sachen müssen ausgehalten werden und eine bestimmte Qualität haben. Wenn ich bei meiner Beziehung die Plus-Minus-Rechnung mache, habe ich ein gutes Gefühl. Ich fühl mich geborgen.

Jakob: Was löst denn konkret dieses Gefühl aus? Beschreib das doch mal.

Max: Mir wird das immer wieder klar, wenn ich merke, dass ich mich null verstellen muss.

Jeder Mann hat doch diese Phasen, in denen er sich seine Singlezeit zurückwünscht. Gerade in einer langjährigen Beziehung, sodass er sagt: »Damals, das war aber eine freie Zeit.« Wenn diese Gefühle in der Beziehung aufleben dürfen, ohne dass ich das Gefühl habe: Oh Mann, ich muss wegrennen, sondern ich kann bleiben und das Gefühl auch hier leben. Solche Phasen habe ich in meiner Beziehung immer wieder mal, und trotzdem denke ich nicht: »Ich muss raus!« Und das beschreibt das Gefühl, angekommen, geborgen zu sein, sich wohlzufühlen. Zumindest in dem Moment.

Jakob: Beim Thema »Geborgenheit« habe ich ein spezifisches Bild vor Augen: dass mich die Frau umarmt und ich mich in die Umarmung fallen lassen kann. Umarmen ist eh ein ganz schwieriges Thema: mit welchen Menschen man sich richtig intensiv umarmt.

Also bei uns in der Familie umarmt man sich zwar zur Begrüßung oder beim Abschied, aber das ist nur so ein kurzer Umarmer. Gerade mit meinem Vater. Das ist, als ob kurz zwei Feuersteine aneinanderprallen, und so schnell wie die Hinbewegung ist auch die Rückbewegung. Und sogar das kann ich – und ich glaube, es geht ihm ähnlich – nur ganz schwer aushalten. Klar, man muss sich nicht jedes Mal umarmen, als hätte man sich 120 Jahre nicht gesehen, doch locker und entspannt sollte es schon gehen. Umarmungen sind für mich manchmal ganz schön schwer auszuhalten. Es gibt da sogar verschiedene Therapieformen: Umarmen, bis man sich entspannt, und dicht davon gefolgt, aber eher was für die Partnerschaft: sich beim Sex intensiv und die ganze Zeit über in die Augen schauen. Dadurch erzeugt man wirklich Intimität. Na ja, ich hab das mal ausprobiert: Wenn ich ehrlich bin, war es den Frauen total unangenehm.

Max: Ja, na klar. Ist ja auch creepy.

Jakob: Mir war es genauso unangenehm, aber ich fand es auch ein bisschen lustig. Schon krass eigentlich: Man macht die intimste Sache der Welt, die Frau öffnet sich, und dann ist es uns unangenehm, sich dabei in die Augen zu schauen. Ich glaube, das ist eher etwas für eine Partnerschaft, wenn man sich länger kennt und schon länger miteinander absext.

Aber zurück zu meinem Bild von Geborgenheit in einer Partnerschaft. Wenn ich es mir genau überlege, ist es das, was ich mir von meiner Traumfrau wünsche: Sie umarmt mich, und in ihrer Umarmung fühle ich mich ganz leicht, als ob ich hinten meine Füße hochheben kann und schwebe. Vielleicht ist meine Traumfrau dann eher ein Mannsweib. Hat so etwas Butchiges in der Beschreibung – sonst könnte die mich ja auch nicht anheben, zumindest nicht so, dass ich ein sicheres Gefühl dabei habe.

29

Es ist eher so ein mütterliches Gefühl der Umarmung, und ich habe darüber nachgedacht, wie oft ich das als Kind hatte. Nämlich fast nie oder zumindest gefühlt nicht oft genug. Und damit meine ich nicht die rein körperliche Umarmung, sondern das Gefühl von »Ich lege meine schützenden Arme um dich, und alles ist gut. Mach du mal unbekümmert dein Ding.«

Das soll sich nicht so anhören, als wäre ich als Kind zutiefst traumatisiert worden. Aber meine Ma hat mit mir schon ab dem Kleinkindalter ihre nicht ganz so rosige finanzielle Situation besprochen. Dadurch hatte ich immer das Gefühl, dass es in meiner Verantwortung liegt, diese Situation zu ändern. Obwohl das nie die Intention meiner Mutter war. Davon gehe ich zumindest aus.

Das Gefühl von Entspannung und Geborgenheit vermisse ich deswegen ein bisschen. In meinem Wesen ist seither diese Person, die Verantwortung übernimmt, abgespeichert. Für mich wäre das ein schönes Gefühl, wenn meine Partnerin das in einer Weise auch machen würde. Dass ich mich einfach auf sie verlassen kann.

Max: Wenn ich das so höre, suchst du für dich eine Mutter.

Jakob: Auf keinen Fall.

Max: Doch klar, reife Frauen ab fünfzig! Das könnte was für dich sein. Da gibt es doch so Hotlines. Jetzt mal ohne Ironie: Du bist wie Moses, der das Frauenmeer teilt und genau in der Mitte durchläuft. Links sind die ganzen Jungen, die du attraktiv und geil findest, und rechts sind die Älteren, die ihre Arme ausstrecken und dich halten können, aber die du nicht willst, weil sie dir optisch nicht gefallen. Da wartet nur noch das andere Ufer. Vielleicht ist das die einzige Lösung. Da gibt es auf jeden Fall eine Menge starke Arme, die dich halten könnten, mit Anker auf dem Oberarm und Haaren auf der Brust. Dafür ist das Bindegewebe super.

Jakob: Klingt ganz großartig, ich überleg mir das mal. Die Wünsche, die man an eine Partnerschaft hat, haben auf jeden Fall oft etwas mit den Sachen zu tun, die man in der Kindheit erlebt hat. Ich habe da eine Theorie: Das Gefühl von »zu Hause angekommen sein« vermittelt sich auch in der Partnerschaft viel über das Gefühl, das ich als Kind in meiner Erlebniswelt abgespeichert habe. Wenn ich als Kind viel geschlagen wurde, kann es sein, dass ich mir einen Partner suche, der mich schlägt, weil mir das auf eine ganz perfide Art und Weise das Gefühl von Zuhause vermittelt oder zumindest suggeriert.

Das muss nicht immer so krass sein, also auf dem Level häuslicher Gewalt. Es gibt ja Frauen, und man munkelt auch Männer, die haben ein totales Problem mit Nähe. Es kann sein, dass sie dieses Gefühl von Geborgenheit nie mitbekommen haben und dessen Entzug mit Heimat verbinden. Welche Verbindung die Neuronen auch immer geknüpft haben mit dem Gefühl Heimat.

Von der Traumfrau zum Trauma, so schnell kann es gehen. Aber wenn ich das Thema für mich bearbeitet habe, ist die Chance größer, eine gesunde Partnerschaft zu führen, weil ich meine Muster und Reaktionen kenne. Das ist wie eine Brille mit zwei unterschiedlichen Gläsern, die man trägt, wenn man seinen Traumpartner vorm inneren Auge sieht: das, was man hatte, und das, was man nie bekommen hat. Nur das eine wäre zu einfach. Es muss ein bisschen kompliziert bleiben. Stell dir mal vor, du könntest alles vorhersagen und analysieren.

Max: Wäre auch ein bisschen langweilig. Am Ende bleibt das Thema Traumfrau doch ziemlich komplex. Schon alleine der Anfang: In wen verliebt man sich und warum? Das ist ja teilweise abhängig von Tagesform und Lebensabschnitt.

Jakob: Stimmt. Wenn ich mich gerade in einer Phase befinde, in der ich viele Frauen date und beruflich mega Stress habe, ist die Wahrscheinlichkeit viel geringer, sie zu finden. Wenn ich aber eine lange Durststrecke hinter mir habe, verliebe ich mich eher – zumindest unterhalb der Gürtellinie.

Die Frage ist nur: Gibt es *die* Traumfrau überhaupt? Warum finden manche sie, und warum bleiben andere ihr Leben lang auf der Suche? Liegt es an den Ansprüchen? An der Art und Weise, wie ein Mensch sich mit einem anderen verbinden kann? Ist es pures Glück? Woran liegt es, Max?

Max: Puh, ich weiß gar nicht, ob ich darüber so viel nachdenken will.

Jakob: Denkst du, dass sich viele, die eine Beziehung haben, diese Frage lieber nicht stellen wollen?

Max: Wollen oder nicht: Jeder stellt sich die Frage an einem bestimmten Punkt in seiner Beziehung. Aber ich glaube, es gibt wenige, die diese Frage mit einem klaren, unendlichen »Ja, das ist meine absolute Traumfrau in allen Bereichen« beantworten können.

Jakob: Die Frage hat auch eine Wechselseitigkeit, nämlich dass ich mich selbst frage, ob ich immer zu hundert Prozent mit mir zufrieden bin. Man erwartet von seiner potenziellen, medial glorifizierten »Traumfrau« so unglaublich viel. Die typische Hollywood-Romanze endet schließlich immer rechtzeitig, bevor es mit den normalen Beziehungsproblemen losgeht. Das heißt, man hat überhaupt keine reale Vorstellung von der alltäglichen Blässe, die eine Beziehung – ob mit der Traumfrau oder nicht – mit sich bringen kann.

Man erwartet von seiner Partnerin oft, dass sie die perfekte Person ist, mit der man immer gerne Zeit verbringt. Aber wenn ich mich selbst anschaue: Manchmal habe ich auch keine Lust, mit mir abzuhängen. Gezwungenermaßen werde ich dazu genötigt, weil ich nun mal in meinem Körper stecke. Aber wenn ich's mir aussuchen könnte … Darum weiß ich nicht, ob man seine potenzielle Traumfrau nicht oft mit zu harten Kriterien betrachtet.

Max: Eigentlich geht es doch vor allem um die Gefühle, die man für die Frau hat. Das heißt: Fehler oder Eigenschaften, die nicht perfekt sind, werden durch den Gefühlsstatus, den man gegenüber der Frau hat, ausgeglichen.

Jakob: Schon, nur muss das Gefühl immer gleich sein? Es ist doch ein bisschen wie mit dem Lieblingsessen: Mal eine Woche drauf verzichtet. Mal im Urlaub gewesen.

Max: Dann schmeckt es wieder lecker!

Jakob: Schon bekommt man wieder einen hoch beim Sex und nicht dieses Gefühl: Ach nee, eigentlich habe ich keinen Bock, aber okay, los geht's. Kein gutes Zeichen, wenn ich das als Mann sage, oder?

Max: Ja, das stimmt. Aber wer gibt schon zu, sich mit dem eigenen Partner nicht sicher zu sein? Zumindest wenn man die Beziehung tendenziell behalten will.

Jakob: Keiner. Was meinst du, was da los wäre, wenn du das zu deiner eigenen Partnerin sagen würdest!

Max: Ich glaube aber, das ist wichtig. Eine Frau, mit der man alle Gefühle und Thematiken teilen kann, das ist für mich eine Traumfrau.

Jakob: Aber es dürfte doch gar nichts Negatives zu kommunizieren geben, wenn es die Traumfrau ist!

Max: Doch, du hast es eben schon gesagt: Es gibt Phasen im Leben, in denen man das gleiche Essen nicht überall und immer wieder essen möchte, und das trifft auch auf die Traumfrau zu. Man müsste ihr sagen können: »Mann, heute schmeckst du aber scheiße!«, ohne damit das Essen in die Tonne zu schmeißen. Man kann es ja zu einem späteren Zeitpunkt noch mal in der Mikrowelle aufwärmen.

Ich wünsche mir, dass man Probleme offen und ehrlich ansprechen kann. Und vielleicht sogar darüber hinaus: Dass man den Partner verletzen kann bis ins Mark und dass er trotzdem noch bei einem bleibt – und man selbst natürlich auch beim andern. Das Grundgerüst müsste so stabil sein, dass es sich davon nicht erschüttern lässt, und das nicht aus Angst davor, wieder allein zu sein, sondern aus Liebe. Ich denke, das zeichnet die Traumfrau aus.

Jakob: Ja, und da stellt sich mir natürlich die Frage: Wovor hast du Angst, dass du solche Themen nicht ansprichst?

Max: Eigentlich geht es nicht darum, dass ich Angst habe, sondern um die Auseinandersetzung mit mir selbst. Viele Fragen, die am Anfang einer Beziehung wichtig waren, werden im Laufe der Zeit immer unwichtiger. Für mich ist es entscheidend, dass mein Gefühl stimmt, und ich in meiner Beziehung glücklich bin.

Jakob: Aber darf man sich diese Frage, ob man glücklich mit dem Partner ist, nicht immer und immer wieder stellen?

Max: Ja, und ich finde, das macht es auch aus. Man *muss* sich die Frage sogar immer und immer wieder stellen.

Jakob: Bist du heute meine Traumfrau?

Max: Bist *du* heute meine Traumfrau?

Jakob: Lebt man nicht in einer Lüge, wenn man sich dieser Frage nicht stellt? Das ist ein bisschen wie bei *Matrix*. Neo kann zwischen zwei Kapseln wählen: der blauen, die ihn weiter als Unwissenden in der paradiesischen Illusion leben lässt. Du fährst deine geile Karre, bumst deine geile Frau, wohnst in deinem geilen Haus mit viel Kohle und allem, was dazugehört. Eben ein richtig komfortables Leben. Oder er wählt die rote Kapsel, also die Wahrheit, weiß, was wirklich passiert, muss deshalb aber auch die Matrix beziehungsweise das Paradies verlassen. Kommt mir irgendwie bekannt vor und wird auch die »Apfelfrage« genannt. Das ist die Frage, die im Kern getroffen wird.

Max: Ja, diese Frage, ob ich mich wahrhaftig mit etwas so wohlfühle, dass ich dabeibleiben will, lässt sich auf alle Lebensbereiche anwenden: Bin ich in meinem Job wirklich glücklich und zufrieden, oder schleppe ich mich da jeden Tag nur hin, weil mein Bedürfnis nach Sicherheit größer ist? Und wenn das so ist: Wo will ich stattdessen hin?
Oder: Welche Verbindung gehe ich mit meinen Freun-

den ein? Wenn ich einen Freundeskreis aus 3, 4, 5, 6, 7 Leuten habe und wir ab und zu mal feiern gehen, und das war es dann, reicht mir das?

Nichts davon ist wirklich gut oder schlecht. Vielmehr muss ich entscheiden, welche Art zu leben meinen Bedürfnissen und meiner inneren Wahrheit entspricht, und der muss ich mich dann stellen.

Wenn ich das auf die Traumfrau anwende, kommt für mich dabei raus: Die Traumfrau ist letzten Endes wie ein guter Kumpel, mit dem ich alles teilen kann, aber mit dem feinen Unterschied, dass ich mit dem Kumpel nicht schlafen will.

Jakob: Und mit der Traumfrau muss man ab und zu schlafen und will es auch.

Dieser Matrix-Moment in puncto Traumfrau war für mich bisher immer der Gedanke an den nächsten Urlaub. Wenn ich unbewusst schon gemerkt habe, die Frau passt nicht zu mir, habe ich keinen Bock gehabt, mit der wegzufahren. Ich habe es dann trotzdem gemacht, weil ich mir dachte, das gehört einfach dazu. Und dann hieß es ganz schnell »Ende im Gelände«.

Max: Oder geht es da erst los? Bei der Entscheidung, ob Traumfrau oder nicht, ist doch eigentlich die Frage: Kann ich mit dem Partner wachsen? Und die vermeintliche Langeweile oder das gegenseitige Anecken ist genau das, woran man wachsen kann. Gerade die Langeweile, denn früher oder später kommt die immer auf im Leben.

Jakob: Und passend dazu: Bin ich auch selbst manchmal langweilig? Ja, stimmt. Es ist immer ziemlich einfach, die ganze Verantwortung für die Beziehung der Frau in die Schuhe zu schieben. Oft sollte man sich selbst den Schuh anziehen und sich fragen: Könnte das auch was mit mir zu tun haben?

Andererseits finde ich es sehr komfortabel, alles weiterzugeben. Aber bei der Matrix-Frage gehört auch dazu, dass ich mich komplett auf die Frage und die Antwort einlasse, wenn ich den Weg der roten Pille für mich wählen möchte.

Max: Ja, das klingt anstrengend. Lieber neu anfangen.

Jakob: Und ein Neuanfang ist immer spannend. Das ist so, als ob man ein neues Gericht auf der Karte probiert.

Max: Frisch und frei.

Jakob: Das Blöde ist nur, dass die Probleme, die man mit der alten Frau hatte, meist mit der neuen wiederkommen. Eigentlich immer eins zu eins. Da kann ich dem miesen Verdacht dann doch nicht entgehen: Hat das wirklich etwas mit der neuen, frischen Frau zu tun? Und die Antwort ist natürlich: Klar, die hat sich abgesprochen mit der Ex. »Thema Außenwirkung musst du bei Jakob ansprechen, dann kommst du auf den richtigen und goldenen Pfad«, so in der Art.

Max: Die Partnerin, die man sich be- und unterbewusst aussucht, kennt schon immer die wunden Punkte. Oder ich nenne sie mal die Punkte, wo noch viel Entwicklungschance für einen drinsteckt. Und dann hält sie dir einen Spiegel für den eigenen Entwicklungsprozess hin. Hilft einem die Art und Weise, wie die Frau einem den Spiegel vorhält, und mag man das überhaupt sehen?

Ein ewiger Prozess. Er kann anstrengend sein. Aber irgendwie sind abgeschlossene Prozesse auch langweilig. Der Prozess ist wahrscheinlich nie abgeschlossen. Auch und gerade in der laufenden Beziehung. Der Prozess des Einlassens, der Prozess des Vertrauens, der Prozess der Öffnung und der Liebe. Darum sollte man sich genau überlegen, ob man die Partnerin wechselt, obwohl Liebe da ist. Vor den Themen, die man zu bearbeiten hat, kannst du weglaufen, aber eben nur bis zur nächsten Partnerin, die dir die Themen spiegelt und die dir auf paradoxe Weise genau deswegen gefällt.

Jakob: Voll.

Jakob: Glaubst du, dass ich noch mal die Traumfrau finde?

Max: Weiß ich nicht.

Jakob: Hast du sie denn gefunden?

Max: Ja.

SIND ALLE GUTEN FRAUEN SCHON VERGEBEN?

Von Jakob

Es war eine dieser milden Sommernächte. Der typische Anfang einer verklärten Großstadtmärchen-Erinnerung. In Berlin sind solche Nächte wie ein Tauschgeschäft: Es gibt sie nur, wenn der Tag besonders drückend war. Aber so, wie ich bereit bin, einen verkaterten Sonntag gegen einen bierbeschwingten Samstag einzutauschen, so wäre mir jeder noch so stickige Bürotag solch einen milden Abend wert.

Als die blaue Stunde die Sonne wie ein großer feuchter Finger zum Erlöschen brachte, saß ich mit einer komischen Vorfreude auf meiner Couch. Es gibt Tage, da habe ich ein seltsam gutes Kribbeln im Bauch, ganz ohne ersichtlichen Grund. Es ist nichts Spezielles passiert. Es ist einfach da wie ein Energieball, entnommen aus einem japanischen Manga.

Ich machte mich auf in einen dieser Clubs, die Namen englischer Königsfamilienmitglieder tragen. Es war heiß, es war stickig, ich tanzte, ich trank, ich klebte, ich lachte, und plötzlich war ich todmüde wie ein leer gefahrenes Elektroauto, das sich mit zwei Prozent Akku zur nächsten Ladesäule quält. Meine Ladesäule war die Sitzbank im Innenhof. Wenn man richtig erschöpft ist, kann Sitzen ein erhabenes Gefühl sein.

Eine Stimme neben mir begann zu reden. Ohne den Kopf zu drehen, antwortete ich einsilbig. Meine Versunkenheit in der Müdigkeit verschlang jedes Interesse an einer Unterhaltung.

Die Frage, ob ich denn Frau und Kinder hätte und deshalb keine Lust hätte zu reden, machte mir das erst bewusst. Ich schaute daraufhin rüber zur Quelle der Fragen und war schlagartig wach. Ich war vom Anblick der Frau neben mir fasziniert. Sie war schön. Volle Lippen, weiße Zähne, große funkelnde Augen. Kleine Locken rahmten die vollendeten Einzelteile.

Es gibt Menschen, die in der Symphonie ihrer Mimik und Gestik noch schöner werden.

Und das wurde sie mit jedem meiner verschämten Blicke.

Es gibt Begegnungen, die fühlen sich an, als würde man einen alten Bekannten treffen. Es ist nichts Außergewöhnliches dabei, und jeder hat insgeheim gewusst, dass man sich irgendwann über den Weg laufen würde. Es fühlt sich trotz der freudigen Erregung natürlich an. Natürlich vertraut – dieses Gefühl, einzusinken in jemand vermeintlich Fremdes. Es war dieses Gefühl, das mich mit ihr verband. Wir redeten wenig, unsere Gesichter waren einander zugewandt, und als das Intervall unserer Blicke von Lippen zu Augen sich in einem kurzen Stakkato auflöste, küssten wir uns.

Mit dem Gefühl, rückwärts in tausend Federdecken zu fallen, verbrachten wir die nächsten Stunden auf der Bank. Dann kam der Hunger. Für die Suche nach Nahrung war mein Kiez prädestiniert. Völlig ungeniert aß sie eine Riesenpizza und eine Portion Pommes, ohne auch nur einmal zu sagen, dass heute ihr Cheat-Day sei. Sie war witzig, ohne dass ich das Gefühl bekam, ihr irgendwann einen Buffer auf die Schulter geben zu müssen, wie das gute Kumpels so machen.

Nach dem Essen gingen wir zu mir, und insgeheim hoffte ich, dass wir nicht miteinander schlafen würden. Wenn sie es mir aber anböte, würde ich es tun, wie ein Straßenköter, der instinktiv jede Gelegenheit zum Fressen nutzt.

Oben auf meiner Couch, von der ich am Vortag mit dem guten Gefühl gestartet war, lagen wir in der Netflix-Löffelchen-Stellung, und ich wusste mit Erleichterung: Heute geht nichts mehr.

In dem Moment dachte ich: Ich weiß nicht, wie es von hier weitergeht, alles ist offen. Ich weiß nicht, ob sie für mich eine »gute« Frau ist oder nicht. Ich weiß noch nicht mal, ob sie bereits vergeben ist.

Diese Geschichte lehrte mich wieder einmal das, was mir meine Oma seit jeher predigt: Es passiert dann, wenn du es am wenigsten erwartest. Diese Erfahrung beruhigt einen Teil von mir bei der Frage, ob alle guten Frauen schon vergeben sind. Möglicherweise gibt es doch noch ein paar wilde Exemplare in den Straßen, Clubs und Bars dieser Stadt.

Ich glaube, wenn man offenbleibt für Erfahrungen und aktiv Orte aufsucht, wo man sie machen kann, dann wird es Möglichkeiten und magische Begegnungen geben.

Und den Rest weiß Oma.

11 DINGE, UM SEINE SCHÜCHTERNHEIT ZU ÜBERWINDEN

1. Einen Schnaps trinken.

2. Sich folgende Fragen stellen: Woher kommt die Zurückhaltung? Und: Ist sie überhaupt begründet?

3. Sich vorstellen, wie das Gegenüber auf der Toilette aussieht.

4. Gute Freundschaften, die einen fordern und fördern.

5. Visualisierung: Die ganz bildhafte und konkrete Vorstellung vom bestmöglichen Ausgang der Situation.

6. Täglich Überwindung üben – zum Beispiel mal nackt die Tür aufmachen.

7. Der Gedanke an den Tod. In dem Moment hat man nichts zu verlieren. In allen anderen aber eigentlich auch nicht.

8. Wenn das Gefühl der Angst kommt, es nicht verdrängen, sondern sich selbst ganz genau beobachten, wie es sich anfühlt.

9. Mehr lächeln, ganz gleich zu welchem Anlass. Und ja, auch wenn keiner hinsieht.

10. Sich selbst nicht so ernst nehmen.

11. Noch einen Schnaps trinken. Auf dich und das Leben.

DATING 2.0 – WIE MAN SICH HEUTE KENNENLERNT

Jakob: Es gibt Typen, die landen bei Frauen, und es gibt Typen, die landen irgendwo anders. Und das ist oftmals völlig losgelöst vom Aussehen des Mannes. Ein paar meiner Kumpels sind nicht gerade Leonardo DiCaprios, ziehen aber unglaublich attraktive Frauen an.

Max, wie machst du das denn, wenn du eine Frau auf der Straße siehst und sie unbedingt ansprechen willst? Ich finde, das ist ja die Königsdisziplin: auf der Straße eine Frau ansprechen. Ein Setting, in dem eine Frau in ihre eigene Welt vertieft ist und nicht unbedingt damit rechnet, von einem Mann angesprochen und vielleicht sogar gleich nach einem Date gefragt zu werden.

Max: Puh. Meistens gehe ich nicht direkt auf Frauen zu. Bei mir hat sich das immer irgendwie ergeben, darum bin ich nie in die Situation geraten, den ersten Schritt zu machen.

Jakob: Den Spruch höre ich eigentlich nur von Frauen. Oder bist du der Situation einfach ausgewichen? Da gibt es ja tausend Methoden und Gedanken, die verhindern, dass man eine Frau in dem Moment, in dem man sie sieht, auch anspricht. Von »Ach, ich sehe heute nicht so gut aus« über »Irgendwie fühle ich mich nicht so« bis hin zu »Die hat volle Einkaufstüten, die lebt bestimmt in einer Beziehung«. Und diese Unterstellungen, mit denen wir durchs Leben gehen, halten uns davon ab, die Initiative zu ergreifen.

In Wahrheit wissen wir erst einmal überhaupt nichts. Es kann auch sein, dass die Frau für Freunde kocht oder zu einem Brunch eingeladen ist. Der Realitätsabgleich findet leider nicht statt, wenn wir uns zu viel mit Vermutungen befassen. Aber das ist die eine Sache. Was hindert uns wirklich daran, eine Frau anzusprechen?

Max: Angst!

Jakob: Da bin ich ganz bei dir. Angst hemmt mich oft. Um sie zu überwinden, frage ich mich dann immer: Was ist das Schlimmste, das passieren kann?

Dass man einen Korb bekommt, also keinen Kontakt zu der Frau aufbaut. Und den hat man ja auch nicht, wenn man sie nicht anspricht. Der Status bleibt gleich – mit dem feinen Unterschied, dass man sich die offizielle Bestätigung der Frau abgeholt hat. Klar, so eine Absage oder Ablehnung kann auf mein Selbstwertgefühl drücken. In der Praxis ärgere ich mich aber mehr darüber, wenn ich etwas nicht gemacht habe, als über einen Korb. Vielleicht geht es mir auch mehr um die Überwindung als um die Frau.

Aber gut, ich mache jetzt hier einen auf Erklärbär, doch es gibt genug Situationen, in denen ich mich selbst immer wieder drücke. Um das vor mir selbst zu rechtfertigen, suche ich meistens vermeintliche Fehler bei der Frau, die rechtfertigen, warum ich sie doch nicht anspreche. Ist natürlich eine schäbige Ausrede, die ich mir da zurechtlege, um nicht so blöd vor mir selbst dazustehen.

Max: Da kannst du mir so viel du willst mit deiner Logik kommen. In dem Moment, in dem es konkret darum geht, das erste Wort mit einer völlig fremden Frau zu sprechen, fühle ich mich einfach saumäßig unwohl. Vielleicht bräuchte es einen kleinen Mann auf meiner Schulter, der mich anfeuert, aber auf der anderen sitzt halt sein Kollege, der die Lage ganz anders beurteilt und immer die passenden Gegenargumente parat hat. Wahrscheinlich ist es gut, sich einfach zu trauen.

Jakob: Auf jeden Fall. Das ist wirklich eine Übungssache. Du kennst doch die 10 000-Stunden-Regel von Krampe und Tesch-Römer. Wenn man etwas 10 000 Stunden macht, ist man Experte in einer Sache.

Max: Das ist schon ein bisschen armselig. Stell dir mal vor, du sprichst wirklich 10 000 Stunden in deinem Leben Frauen an. Sagen wir mal, jedes Ansprechen dauert fünf Minuten. Das wären dann 120 000 Frauen, die man ansprechen müsste. Wenn man die abzieht, die durch das eigene Raster fallen und die nicht in deinem Alter sind, müsstest du bestimmt alle Berliner Frauen angesprochen haben, um dich Experte nennen zu dürfen.

Jakob: Du musst das ja nicht so wörtlich nehmen. Es geht eher um die zunehmende Selbstverständlichkeit, die du durch ein bisschen Training gewinnst. Damit du dann bei *der einen* sicher bist.

Max: Oder vielleicht auch gleichgültig. Wenn du etwas so oft machst, dann ist es doch egal, wer da vor dir steht.

Jakob: Aber das hat nicht unbedingt was mit der durch Übung erzeugten Gleichgültigkeit zu tun. Ich glaube, jede Frau ist auch immer eine Projektionsfläche. Wenn du eine Frau siehst, die dir gefällt, projizierst du deine Wünsche und Hoffnungen auf diese eine Frau. Darum ist sie schon beim ersten Anblick oft so besonders. Weil auf einmal in deinem Kopfkino der beste Film an möglichen Erlebnissen mit ihr läuft. Die Reise, die ihr zusammen macht, die Abende auf der Couch und vielleicht die Kinder, die ihr zusammen bekommt. Die Erlebnisse mit den vorgestellten Emotionen werden alle schon mal in deinem Kopf abgefeuert.

Max: Wichtig ist doch, wodurch das Kopfkino ausgelöst wird, und da sind wir beim Henne-Ei-Problem. Ist die Frau so besonders, dass der Film ausgelöst wird, oder wird die Frau besonders, weil das Kopfkino schon vorher läuft und damit diese spezifische Frau glorifiziert? Für mich ist es eher Ersteres, sonst könntest du dich ja in jede Frau verlieben. Das kannst du nicht, und das kann ich nicht. Ist ja auch gut so.

Jakob: Auf jeden Fall. Ich denke, am Ende ist es ein Zusammenspiel aus mehreren Faktoren. Unterbewusste Faktoren wie beispielsweise der Geruch. Bei manchen Frauen liebt man es einfach, sie zu riechen. Klingt ein bisschen wie bei *Das Parfum*. Wenn eine gut riechende Frau bei dir geschlafen hat und dein T-Shirt anhatte, liebt man es, daran zu schnuppern.

Wenn wir beim Daten und dem Ansprechen auf der Straße bleiben, steht im ersten Moment natürlich die Optik im Vordergrund. Vielleicht auch im zweiten.

Max: Ich meinte ja gerade, dass man vielleicht gleichgültig wird, wenn man zu viel Erfahrung hat. Vielleicht vergisst du auch wieder alles, wenn du die Frau triffst, die in deinem Kopf den ganz großen Blockbuster beim ersten Sehen abspielen

47

lässt. Das passiert ja manchmal. Wenn auch selten. Für mich passiert das meistens nicht beim Sehen, sondern erst, wenn ich die Frau reden gehört habe. Ich glaube, wenn du eine Frau triffst, die dir wirklich was bedeutet, ist deine Übungsregel für den Arsch.

Jakob: Ich glaube auch, dass ich dann wieder unsicherer bin, aber eben nicht gelähmt. Ich hatte das schon ein paarmal, dass ich vor einer echt attraktiven Frau stand und mich selbst nicht wiedererkannt habe. Ich habe mich verhalten wie ein nervöser Teenager, und dementsprechend war die Reaktion meines Gegenübers. Frauen meinen zwar immer, sie finden das ganz süß, aber auch das hat seine Grenzen.

Es geht nicht darum, dass man so geübt ist, dass der Erstkontakt die Relevanz eines unverbindlichen Handschüttelns bekommt, aber man sollte auch nicht komplett handlungsunfähig werden vor Aufregung – sondern möglichst so sein wie Freunden gegenüber auch. Dass du nicht anfängst, dich selbst zu beobachten. Dass du einfach normal bleibst. Du bist hundert Prozent sicherer mit Übung als ohne. Die Wahrscheinlichkeit ist größer, dass du bei einer potenziellen Partnerin gut reagieren kannst.

Max: Das Kopfkino so groß werden zu lassen und alle Wünsche auf den Partner zu projizieren ist der Punkt, der dich unsicher macht. Das ist wie bei einem Vorstellungsgespräch für einen Job, den du unbedingt haben willst. Wenn du dir viele der Wünsche auch alleine erfüllen kannst, reduziert das die Erwartungen an den potenziellen Partner. Was ist das auch für eine Unart: Da trifft man seinen möglichen Partner und sagt sich selbst: »Ich habe mich die ganzen Jahre gegeißelt und meine Wünsche aufgespart, um endlich was zu erleben … mit dir.«

Na schönen Dank auch! Ob der Partner, den man dann trifft, so spannend ist? Manche Frauen investieren zwei Stunden am Tag in ihre Schönheit, da bleibt weniger Zeit für andere Dinge, die sie vielleicht interessant im späteren Zusammenleben machen. Und das ist der Widerspruch: Der erste Eindruck und damit der entscheidende Faktor, ob ich eine Frau ansprechen möchte oder nicht, hängt oftmals an optischen Reizen, aber im Zusammenleben ist es wichtig, dass die Frau mehr hat als ein hübsches Äußeres.

Für mich steht in jedem Fall fest: Wenn du selbst viel von dem machst, worauf du Bock hast – ganz unabhängig von der Partnerin –, ob singen, reisen, Sport oder kochen, ist die Angebetete nicht mehr die Heilsbringerin zu deinem Glück. Sie ist nicht verantwortlich für dein bis dato nicht gelebtes Leben. Dann ist sie eher wie ein Bonus zu deinem guten Verdienst als ein Rettungsschirm für deine überzogene Kreditkarte. Die Hürde, eine Frau anzusprechen, wird entsprechend klein.

Jetzt sind wir ganz schön deep drin in dem Psychokram. Das hat eine gewisse Ironie. Wir reden und denken die ganze Zeit darüber nach, wie man möglichst gedankenlos und unbekümmert ist. Darum geht es. Dazu passend kommt der nächste Schritt: unverbindlicher Small Talk.

Jakob: Und auch bei Small Talk ist es nicht verkehrt, wenn man vorher ein bisschen übt.

Max: Mein Opa war darin definitiv ein großer Meister. Wenn der eine kleine Runde mit dem Hund um die Häuser gegangen ist, brauchte er immer zwei Stunden. Er hat nämlich an jedem Häuschen angehalten und mit seinen Nachbarn geschnackt. Ihm ging es natürlich nicht darum, dass er mit seiner ganzen Nachbarschaft in die Horizontale wollte. Er hatte einfach nur

Bock, sich zu unterhalten. Und damit stellst du keine hohen Erwartungen an dein Gegenüber und das, was im Gespräch passiert.

Ob mein Opa wohl einen Standardsatz als Intro hatte? Hast du einen, wenn du eine Frau ansprichst?

Jakob: Standard klingt irgendwie nach Masche. Ich finde, so einen Satz in der Gesprächsschublade zu haben rettet vor der »Ich weiß nicht, was ich sagen soll«-Ausrede. Meiner war ziemlich simpel: »Studierst du Jura?« Muss natürlich zu dem Alter der Frau passen.

Max: O Gott. Immer der gleiche Spruch?

Jakob: Eigentlich spielt es keine Rolle, was du sagst. Es geht erst mal darum, ins Gespräch zu kommen, und von da aus kann man sehen, ob man überhaupt Lust hat, tiefer zu gehen.

Wenn man mag, gilt es, sich in kurzer Zeit im Gespräch zusammen eine Realität aufzubauen, und schon ist man in einer gemeinsamen Welt. Einer kleinen Welt, aber das ist ein Anfang. Wenn du das mal weiterdenkst, bist du mit allen Menschen, mit denen du eine Beziehung führst, in einer jeweils eigenen Welt. Mit dem einen Kumpel machst du immer Witze, und mit dem anderen gehst du zum Sport. Mit dem dritten verreist du gern. Und meistens redet man mit jedem über andere Themen. Jeder kennt dich anders. Und so wie dich ein spezifischer Kumpel kennt, kennt dich eben nur dieser.

Wenn es anfangs beim Small Talk ein bisschen hakt, ist es für mich das Beste, immer weiter Fragen zu stellen und aus den Fragen ein Gespräch zu entwickeln. Man wirkt laut Studien auch sympathischer, wenn man Dinge fragt, anstatt die ganze Zeit nur über sich zu erzählen. Außerdem kenne ich meine eigene Story schon, und die langweilt mich dann. Hinzu kommt, dass ich mich meist nicht so wohlfühle, wenn ich nur etwas über mich erzähle. Obwohl, wenn ich mir hier meinen Gesprächsanteil so anschaue, dann erzähl ich vielleicht doch ganz gerne von mir.

Max: Das lass ich mal so stehen. Ich tu mich übrigens schwer mit dem pseudowissenschaftlichen Ansatz, den du da immer mit einbringst. Das bettet vieles in Regeln, die für meine Freizeit, in der ich Frauen anspreche, nicht gelten.

Gerade ist mir eine Situation eingefallen, in der ich es richtig bereut habe, eine Frau ziehen gelassen zu haben. Das war damals auf einer Reise mit meinem Sportverein. Eine Frau aus dem spanischen Team hat mir deutliche Signale gesendet, und ich war trotzdem nicht fähig, den zweiten Schritt zu machen. Männer regen sich ja oft darüber auf, dass sie den ersten Schritt machen müssen. Aber meistens sind es doch die Frauen. Männer tun sich nur schwer, die Signale zu erkennen. Ihre Blicke waren aber eindeutig.

Jakob: Bildest du dir zumindest ein.

Max: Jedenfalls habe ich mich aus mir heute unerklärlichen Gründen nicht getraut, darauf einzugehen. Danach bin ich traurig nach Hause, um mir einen runterzuholen.

Jakob: Signale lesen fällt mir auch oft schwer. Aber manchmal will sich eine Frau auch nur mal umsehen. Mit wie vielen Menschen ich schon hätte schlafen müssen, wenn das die Folge von Blickkontakt gewesen wäre. Speziell im Rentnersegment hätte ich dann schon ordentlich rumgefischt. Und erschwerend kommt dazu, dass ich leicht kurzsichtig bin und die Signale nicht sehe. Wenn ich mal mit Brille unterwegs bin, ist es anders. Aber vielleicht sehe ich für Frauen auch einfach ein bisschen intelligenter mit Brille aus.

Max: Noch mal zum Small Talk. Ich hätte Angst, dass der irgendwann ins Stocken gerät. Dann entsteht dieses unangenehme Gefühl der Stille.

Jakob: Wer hält es am längsten aus?

Max: Dann bist du in dem Stadium, in dem die Frau sagt »Ich muss mal kurz auf Toilette« und nicht wiederkommt. Für mich ist das manchmal so ein kleines Kräftemessen. Bei mir war es oft so: Wenn die Frau mehr von mir wollte als ich von ihr, dann hat sie ununterbrochen geredet und war sehr bemüht, das Gespräch am Laufen zu halten. Was einem nach einer Weile ganz schön auf den Sack gehen kann. Andersrum gilt das natürlich auch.

Jakob: Wenn es genügend Übereinstimmungen gibt, dann läuft es eigentlich von selbst. »Ach, du warst auch in New York. Ja, Brooklyn ist irgendwie das Neukölln von New York …« Blablabla.
Manchmal wird es mir zu langweilig, über oberflächlichen Kram zu reden, und da wünschte ich mir, dass ich einen Knopf im Ohr hätte, in den du reinsprichst. Du bist für mich der Experte im Deep Talk. Irgendwie findest du immer ziemlich schnell einen unprätentiösen Weg dorthin, ohne dass man denkt: »Das geht dich einfach mal einen Scheiß an.« Dir will ich immer alles erzählen.

Max: Ja, auch ohne dass ich frage.

Jakob: Das ist eine Kunst. Es liegt dir im Wesen, dass sich Menschen bei dir öffnen. Zusammen wären wir ein gutes Team: Ich übernehme das Ansprechen und den oberflächlichen Small Talk, und du machst dann den Jules Verne.

Wie ist es eigentlich bei dir, findest du, der Mann sollte ganz klassisch den ersten Schritt machen?

Max: Die Frage hört sich schon beim Stellen irgendwie überholt an. Also nein, ich finde nicht, dass immer nur der Mann den ersten Schritt machen sollte.

Jakob: Ich wurde noch nicht so oft von Frauen angesprochen. Meistens haben sie aber deutliche Signale gesendet, die selbst ich nicht übersehen konnte. Einmal hat sich mir eine Frau in einer leeren S-Bahn genau gegenübergesetzt und mich direkt angesehen.

Max: Kann auch nerven.

Jakob: Auf jeden Fall. Es fühlt sich auch irgendwie komisch an, von einer Frau angesprochen zu werden.

Max: Frag mal Frauen, wie oft sie in ihrem Leben schon einen Mann angesprochen haben – die Antwort ist meistens »Noch nie« und »Würde ich auch nie machen«. Das ist so ein Scheiß. Gleichberechtigung bitte in allen Bereichen!

Jakob: Auf jeden Fall. Wenn man angesprochen wird, kann man erst mal schauen, was so geht und was die Person anzubieten hat. Man ist in der Luxusposition.

Max: Das denke ich mir wiederum, wenn ich als Mann eine Frau anspreche. Du weißt ja noch nicht, ob das wirklich alles so toll wird, wie man sich das ausmalt.

Jakob: Der besagte Film, der abläuft, wenn man eine attraktive Frau sieht.

Max: Und bestimmt wäre es auch als Mann gesund, ein bisschen von der Einstellung miteinzubeziehen: Erst mal schauen, wie es so wird mit der Frau.

Jakob: Der gesunde Anfangspessimismus.

Max: Mit den Erwartungen im Leben ist das immer so eine Sache. Die sind oft der Motor für unser Handeln.
Meistens super, aber in vielen Fällen einfach zu viel. Das ist ein bisschen wie eine Party, von der du wirklich nichts erwartest, und auf einmal bekommt sie eine Eigendynamik, bei der du dich sechs Stunden später vor der Wohnzimmervitrine zu schrecklicher 90er-Mucke tanzend wiederfindest und trotzdem den Spaß deines Lebens hast.

Jakob: Obwohl ich grundsätzlich gegen Pessimismus bin. Ich habe immer das Gefühl, man bekommt, was man erwartet. Wenn du erwartest, dass alles scheiße wird, dann wird es auch scheiße. Oder zumindest beschissener, als wenn du grundsätzlich denkst, dass alles gut wird. Ich glaube, dass sich deine Wahrnehmung auf die positiven und negativen Dinge aktiv richtet und du dieselbe Situation dann anders bewertest.

Max: Mag sein, aber bei deinen Worten rieche ich schon die Räucherstäbchen, und mich kitzeln gerade die unrasierten Achseln.

Jakob: Du hast so recht, sorry! Unter meinem Arsch ist schon eine Handbreit Luft. Ich schwebe mal wieder runter.

In der Theorie kann ich mir das auch alles immer gut erklären, und es ändert auch in der Praxis viel, aber eben nicht alles. Vielleicht wird die Diskussion mit Ansprechen und Kontakt aufnehmen im realen Leben irgendwann hinfällig, weil alle Dating-Apps benutzen.

Max: Wäre irgendwie schade. Wie sieht es bei dir aus, bist du bei Dating-Apps noch dabei?

Jakob: Ich habe zumindest einige mal ausprobiert. Manche wie Tinder haben auch eine Zeit lang ganz gut funktioniert. Kommt darauf an, was man will. Bei mir haben sich One-Night-Stands oder noch öfter Affären daraus entwickelt. Immer horizontale Geschichten. Mehr eben nicht.

Max: Das hängt auch ein bisschen davon ab, was man sucht.

Jakob: Was man sucht, was man sucht ... Ich bin definitiv offen für eine Beziehung, aber es kommt halt oft ein bisschen anders.

Max: Ich weiß nicht, ob Dating-Apps da der richtige Weg sind. Was versprichst du dir denn von so einer App?

Jakob: Eigentlich ist das für mich nichts anderes, als eine Frau im realen Leben anzusprechen. Du weißt doch, wie es ist. Ist deine Single-Zeit schon so lange her, dass du dich nicht erinnern kannst?

Im Grunde suche ich nach DER Frau, aber wenn sich etwas anderes auf dem Weg dorthin ergibt, lade ich auch gerne mal meinen Liebesspeicher voll. Ich bin davon nicht frei. Ich dachte zwar lange Zeit, ich bräuchte keinen regelmäßigen Sex und vor allem körperliche Nähe, aber besser ist das schon für mich.

Max: Ich weiß nicht, ob sich Dating-Apps dafür eignen, den einen Partner zu finden.

Jakob: Ich glaube, es eignet sich potenziell jeder Ort, um den richtigen Partner zu finden. Ob du dich jetzt beim Bäcker um die Ecke, bei der Arbeit, im Freundeskreis oder bei Dating-Apps umschaust. Du musst nur bereit sein.

Max: In unserer heutigen Welt des Überflusses ist das so eine Sache mit dem Bereitsein. Eine Dating-App benutzen ist wie an der Käsetheke stehen. Es gibt einfach zu viel Auswahl, man will alles mal ausprobieren und ist super kritisch, weil es so viele vermeintlich genauso gute oder bessere Alternativen gibt. Da ist die Notwendigkeit, an einer Beziehung zu arbeiten, viel geringer. »Klappt mit der nicht, na ja, dann ziehe ich eben weiter« oder »Eine andere hat diese oder jene Macke nicht«, und dann stellt man fest, dass der oder die Nächste dafür eine ganz andere Macke hat, die genauso nervt. Dating-Apps machen es also nicht unbedingt leichter.

Auch die Wahrnehmung des Gegenübers bei der ersten realen Begegnung kann sich ändern. Du bist halt stark visuell gesteuert. Eigentlich schon krass, wenn man sich überlegt, dass du einen potenziellen Partner nur anhand seines Äußeren bewertest. Die erste Entscheidung fällt genau deswegen.

Jakob: Wie du schon sagtest: Frauen verlieben sich über die Ohren und Männer über die Augen. Klares Zeichen, dass zumindest die ersten Dating-Apps von Männern programmiert wurden. Glaubst du, das ist ein sich gegenseitig bedingender Prozess mit der Wahrnehmungsveränderung bei der Partnerwahl? Dass wir uns immer mehr auf unsere Augen konzentrieren und keine anderen Sinne miteinbeziehen?

Max: Ich glaube, man darf das alles nicht überdramatisieren. Man kann sich immer noch bewusst entscheiden. Vielleicht.
Gibt es bei Dating-Apps mittlerweile auch Benutzerkommentare, wenn man sich dann getroffen hat, und Sterne zur Bewertung?

Jakob: Kommt bestimmt noch. Wie bei Airbnb oder so.

Max: Ich habe ja gerade gesagt, man darf nicht überdramatisieren, aber durch diese ständige Fixierung auf die Optik vergisst man manchmal, dass noch mehr als nur das Äußere zur Gesamtschönheit beiträgt. Es gibt Menschen, die strahlen einfach so, ohne dass sie besonders schön sind, und auf einem Foto würdest du vielleicht sogar von ihnen sagen: Gefällt mir eigentlich nicht so.

Jakob: Es ist lustig, was Leute so für Fotos von sich verwenden. Die einen zeigen sich immer sportlich, andere mit Freunden und auf Reisen. Dann gibt es noch die Ominösen, die sich nie ganz zeigen. Da denke ich mir immer, wenn ihr keinen Bock habt, erkannt zu werden, weil ihr eigentlich zu geil seid, dann nutzt auch keine Dating-Apps.

Max: Du hast den Klassiker mit Kussmund vergessen. Das Party-Spiegel-Ich-fühle-mich-heute-so-gut-Selfie.

Jakob: Oh ja. Gleich mal ein schwungvoller Wisch nach links.

Max: Gut, man hat bei Dating-Apps auch noch die Möglichkeit, zu schreiben.

Jakob: Ja, das ist aber unfassbar mühselig und langweilig. »Na, kommst du aus Berlin, oder bist du hergezogen?« Ich war irgendwann so abgegessen, dass ich gefragt habe, ob wir ein Spiel spielen wollen.

Max: Welches? Wetten dass du dich nicht traust, mich zu treffen, ohne dass wir vorher schreiben? Gezeichnet dein kranker Nachbar, der dich eh schon die ganze Zeit beobachtet.

Jakob: Nein, besser: Jeder muss dem anderen eine Frage stellen, die der andere noch nicht auf der Plattform gestellt bekommen hat. Hat er die Frage schon gestellt bekommen, ist das Spiel vorbei, und er muss den anderen sofort löschen. Ist eigentlich ganz lustig.

Max: Und musstest du schon eine löschen oder wurdest du gelöscht?

Jakob: Wenn mir die Frau richtig gut gefällt, bin ich da meist recht großzügig mit den Regelverstößen.

Max: Das ist schon ein bisschen metaphorisch. Du meintest vorhin, du hast bis jetzt nur Frauen getroffen, mit denen du einen One-Night-Stand oder eine Affäre hattest.

Jakob: Na ja, für mich gibt es zwei Kategorien bei Frauen: Frauen, die ich einfach nur bumsen will, und Frauen, von denen ich mehr will. Mit denen will ich meistens auch nicht schlafen beim ersten Date. Einfach weil es mir nicht wirklich in den Sinn kommt.

Würdest du, wenn dich eine Frau offen fragt, ob du von ihr nur Sex willst, ehrlich antworten?

Max: Nein!

Jakob: Wenigstens bist du jetzt ehrlich. Frauen regen sich immer darüber auf, dass Männer nie oder selten sagen, wenn sie nur Sex wollen, aber wenige Frauen hätten dann auch Sex mit einem. Von Männern werden Dating-Apps auch häufiger als Sex-Apps benutzt.

Max: Der Gedanke kam mir damals schon bei Facebook.

Jakob: Und jetzt hast DU kein Facebook mehr. Bei mir ist wirklich immer der Hintergedanke dabei: Vielleicht findet sich doch eine Freundin über eine Dating-App. Man weiß ja nie.
Um das Thema mal abzuschließen: Ich glaube, ob Dating-Apps oder woanders, überall kann es passieren und auch oft an Orten, an denen man eben nicht danach sucht oder meint: Hier müsste was gehen. Ich finde das wahre Leben eben schön. Sich klassisch über Freunde kennenlernen oder beim Einkauf im gelb-blauen Möbelhaus.

Max: Das Möbelhaus ist ein perfekter Ort, da gehen wahnsinnig viele Singlefrauen hin.

Jakob: Perfekt ist auch, wenn dich eine Freundin ihrer Freundin empfiehlt.

Max: Aber nur wenn sie selbst vergeben ist, sonst ist das immer, als ob man was hinten aus dem Kleiderschrank zieht und sagt: »Hier, kannst du haben, zieh ich nicht mehr an.«

Jakob: Für mich geht es vor allem darum, dass ich am Ende, wenn der Sargdeckel einmal zugeht, nicht so viele »Hätte« offen habe. Im Idealfall gar keine. Darum lieber einmal mehr machen als einmal zu wenig.

WIE WIRD AUS EINER AFFÄRE EINE BEZIEHUNG?

Hallo Beste Freundinnen!

Warum ist es nur so, dass Männer alles wollen und nicht bei dem bleiben können oder wollen, was sie haben? Ich habe den starken Eindruck, dass sie immer auf der Suche nach dem vermeintlich Besseren sind. Was erhofft ihr Männer euch denn, im Grunde eures Herzens zu finden, wenn ihr die eigentlich perfekte Frau vor Augen habt und sie dann doch wieder gehen lasst, weil um die Ecke noch eine bessere stehen könnte?

Mir ist es schon oft passiert, dass ich einen Mann kennengelernt habe, alles auf eine Beziehung hinauslief, es dann aber abgeflacht ist. Was ist denn in der letzten Zeit, außer Tinder und Co., mit uns passiert? Ich würde mich sehr über eine Antwort von euch freuen.

Liebe Grüße aus dem nebligen Norden

Eure Sarah

Jakob: Was Sarah beschreibt, höre ich immer wieder. Es kommt einem tatsächlich so vor, als ob speziell die Männer Schwierigkeiten haben, sich zu binden. Ich kenne das von mir selbst. Es ist oft so, dass ich Frauen treffe und sie mir am Anfang gefallen, aber irgendwann, meist nach kurzer Zeit, lässt das nach. Ich melde mich dann weniger oder breche den Kontakt ganz ab. Wenn die Frau nach einer Begründung fragt, kommt von mir oftmals der berühmte »Es liegt nicht an dir«-Satz. Und das denke ich wirklich. Es liegt nicht an der Frau. Es liegt an der Art und Weise, wie ich meine Welt wahrnehme. Es liegt an meiner permanenten Suche nach etwas vermeintlich Besserem. Mein Optimierungswille macht auch vor meinen Beziehungen nicht halt.

Frauen können sich da manchmal wie ein geleastes Auto vorkommen, das nach Erscheinen der neusten Modellreihe ausgetauscht wird.

Für mich ist es das Regal-Glas-Prinzip: Nur das Glas ganz oben im Regal, das ich mir gerade noch auf Zehenspitzen stehend rausnehmen kann, ist gut genug.

Und eine Frage von Sarah finde ich besonders wichtig, um der Sache auf den Grund zu gehen: Was suchen Männer im Grunde ihres Herzens? Mir kommt da die Frage: Womit suchen wir überhaupt?

Max: Ich glaube, für Männer stellt sich die Frage genau andersherum: Warum sollte er immer bei dem bleiben, was er sicher hat? Das Update oder der Modellwechsel kommt bestimmt. Vielleicht tatsächlich an der nächsten Ecke. Gerade in Beziehungen, die ich hatte, fand ich es immer schwierig, Defizite meiner Partnerin aushalten zu müssen oder – besser gesagt – zu wollen.

Ich hatte mal eine Freundin, die mich irgendwann darauf aufmerksam machte, dass sie besonders dicke Fesseln hat. So merkwürdig es vielleicht klingen mag: Mir fiel es ab dem Moment unglaublich schwer, sie überhaupt noch attraktiv zu finden. Das ging so weit, dass ich eine Zeit lang einen regelrechten »Fesselfetisch« entwickelte und alle Frauen nur noch nach ihren Fußgelenken bewertete. Ich steigerte mich so stark in diese Geschichte hinein, dass ich mir ausmalte, wie schön doch der Sex oder auch die Beziehung mit einer dieser grazilen Fesselträgerinnen wäre. Letztendlich habe ich mich von ihr getrennt. Zwar nicht aufgrund ihrer Fesseln, aber du kannst dir sicher sein, die Nächste hatte schön dünne Fußgelenke …

Jakob: Schon krass. Die unterbewusste Objektivierung von Frauen kenne ich von mir selbst auch. Viele Männer wollen eine Frau, die ein Stück weit Vorzeigeobjekt ist. Ich hatte mal eine Freundin, die war so unglaublich attraktiv, dass jedes Mal, wenn wir zusammen ein Restaurant betraten, jemand die Slow-Motion-Taste drückte. Jeder hielt für einen kurzen Moment inne, um sich nach uns umzudrehen.

Das ist ein bisschen wie eine Bühne betreten. Es gibt Frauen, die werden von Männern als Bühne benutzt. Das Problem für mich bei dieser Frau war allerdings, dass sie zwar wahnsinnig attraktiv war, aber sonst die Anknüpfungspunkte fehlten. Ich konnte wenig entdecken, was mich mit ihr auf einer anderen Ebene verbunden hat. Ihre Geschichten haben mich gelangweilt. Ihre Interessen, sofern vorhanden, waren nicht meine.

Und dann ist es, wie sich etwas Neues kaufen. Hast du dir jemals einen neuen oder schicken gebrauchten Wagen gekauft, einen, den du schon lange haben wolltest? Am ersten Tag ist das Gefühl, darin zu fahren, noch maximal aufregend. Nach einer Woche ist es nur noch wie ein leckeres Gericht, wenn man Hunger hat, und spätestens nach drei Wochen ist es Normalität. Dann muss ein neuer Reiz her, und der Kreislauf beginnt von vorne. Wenn wir als Männer oder Gesellschaft anfangen zu objektivieren, dann ist das der Kreislauf, in dem wir uns bewegen. Ich kenne das gut. Ich bin auch Teil der Gesellschaft und ein Teil dieses Teufelskreises.

Max: Wenn etwas neu Gekauftes das Glück nur für drei bis vier Wochen erhöht, dann ist es nur naheliegend, dass man sich, gerade in einer großen Stadt wie Berlin, in der die Auswahl so riesig ist, lieber etwas Neues »besorgt«, als mit dem langweiligen Alten leben zu müssen.

Du hast gerade von dem Moment gesprochen, in dem dir eine schöne Begleitung die Blicke in der Bar sichert. Das hebt dein eigenes Selbstwertgefühl für den Moment immens an, und Attraktivität wird immer erst anhand äußerer Merkmale bewertet.

Ich finde auch: Gerade unter Männern wird die Frau oft zum Porscheanhänger am Schlüsselbund – ein Statussymbol. Wenn man mit seinen Kumpels über eine Frau redet, wird immer erst hervorgehoben, wie geil sie aussieht, und nicht, wie lustig oder nett sie ist. Auch ich erwische mich immer wieder dabei, wenn du mir von einer neuen Affäre oder eventuellen Freundin erzählst, dass ich als Erstes nachfrage, wie sie denn aussieht. Die zweite Frage, die ich dann stelle, ist, ob ihr schon Sex hattet, und falls du bejahst, schieße ich prompt die dritte Frage hinterher: »Wie war denn der Sex?« Selbst in unserer kleinen, mehr oder weniger reflektierten Welt rennen wir immer wieder in die gleiche Falle.

Jakob: Gerade in einer Großstadt wie Berlin scheitern wir auch an zu vielen Möglichkeiten. Aber eigentlich ist es mittlerweile egal, wo wir leben. Das Internet scheint jeden und alles zu jeder Zeit verfügbar zu machen. Ob Dating-Apps oder online Lebensmittel einkaufen. Aber jeder muss selbst lernen, damit umzugehen, und das macht es so verdammt schwierig. Niemand bleibt, dem ich die Verantwortung zuschieben kann.

Ja, meine Eltern haben sich scheiden lassen, als ich sechs war, und mich damit für immer traumatisiert. Deswegen kann ich mich auf keine Frau einlassen. Die Gesellschaft ist so konsumgierig, deshalb ist es so schwer für mich, bei einem Partner zu bleiben – diese Haltung kann ich doch nicht mein Leben lang vor mir hertragen!

Ich glaube, es ist wichtig, mal darüber nachzudenken und an die Wurzeln zu gehen, aber sich dadurch nicht lähmen zu lassen und die eigene Verantwortung zu verleugnen. Manche Leute vergessen, dass die Lösung ein Prozess ist, der oft sehr lange dauert.

Das schreibt sich alles immer einfacher, als es sich in der Praxis leben lässt. Auch ich erwische mich immer wieder dabei, wie ich mir denke: Holst du dir jetzt die neue Jacke? Wäre bestimmt geil und würde dein Leben bestimmt ein bisschen schöner machen. Welcher Wunsch steckt eigentlich dahinter? Wo hört mein Konsumdenken auf? Wenn mein ganzer Organismus auf Konsum ausgelegt ist, zieht mein Konsumdenken auch beim menschlichen Gegenüber nicht die Grenze.

Max: Für mich ist es wichtig, einen gesunden Mittelweg zu finden. Konsum gehört nun mal dazu. Es gibt aus dem minimalistischen Ansatz einen guten Spruch dazu: Use things and love people, because the opposite never works. Die perfide Romantik darin treibt mir sofort einen säuerlichen Geschmack in den Rachen, aber der Spruch schafft eine gute Differenzierung, die nicht immer selbstverständlich ist. In dem Satz steckt eine Haltung und Ausrichtung im Leben.

Seitdem ich eine Tochter habe, merke ich mehr und mehr, dass es genau darum im Leben geht. Das Rad muss nicht neu erfunden werden: Einfach etwas ehrlicher mit sich selbst und seinen Mitmenschen umgehen. Vielleicht auch mal seinem Kumpel direkt ins Gesicht sagen: »Hey, deine Freundin sieht zwar scheiße aus, ist aber eigentlich ganz nett.« Also, so in der Art jedenfalls.

Jakob: Mir sind gerade ein paar Sachen durch den Kopf gegangen, als ich darüber nachgedacht habe, wie für Sarah ein Mittelweg aussehen könnte. Dieser Glaube, dass sie vielleicht irgendwelche Typen ändern kann, die sie trifft, das läuft in der Regel nicht. Jeder kann nur sich selbst ändern, und dazu braucht es eine Bereitschaft. Die »Mach es zu deinem Projekt«-Attitude, die ich immer wieder bei Frauen erlebe, die sich auf so verkorkste Männer wie mich einlassen, weil sie denken, tief im Inneren hat er doch einen guten Kern, und wenn ich nur genug Geduld mit ihm habe, wird er schon meinen wahren Wert erkennen, funktioniert nicht. Da wird man unglücklich, und die Geschichte endet in der Sackgasse der Einsamkeit.

Die Bereitschaft, mich zu ändern, kann nur aus mir selbst heraus entstehen. Klar erfahre ich Impulse durch die Spiegelung meines Umfelds, aber ich bin der Herr über mein Verhalten und über meine Handlungen.

Das Problem ist: Sobald man einen Menschen ändern möchte, biedert man sich unterschwellig an, und das löst in mir aus: »Warum will sie das so unbedingt? Irgendwas ist hier faul!« Und um in unserer Konsummetapher, die ja leider keine reine Metapher ist, zu bleiben: Wenn wir durch ein Geschäft laufen und auf einmal ist ein Produkt preisreduziert, schau ich mir meistens genauer an, ob damit irgendwas nicht stimmt. Der Schlüssel liegt, denke ich, wirklich in der Art, wie wir auf Dinge blicken. Da kann ich schön vor meiner eigenen Haustür kehren.

Max: Mann, das wird aber langsam ganz schön abstrakt und philosophisch. Ging es zu Beginn nicht nur um Typen, die sich nicht binden können und wollen? Vielleicht würden Frauen damit aufhören, Männer verbessern und verändern zu wollen, wenn Männer Frauen nicht länger zusammenbasteln wie ihre Traumwelt aus Lego.

Sich immer nur das Beste herauspicken zu wollen führt wohl am Ende dazu, dass man nur die glänzende Verpackung sieht und erst später das wahre Gesicht der Person erkennt. Wundern muss man sich dann nicht, wenn man nicht das bekommt, was man sich wünscht. Vielleicht haben die Datingseiten der Zukunft auch die Antwort auf das Problem der unerschöpflichen Auswahl. Eine Maschine zimmert einem den perfekten Partner, sowohl äußerlich als auch innerlich. Schöne neue Welt.

Jakob: Weißt du noch, wie wir uns kennengelernt haben? Das könnte für einen allgemeinen Lösungsansatz taugen. Ich will hier nicht unser Kennenlernen auf die Ebene einer potenziellen Affäre oder Beziehung setzen, so glatt kannst du dich nicht rasieren, aber als ich dich das erste Mal sah, dachte ich: Was für ein arroganter Pisser! Was nimmt der sich heraus? Und es blieb ganz viel Raum und Luft, mich positiv zu überraschen – was du zwar nicht getan hast, aber das ist ein anderes Thema. Der Schlüssel liegt dann womöglich in der abstoßenden Arroganz ... Du bist damit mein Scheunenfund. Wenn ich erst mal mit dem Hochdruckreiniger über dich drübergegangen bin, dann glänzt der alte Lack wieder, ohne dabei Patina einzubüßen.

Max: Ja, ich denke, ein bisschen Arroganz tut unserer Welt gut. Davon gibt es noch nicht so viel. Aber im Kern steckt ja was anderes in der Botschaft: Authentisch sein Ding machen und darauf scheißen, was der andere darüber denkt. Das muss natürlich nicht mit Arroganz passieren.

Jakob: Für den einen ist es, »authentisch sein Ding zu machen«, und für den anderen ist es, sich seine hohen Erwartungen an die Welt mal genauer anzuschauen. Ich hoffe, jetzt wird es nicht zu abgehoben, aber in deiner Antwort schlagen wir den Bogen zu Sarah. Ich wundere mich immer wieder, warum der Erstkontakt bei einigen Frauen so locker und leicht funktioniert und bei anderen überhaupt nicht. Rein äußerlich würde ich diese Frauen auf ein Attraktivitätslevel stellen und auch ihr Gesamtpackage an Intelligenz, Humor und Herzlichkeit – ja, ich weiß, das geht jetzt wieder in diese Konsumrichtung, aber egal. Bei manchen bin ich gut angekommen, und alles war leicht, bei anderen habe ich mir einen abgebrochen, und es war wie zwölf Jahre unter Tage arbeiten. Kurioserweise stiegen die Frauen, die für mich schwerer zugänglich waren, in der Attraktivitätsskala. Diese Frauen machten einfach ganz unbekümmert ihr Ding weiter, egal, ob jetzt so ein »toller Dude« in ihr Leben getreten ist oder nicht.

Ich erfahre das gerade wieder am eigenen Leib: Ich habe meinen alten Suchtkontext aufgesucht und wieder was mit einer alten Affäre angefangen, wie der Junk vom Kottbusser Tor. Ich wusste genau, dass es für mich mit ihr weniger reizvoll ist, wenn ich sie anrufe und sie sofort auf der Matte steht. Attraktiver wirkt es auf mich, wenn sie nicht gleich Zeit hat und ihre Wochenplanung für mich umstellt. Das ist ein kleiner Part von »authentisch sein Ding machen«. Sie behält damit die Sachen, die sie gerne macht, passt ihre Welt nicht wie Knete an meine an. Und ich als Mann kann weiter erobern.

Hört sich nach einem Riesenspiel an. Ich glaube aber, unten am Grund des Spiels liegt die Frage: Ist man auf der Suche nach einem Heilsbringer für das eigene Glück? Dann ist man eben bereit, alles aufzugeben, wenn man glaubt, ihn gefunden zu haben. Das macht denjenigen, der sich dieser Illusion hingibt, jedoch wahnsinnig abhängig vom Auserwählten. Und der ist wiederum mit der Bürde belastet, Ersteren glücklich zu machen. Und wer will das schon, für das Glück eines anderen Menschen verantwortlich sein? Das setzt einen unter

Druck und macht unfrei. Jeder ist für sein eigenes Glück zuständig. Eins und eins ergibt weniger als zwei, eins und null durch zwei jedoch 0,5. Ich habe keine Lust, unter dem Druck zu stehen, der Glücksbringer für jemanden sein zu müssen. Sobald du selbst für dein eigenes Glück sorgst, wirst du unabhängiger von einem spezifischen Menschen.

Max: Diese Dinge, die du benennst, ändern sich zwar einerseits in einer festen Beziehung, bleiben aber doch irgendwie in verschiedenen Gewändern erhalten. Natürlich will Mann eine Frau, die eigene Interessen hat und sich nicht von einem abhängig macht. In einer festen Beziehung bleibt die Partnerin vor allem dann weiter interessant, wenn sie eigene Freundschaften hat und pflegt und ihre eigenen Hobbys verfolgt.

Hattest du mal eine Freundin, die dich zum Mittelpunkt ihres Lebens gemacht hat? Ich glaube, das ist der Beziehungskiller schlechthin. Ich wollte aus dieser Beziehung so schnell wie möglich wieder raus und habe daraufhin einen Scanner für erste Dates entwickelt, um genau dieses beengende Gefühl schon rechtzeitig zu vermeiden. Das gute alte Motto »sich rarmachen« ist ein Erfolgsrezept beim Daten und auch ein Schlüssel zum Erfolg in einer festen Beziehung. Leider endet das besagte Spiel in einer festen Beziehung nicht. Vielleicht schafft genau das auch immer wieder den neuen Reiz, den es vielleicht braucht, um die angenehme Spannung zu erhalten.

Jakob: Dieses Rarmachen sollte von einem natürlichen Punkt kommen, sonst wird es wieder zu einem billigen Spiel und ist damit genauso partnerfixiert, wie sich hundertprozentig nach dem Partner auszurichten, so à la »Ja, klar können wir uns heute sehen (dann sage ich die Verabredung mit meiner Freundin eben ab)«. Ich glaube, dafür muss man für sich definieren, was wichtig ist. Wenn ich mich verliebe oder jemanden liebe, verschieben sich die Prioritäten, aber trotzdem sollte ich meine Umwelt, die existierte, bevor der Mensch in mein Leben getreten ist, nicht vergessen. In einer gesunden Partnerschaft und auch am Anfang einer Beziehung hat jeder immer noch seinen eigenen Erlebnishintergrund, aus dem man dann zusammen eine neue Erlebnisrealität baut. Wenn der eine nichts mitbringt, wird die Welt kleiner.

Wichtig ist es für mich, zu definieren: Was will ich denn neben der Partnerschaft, sei es Musik machen, Freunde treffen, arbeiten, Fotos schießen, meine Ex auf einer freundschaftlichen Ebene treffen oder auf Konzerte gehen. Wenn ich positive Erlebnisse außerhalb meiner Partnerschaft oder neben meiner neuen Flamme habe, bin ich eindeutig weniger abhängig. Ich habe die Wahl: Ich kann zwar etwas Positives mit dem neuen Menschen erleben, kann es aber auch mit anderen. Das schafft persönliche Freiheiten, die der Partner spürt.

Max: Klar ist es wichtig, sich in diesem »Spiel« authentisch zu verhalten. Es bringt nichts, etwas mit Freunden zu unternehmen, nur um den Anschein zu erwecken, beschäftigt zu sein, obwohl man eigentlich lieber etwas mit seiner Freundin machen würde. Gerade am Anfang ist es oft schwer, nach einer langen Dürreperiode ohne Sex, ohne körperliche und emotionale Nähe bewusst Abstand zu suchen, um den Eindruck aufrechtzuerhalten, man sei nicht abhängig von dem anderen. Ich denke, es ist wichtig, hier den Mut zu haben, das anzusprechen, um eventuellen Missverständnissen vorzubeugen.

Aber mal ehrlich: Wer am Anfang einer neuen Beziehung oder Affäre nicht das Verlangen verspürt, viel Zeit mit dem anderen zu verbringen, und sei es nur, um gepflegt zu bumsen, der scheint sowieso kein Interesse zu haben und sollte die Sache lieber gleich beenden. Es kommt eben, wie so oft, auf das richtige Maß an.

Also auch hier ein ständiges Abwägen. In dem ganzen »Wie mache ich was und wie verhalte ich mich?« frage ich mich manchmal, ob jeder so stark in seinen eigenen Bedürfnissen gefangen ist, dass manchmal gar kein Platz ist, um den anderen wirklich zu sehen.

Jakob: Ich weiß manchmal nicht, was ich sehe und was nicht.

Eine Frage bleibt aber offen: Wie erkenne ich den Wert einer Frau abseits der Konsumebene? Und wie ändere ich mein Konsumverhalten? Das ist übrigens eine Spirale, in der ich schon seit Jahren festhänge. Ich weiß, dass ich als Mann schon erste Ansätze gefunden habe, um da rauszukommen und einen Menschen wirklich zu sehen und ihn nicht zu objektivieren.

Für mich ist es eine Rückschau auf das, was ich bisher in meinem Leben hatte. Ich hatte mit einigen Frauen Sex. Mit vielen war es geil, und mit einigen hat es mich auf eine sonderbare Weise länger erfüllt als für den Moment des Kommens. Das waren Frauen, mit denen ich mich emotional verbunden habe. Mit diesen Frauen habe ich meistens mehr geredet als diesen üblichen »Job hier und Job da«-Shit. Da spielen Ängste und Gefühle eine Rolle. Dann entwickelt Mann Emotionen für eine Frau, wenn Mann sich selbst in der Partnerin erkennen kann. So geht es mir jedenfalls.

11 ANZEICHEN, AN DENEN SIE MERKT, DASS ER NUR EINE AFFÄRE WILL

1. Er hat immer nur abends Zeit – und zwar zum Bumsen.

2. Nach dem Sex muss er schnell los.

3. Er redet ständig von seiner Beziehungsunfähigkeit. Klar: Wenn man immer sagt, was man ist, ist man irgendwann, was man sagt.

4. Er löst hektisch die Umarmung, wenn ihr unerwartet seinen Freunden auf der Straße begegnet.

5. Deine bei ihm deponierte Zahnbürste verschwindet wiederholt auf mysteriöse Weise.

6. Er weigert sich, dich seiner Familie vorzustellen, obwohl er oft und gut über sie redet.

7. Und er will auch nicht mit zu deiner.

8. Er sieht noch andere Frauen, will aber angeblich »bald« damit aufhören.

9. Bei Ereignissen, die länger als zwei Wochen in der Zukunft liegen, vermeidet er die gemeinsame Planung.

10. Er redet nur über deine Geilheit, aber nicht über das, was er sonst an dir mag.

11. Er hat keinen Bock, dich zu lecken – einen Blowie bekommt er aber gerne.

Wenn mehr als vier Punkte erfüllt sind, ist ein Gespräch überfällig.

Warum SICH MÄNNER NICHT AUF BEZIEHUNGEN EINLASSEN KÖNNEN

Max: In meinem Freundeskreis gibt es einen typischen beziehungsunfähigen Typen: Tom. Er ist fast 30, hatte bisher nur eine lange Beziehung, die über drei oder vier Jahre ging, ansonsten lebt er spartanisch in Sachen Emotionalität und reduziert seine Begegnungen auf One-Night-Stands oder Affären. In der Kennenlernphase ist er total interessiert und kann sich auch mehr vorstellen. Zu diesem Zeitpunkt ist er sich sicher, dass er Gefühle für die Frau hat.

Aber sobald er weiß, dass er die Frau emotional und körperlich haben kann, fühlt es sich an, als ob jemand den Stöpsel aus der Badewanne der Emotionen zieht. Plötzlich stören ihn Dinge, die ihm vorher noch nicht mal auffielen, und irgendwann beendet er das, was noch nicht mal richtig angefangen hat. Er ist sich sehr unsicher, ob es an ihm liegt oder er einfach noch nicht »die Richtige« gefunden hat.

Jakob: Ich glaube, das Gefühl kennen viele Männer. Meine letzte Beziehung ist auch schon wieder drei Jahre her, und die ging auch nur ein Jahr. Davor kam ich selten auf Beziehungen, die länger waren als ein Jahr. Meine längste hielt dreieinhalb Jahre.

Es liegt nicht daran, dass ich zu wenig Frauen kennenlerne. Da habe ich eigentlich immer Glück, ob auf der Straße, über Freunde oder Dating-Apps. Meist ergibt sich etwas. Letzteres habe ich allerdings eingestellt, weil es mir einfach zu eintönig und mühselig ist. Ich lerne eine Frau kennen, und ab dem ersten Treffen warte ich darauf, dass sich ein Gefühl einstellt. Meist bleibt es aus. Die Begegnungen sind easy und locker, aber nicht emotional.

Max: Ja, wer kennt das nicht? Ein gutes Gefühl am Anfang, alles ist rosig, und dann, nach ein paar Tagen, Wochen oder Monaten ödet einen vieles nur noch an. Der gute alte Supermarkt der Emotionen: Viele Gefühle haben ein Verfallsdatum, das noch nicht mal bis über den ersten Beziehungsmonat reicht. Das Alte kommt auf den Biokompost und das Neue in den Kühlschrank.

Das fällt mir vor allem dann besonders leicht, wenn es immer schön unverbindlich bleibt. Mir geht es dann in erster Linie um Sex. Blöd ist es, wenn Amors Pfeil einem von beiden direkt die Kniescheibe durchbohrt. Bei meiner letzten Affäre hatte ich mich richtig in die Frau verliebt. Mit allem Drum und Dran: Ich war schon aufgeregt, wenn ich ihre Klingel gedrückt habe. Meine Emotionen brauchten eine Villa am See, für ihre reichte eine Übernachtungskapsel in Tokio. Sie sah in mir eine lockere Affäre.

Sich da wieder herauszukämpfen war nicht leicht für mich und hat dazu geführt, dass ich bei den nächsten Dates meine Emotionen in den Zerstäuber und nicht in die Gießkanne gefüllt habe. Frauen spüren das natürlich, wenn du mit deinen Emotionen haushaltest. Meistens lassen sie sich dann auch nicht auf dich ein. Eine klassische Teufelsspirale, aus der man nur schwer wieder rauskommt.

Wann hast du dich eigentlich das letzte Mal so richtig verliebt und konntest dich von der Frau nicht mehr lösen?

Jakob: Ist schon etwas her, aber was ich nie geschafft habe: wenn es so weit war, meine Emotionen zu regeln. Bei mir wurde direkt Dynamit in meinen Hoover Dam gefüllt. Wie hast du das gemacht? Wie hast du deine Emotionen kontrolliert? Wenn ich bei mir merke, ich muss mich emotional zurückhalten, ist es meist schon zu spät, und ich kann nur noch der brennenden Zündschnur hinterherrennen.

Max: Bewusst steuern kann ich das Ganze nicht. Zum Glück. Das gehört ja auch dazu, sich dem Strudel der Emotionen auszuliefern. Ich denke, ein altbewährtes Rezept ist Ablenkung. Dabei helfen einem gute Freunde oder eben auch nicht so gute, die man sich heranzieht, um was zu unternehmen: meine Partyfreunde. Manchmal bin ich auch zweigleisig oder sogar mehrgleisig gefahren. Sich mit anderen Frauen treffen bewirkt, dass sich jeder schon mal ein Stück von der eigenen Gefühlstorte genommen hat. Die Emotionen zu der einen Frau werden dann schwächer.

Dabei besteht die Gefahr, sich emotional so weit abzukapseln, dass man zu seinen positiven Gefühlen nur noch einen gedämpften Zugang hat. Das ist schade und die Sache meist nicht wert. Ich denke, es ist wichtig, sich dieser Emotionalität zu stellen und den Schmerz auch mal auszuhalten. Voraussetzung dafür ist, dass man in allen anderen Lebenslagen mit zwei Beinen auf dem Boden steht. Ansonsten kann es dir passieren, dass du als Nichtschwimmer in den Atlantik gezogen wirst.

Jakob: Das klingt alles relativ easy. Es gibt allerdings Frauen, mit denen ist es wie beim Autofahren auf einer vereisten Straße: Man verliert einfach die Kontrolle. Da will ich mal die Griffigkeit deines Ablenktricks sehen. Es kann ja auch sein, dass deine Manöver nur funktionieren, wenn die Frauen einfach nicht so große Gefühle in dir ausgelöst haben. Genau das ist doch die Frage: Liegt es am Partner, der so besonders ist, oder an meiner Bereitschaft für eine Beziehung?

Max: Ich weiß noch, wie schwer es für mich war, nicht die Rolle des Abhängigen einzunehmen und mich interessant zu machen. Oft war ich der ständige Anrufer und WhatsApp-Schreiber und wurde dabei für die Frau so aufregend wie die letzte PowerPoint-Präsentation bei der Arbeit. Ich wurde gleich in der Anfangsphase aus Desinteresse fallen gelassen. In meiner jugendlichen Naivität wollte ich nicht verstehen, wieso ich mich nicht interessiert an meiner neuen Flamme zeigen darf, und wenn sie es wirklich ernst meint, wird sie das auch erwidern. Der Wunsch nach Nähe und Liebe war gerade in den Dürreperioden so stark, dass ich meist über das Ziel hinausgeschossen bin.

Also blieb mir – um dem entgegenzuwirken – nur die Möglichkeit übrig, mich bewusst fast manipulativ desinteressiert, ja eigentlich schon »arschig« zu zeigen, um mein Verfallsdatum zu strecken. Wenn ich davon so berichte, bin ich auch richtig froh, das Dating-Game nicht mehr spielen zu müssen. Obwohl es natürlich seinen Reiz hat, wenn man derjenige ist, der Oberwasser hat und sich seine derzeitige Begünstigte willig halten kann.

Jakob: Mich nervt das Dating-Game auch. Gefühlt nervt das Dating-Game alle, aber jeder spielt mit. Das Spiel an sich macht ja auch Spaß: Frauen daten, mit ihnen schlafen, und, na ja, in der zweiten Halbzeit wechselt die Frauenmannschaft. Das ist wie Fast Food: Schnell, leicht zu haben und vor allem unkompliziert. Spätestens mit 30 schlägt es meist um: Man will einen Menschen im Leben, mit dem man sich austauschen kann, der einen versteht und mit dem man auch schläft. Also der beste Freund plus.

Für Tom ist die Frage, an welchem Punkt er in seinem Leben steht. Ist er noch grätschend auf dem Spielfeld, oder ist er bereit für gemixte Teams, um gemeinsam eine Mannschaft zu bilden?

Wenn er wirklich bereit ist, muss er sich genau darüber klar werden: Wie sehe ich potenzielle Partnerinnen? Will ich Frauen besitzen und erobern, oder sehe ich die Frau auf Augenhöhe? Wenn Letzteres nicht der Fall ist, wirst du dir auf dem Spielfeld der Liebe beide Bänder reißen und in der Kreisklasse weiterzocken.

Das ist eine Einstellungssache. Durch die Brille des Eroberers siehst du eine Frau nur als emotionale Lückenfüllerin, als Spaßbringerin, als Zeitvertreib. Ich habe lange diese Brille getragen und tue es noch heute oft genug.

Und dann kommt es schlagartig anders. Als ich mich das letzte Mal heftig in eine Frau verliebte, war es genauso. Insgesamt aber ist das für mich so häufig wie die Blaue Mauritius.

Zwei, drei Monate bevor wir uns kennenlernten, machte ich mir verstärkt Gedanken über mein Leben. Das ist für mich wie Fasten, irgendwann muss sich mein Körper einfach reinigen, und ich denke über mich nach: Bin ich glücklich, wie es läuft? Und wenn nicht, was kann ich tun, damit das in Erfüllung geht, was ich mir wünsche?

Als ich Anna kennenlernte, war die Reflexionsphase gerade abgeschlossen. Ich habe nicht mehr jeden Tag bis spät in die Nacht gearbeitet. Habe morgens meditiert und angefangen, über meine Wünsche und Gefühle zu reden mit Menschen, die mir wichtig sind. Auch meine zahlreichen Affären gingen mir durch den Kopf, und ich wusste, dass ich diese nicht mehr haben möchte.

Affären sind für mich wie im Winter ein T-Shirt tragen: Es ist zwar besser als oberkörperfrei, aber eben immer noch arschkalt. Meine Beischlafpraktiken der letzten Jahre waren mehr ein Lückenfüller für das, was immer stärker wurde: der Wunsch nach einer ernsthaften Beziehung und einer kleinen Familie. Vielleicht sogar mit Golden Retriever und Kombi.

Ich habe wirklich viele Gewohnheiten über Bord geworfen, weil ich gemerkt habe, dass ich es mir auf meine ganz eigene Weise die Jahre zuvor gemütlich und emotional ungefährlich eingerichtet hatte. Mein Entschluss stand fest: Ich gehe keine halbherzigen Affären mehr ein. Und vielleicht ist das ein Unterschied zu Tom. Ich meine, ziemlich schnell zu wissen, ob die Frau was Ernsthaftes werden könnte. Wie ist es bei dir?

Max: Also ich weiß eigentlich immer ziemlich schnell, ob eine Frau mehr von mir will. Zumindest bilde ich mir das ein. Genauso ist es umgekehrt. Obwohl es da für mich drei Kategorien gibt: Entweder zieht sie mich sexuell an, dann weiß ich, es geht mir hier in erster Linie nur um das eine, und danach ist die Sache auch durch. Oder man begegnet sich an anderen Punkten auf einer Ebene. Das sind für mich Humor, gemeinsame Interessen, Ziele und Emotionalität. Der Idealzustand ist Kategorie drei: wenn sich die ersten beiden Kategorien in einer Frau vereinen. Dann laufe ich aber auch gleich wieder Gefahr, in die Spirale der Abhängigkeit zu verfallen, und es ist Vorsicht geboten.

Daher immer wachsam bleiben und die eigenen Bedürfnisse im Blick behalten – und aus denen heraus die richtigen Entscheidungen treffen. Könnte doch alles ganz easy sein.

Jakob: Du bist emotional aber an einem anderen Punkt als Tom und ich. Ich merke auch immer ziemlich schnell, ob eine Frau zu mir passt oder nicht. Und klar stellt sich da heraus, ob ich mehr von der Frau will. Aber die Wahrscheinlichkeit, dass dieses Gefühl aufkommt, bedingt sich auch durch meine innere Einstellung. Es gibt Menschen, die sitzen auf der Couch und fragen sich: »Oh, warum haben andere so viel Glück, und ich pupe hier meinen Chemiesessel voll?« Glück ist auch immer das Schaffen neuer Möglichkeiten. Und beim Beziehungsglück ist es zu einem großen Prozentsatz die innere Bereitschaft und das Commitment zu einer Sache, die solche Möglichkeiten entstehen lässt.

Und die Frage für Tom und mich ist: Wie kommt man nachhaltig aus dieser gemütlichen Affärenbimmelbahn raus? Daran schließt sich eine weitere Frage an: Was möchte ich von einer Frau? Habe ich eine Erwartungshaltung? Wie sehr sehe ich einen anderen Menschen als Geschenk und etwas Besonderes an? Es gibt die »Die hätte mich auch mal verdient«-Einstellung, während eine andere Seite in mir das Geschenk erkennt, das mir eine Frau macht, indem sie sich auf mich einlässt. Das ist was Besonderes, auch wenn ich das mit zunehmender Häufigkeit der kurzen Intermezzi vielleicht vergessen habe.

Wenn ich mir klar über meine Wünsche werde, kann ich diese formulieren. Ich tappe also nicht mehr im Dunkeln. Wenn ich weiß, was ich mir in einer Partnerschaft und von einer Partnerin wünsche, dann selektiere ich anders, ob bewusst oder unterbewusst. Ich begegne anderen Frauen, weil auf einmal andere Frauen für mich interessant sind.

Zum anderen begegne ich diesen Frauen anders. Ich bin emotional offener, und die Chance, mich zu verlieben, ist größer. Wer weiß, wie viele potenzielle Partnerinnen mir schon durch die Lappen gegangen sind, weil ich einfach in einem anderen Modus war. Und das gehört auch dazu im Leben. Für mich ist das die »Reibephase« – die Phase, in der ich aus männlicher Sicht nur am Austoben und Reiben interessiert bin. Irgendwann kommt aber bei den meisten Männern der Wunsch nach etwas anderem. So scheint es auch bei Tom. Bei mir ist es in jedem Fall so.

Max: Ich kann mich hier ganz entspannt zurücklehnen und überheblich Ratschläge aus der Komfortzone geben. Ich denke aber auch, es ist davon abhängig, wie leicht sich der Zugang zur neuen potenziellen Partnerin gestaltet. Ich weiß, dass es mir schon immer ziemlich schwergefallen ist, Frauen anzusprechen, und sich daher für mich nicht immer ständig neue Möglichkeiten ergeben haben. Du und Tom scheint da anders zu ticken. Für euch ist es kein Problem, immer wieder jemanden kennenzulernen.

Dadurch entsteht natürlich ein »Angebot bestimmt die Nachfrage«-Prinzip. Sich nur bedingt auf eine Person einzulassen und sich den eigenen Ängsten stellen zu müssen lässt sich gut verdrängen, wenn an der Ecke gleich die nächste wartet. Ich frage mich, ob ihr euch dabei nicht von euch selbst distanziert – und was bleibt dann am Ende übrig? Die ständige Suche nach dem Gefühl, geliebt zu werden, über den Katalysator Sex? Interessant ist auch, dass ihr beide Scheidungskinder seid und ein ähnliches »Konsumverhalten« an den Tag legt.

Jakob: Oh, Mr. Hobbypsychologe! Ich hoffe, der Heilpraktikerschein ist schon bestanden, sonst können wir das Gespräch ja gar nicht meiner Krankenkasse in Rechnung stellen. Klar, über Kindheitserlebnisse hatten wir schon gesprochen. Und natürlich schaut man sich das Bindungsverhalten seiner Eltern ganz genau an. Aber meine beiden Schwestern, die eigentlich das Gleiche erlebt haben, sind in einer Beziehung und haben jeweils zwei Kinder.

Max: Na, dann ist doch für den Fortbestand der Familie gesorgt. Kannst dich also entspannen.

Jakob: Ich habe auch das Gefühl, dass ich entspannt bin. Zumindest im Moment. Es gibt aber auch immer wieder ganz und gar unentspannte Phasen, wo ich denke: Jetzt muss es passieren. Und dann bricht die Metaperspektive, die ich eben noch so sicher und klar zu Papier gebracht habe, zusammen wie ein Kartenhaus. Es ist immer ziemlich einfach, die Sachen von außen zu sehen. Zu handeln, wenn man drinsteckt, ist die Schwierigkeit und zugleich das Schöne.

Max: Na, dann komm doch mal zu dem Punkt, als du dringesteckt hast.

Jakob: Wie gesagt, meine Einstellung zu Partnerschaft und Frauen war eine andere. Und damit auch meine Bereitschaft, aber das war mir überhaupt nicht so bewusst. Oftmals ändert sich schon viel, wenn man mal drüber nachdenkt und einem Dinge klarwerden.

So, jetzt zur Story: Anna und ich haben uns bei der Arbeit kennengelernt. Ich kam in den Raum, und sie stand da. Braune lange Haare, eine unglaublich schöne Figur, und du weißt ja, dass ich so ein richtiger Zahnfetischist bin. Sie hatte die schönsten Zähne, die ich seit meinem letzten Ungarn-Urlaub gesehen habe.

Es gibt Frauen, die kommen in den Raum, und es ist, als ob lautlos eine Bombe explodiert. Die Druckwelle erfasst dich. Das Gefühl war so stark, dass ich versucht habe, es rational aufzulösen: So schön ist sie gar nicht. Schau dir die Stirn an. Da kann ein Flugzeug drauf landen, und kleine Mäusefäuste hat sie auch. Die sind doch hochgepusht wie das Rockefeller Center. Aber sie war so schön. Für mich jedenfalls, und mit allem, was sie sagte, wurde sie ein bisschen schöner. Ich konnte mich dann doch irgendwie auf Normalpuls bringen und habe sie angesprochen.

Ein paar Tage später kam eine freche E-Mail, dass wir uns wirklich gerne mal treffen können. Nach meiner üblichen Datingrunde aus Spätibier, Parkspaziergang, Snacks und Lagerfeuer auf dem Dach war ich am Ende krass in sie verschossen. Es kam immer mehr heraus, dass sie das Abenteuer lebte, welches ich in meinem beruflichen Alltag vergessen hatte. Ein Punkt in mir war so überdeckt von Deadlines und Alltagsstress, dass ich das erst im Gespräch mit ihr erkennen konnte. Sie war meine Erinnerung daran, und mit ihr machte sich ein Horizont von tausend Möglichkeiten auf. Das war die zweite Detonation. Und das Wichtigste, und hier kommt der Unterschied zu allen anderen halbherzigen Affären: Ich hab mich aufgemacht. Und da sind wir auch bei Tom: Wie sehr ist er bereit, sich zu öffnen?

Max: Die Frage ist doch eher: Wie schafft er es, sich zu öffnen?

Jakob: Ich habe anfangs mit Anna geredet wie mit einem guten Freund. Vielleicht mit einem sehr guten. Ich habe ihr das erzählt, was ich dir auch sagen würde. Gut, vielleicht habe ich ein paar schmutzige Details weggelassen. Ich sage jetzt nicht, dass man das immer so machen sollte, das kann gerade am Anfang, wenn man sich kennenlernt, auch mal zu viel sein, aber irgendwie hat mir mein Gefühl gesagt, dass es passt. Vielleicht auch nicht, wenn man zum Ende der Geschichte vorspult.

Ich war mit allem sehr ehrlich. Ich habe ihr erzählt, dass ich schon viele Affären hatte und es fast nie schaffe, mich zu verlieben. Dass ich dann in eine Art Beziehungs-Affäre schlittere, ohne dass ich es will und sie es weiß. Frauen gehen dann meistens von einer Beziehung aus, und ich denke nur an das Aus. Ich genieße einfach das Gefühl von Nähe und Geborgenheit.

Wir haben fast keine Themen ausgelassen: Dinge, die einem Angst machen, und plötzlich war ich nicht mehr dieser unverwundbare Typ, der denkt, dass alle ihn haben wollen. Dadurch hat sich meine innere Haltung zu ihr verändert und zu mir, was ich nach außen repräsentieren muss. Ich habe mich vollständiger gefühlt als sonst.

Kennst du das Gefühl, dass dir irgendwas fehlt? Ich denke, für viele Männer ist es die Anbindung an die eigenen Emotionen. Ich bin mit ihr in ein Gewächshaus umgezogen und konnte mich in keiner dunklen Ecke mehr verstecken. Alles wurde intensiver, die freudigen Momente und die traurigen. Das ist halt die Krux. Das Leben wird zur emotionalen Achterbahn. Die trübe Milchglasscheibe geht hoch, und voilà, willkommen im Leben.

Max: Ich glaube, ich erinnere mich an die Zeit damals. Schön waren deine Anrufe, in denen du aufgelöst wie Schmelzkäse dahinschwelgtest, hin- und hergerissen zwischen emotionaler Verzweiflung und überwältigender Euphorie. Gerade für mich war es interessant, dich mal in dieser Rolle zu erleben. Emotional offen wie ein Scheunentor und dabei keine Rücksicht nehmend auf die eigene Verletzlichkeit. Wo du doch sonst im Alltag sehr selbstbewusst und unerschütterlich wirkst.

Ich erinnere mich, dass es so was auch mal bei mir gegeben haben soll. Ich kann dir aber gerade keine klare Antwort darauf geben, ob ich mich mal wieder nach so einem Moment sehne. Da es sehr anstrengend ist, ständig diese Masse an Emotionen auf sich einfliegen zu sehen, kann es für mich kein Dauerzustand sein. Ich denke, das ist auch oft ein Problem bei Männern, dass sie gerne ihre Emotionen im Griff haben und es vermeiden, sich verletzlich zu zeigen. Das wird ja oft mit Schwäche assoziiert. Auch das Gefühl, seinen Emotionen völlig ausgeliefert, sozusagen ein Sklave seiner selbst zu sein, ist ein Zustand, den ich in der Form nicht vermisse. Wie du siehst, kommt auch hier wieder meine eher pessimistische Seite durch. Wo du von tausend Möglichkeiten am Horizont schreibst, sehe ich nur die Dunkelheit.

Fest steht, dass eine ernsthafte Beziehung nur dann funktionieren kann, wenn sich beide ihrer Emotionalität hingeben und diese auch ausleben. Ich glaube nicht, dass man diese Art von Offenheit im ständigen Affärenkarussell findet und sich damit die Möglichkeit nimmt, sich in die »richtige« Person zu verlieben.

Jakob: Ich kann aus dem Karussell nur aussteigen, so weichgespült es sich anhören mag, wenn ich anfange, meine Gefühle zu leben. Das beginnt nicht in der Partnerschaft. Mein kleiner Bruder ist jetzt zehn Jahre alt, und er kann ganz einfach frei heraus sagen: Ich liebe dich. Mir rollt alle fünf Jahre mal ein »Ich hab dich lieb« über die Lippen. Wie oft sage ich im Alltag, was ich wirklich denke? Schon allein bei meiner Mutter. Stell dir mal vor, was eine Mutter für einen tut: Sie presst mich aus dem Leib, bringt mir vom Sprechen, Aufs-Klo-Gehen und Zähneputzen alles bei, was ich im Leben so können muss, und es ist egal, was ich tue, sie wird mich immer lieb haben. Und wie oft sage ich ihr das, dass ich sie lieb habe? Wie oft teile ich mit ihr, was in mir vorgeht? Eigentlich nie.

Max: Mir kommen gleich die Tränen! So schön. Aber ja, ich weiß, was du meinst. Ist halt nicht so einfach.

Jakob: Was zum Schluss zu sagen bleibt für Tom: Fang an, deine Emotionen zu leben. Nicht nur in der Partnerschaft, sondern im Alltag. Natürlich ist es gut, sich auch unter Kontrolle zu haben, aber es ändert deine Sicht auf die Welt. Ich vergesse das immer wieder und erinnere mich daran, während ich das

hier schreibe. Mit kleinen Schritten anfangen. Einem Fremden ein Lächeln schenken. Der ganze Shit.

Max: Tom scheint sich von seiner Emotionalität definitiv entfernt zu haben. Alles ist bisher berechnend und dient dem
einen Zweck.

Jakob: Ein Anfang ist es, jetzt schon mal seinen Schwanz aus
der letzten warmen Affäre rauszuziehen. Oder mit ihr die Beziehung anzufangen und das Wunder des Redens zu erleben.

Max: Halleluja!

WAS ICH MIR VON EINER FRAU WÜNSCHE

Von Jakob

Man kann von Obama halten, was man will: Einige seiner Ansprachen gingen tief, zumindest bei mir. Ganz besonders erinnere ich mich an seine Abschiedsrede, als er Michelle dafür dankte, dass sie seit 25 Jahren nicht nur seine Frau und die Mutter ihrer gemeinsamen Kinder ist, sondern seine beste Freundin.

Es ist jedes Mal, als ob jemand frische Zwiebeln direkt unter meinen Augen hackt. Obama trifft es im Kern, obwohl ich nie konkret darüber nachgedacht habe. Meine Wünsche an eine Beziehung schwimmen in einer trüben Blase, deren Inhalt sich wohl erst im Zusammenleben mit dieser einen Partnerin zeigt.

Ich möchte mich geborgen fühlen. Wie ein Zuhause, in das ich aus der Wildnis heimkehren kann.

Ich will Raum und dass sie weiß, dass ich dennoch immer wieder zu ihr nach Hause finde.

Ich will mich streiten, aber selbst der heftigste Streit kann die Grundfeste unserer Liebe nicht erschüttern.

Ich will wachsen, gemeinsam, bis es wehtut. An Grenzen stoßen und darüber hinausgehen, durch sie und mich zur besten Version meiner selbst werden.

Ich will ficken und innig lieben. Ich will beides.

Ich möchte lachen. Über sie, über mich, über uns.

Kinder, vielleicht zwei oder drei.

Ich will, dass sie Leidenschaft hat, nicht nur für mich, sondern für Dinge und das Leben.

Ich will mich in ihren Geist verlieben, in ihre Werte, in ihren Glauben an sich selbst.

Ich möchte geliebt werden, so wie ich mich selbst vielleicht nicht lieben kann.

Es fällt mir schwer, all das in konkrete Worte zu rahmen. Vielleicht ist es logisch, dass genau ich, der Single, nicht weiß, wonach er sucht. Vielleicht sind aber genau diese schemenhaften Vorstellungen und Wünsche auch das, was mich immer weiter suchen lässt.

11 DINGE, IN DIE MANN SICH VERLIEBT

1. Humor

In jeder Umfrage darüber, was Menschen an ihrem Partner am wichtigsten ist, steht Humor an erster Stelle. Wieso eigentlich? Die Antwort ist vielleicht ganz einfach: Humor, gemeinsam lachen können und die Dinge nicht zu ernst nehmen müssen, schafft Intimität, Vertrauen und Nähe, noch bevor man den anderen überhaupt berührt hat.

Frauen, die Humor haben, wirken deshalb so unwiderstehlich anziehend, weil sie durch Witz und Schlagfertigkeit sowohl Nähe aufbauen als auch selbstbewusst auf Distanz bleiben. Es entsteht sofort ein Raum für Annäherung – und genau da pas-

siert dann diese magische Sache mit den sprühen-
den Funken und den Schmetterlingen.

2. Mut

Noch vor nicht allzu langer Zeit hätte man Mut
als typisch männliche Eigenschaft empfunden.
Glücklicherweise können sich mittlerweile auch
Frauen trauen, echten Mut zu zeigen – und das ist
verdammt attraktiv. Egal, ob sie allein die Welt be-
reisen, auf finanzielle Sicherheiten pfeifen und ihren eigenen Karrieretraum verwirklichen oder einfach so entwaffnend offen und authentisch zu sich
und all ihren Stärken und Schwächen stehen – mu-
tige Frauen vermitteln dem Mann das Gefühl, eine
Beziehung auf Augenhöhe zu haben. Und das wiederum ist die Grundlage für alles, was als Partnerschaft, Affäre oder irgendwas dazwischen funktionieren und sich gut anfühlen soll.

3. Eigenständigkeit

Wo Mut und Abenteuerlust der Treibstoff sind,
ist Eigenständigkeit der Motor. Selbstbewusste
Frauen, die in jeder Hinsicht auf eigenen Beinen
stehen, sind deshalb so attraktiv, weil man sich als
Mann von der oft leise mitschwingenden Verantwortung der »starken Schulter« lösen kann. Frauen,
die dich als Mann nicht brauchen, sondern ganz
bewusst wollen, sind der Jackpot im Partnerlotto.

4. Wärme

Ja, ja, es hat bestimmt wieder irgendetwas mit unseren Müttern, den Genen und unserer Vergangenheit als Menschenaffen zu tun, aber Frauen,

die emotionale Wärme und Herzlichkeit ausstrahlen, sind so duftend und verlockend wie frischer Apfelkuchen, vor allem wenn sie den auch noch selbst zubereiten können. Aber Spaß beiseite: Es ist essenziell, sich bei einer Frau geborgen und wohlzufühlen, sich anlehnen zu können und in ihr die Person zu erkennen, die später einmal eine liebevolle Mutter für eventuelle gemeinsame Kinder sein könnte. Auch wenn es dazu nie kommt, ist Wärme eine Eigenschaft, bei der man zwar nicht sofort an entfesselten Sex denkt, aber dafür der Grund, warum man danach gerne noch neben ihr liegen bleibt.

5. Intelligenz
Dass Intelligenz sexy macht, ist ein alter Hut. Dass intelligente Frauen genau die sind, in die man sich so richtig schön Hals über Kopf verlieben kann, nicht. Viele Frauen haben die Erfahrung gemacht, aufgrund ihrer Klugheit als abschreckend, überlegen oder arrogant eingeschätzt zu werden. Dabei gibt es nichts Wertvolleres, als in der Frau eine Gesprächs- und Denkpartnerin zu haben, mit der man nicht nur über alles reden kann, sondern die den Mann auch regelmäßig geistig herausfordert, seine Ansichten infrage stellt und mit der man sich stetig weiterentwickeln kann.

6. Wenn sie der Spiegel der eigenen Ideale ist
Der Mensch sucht stets sich selbst in anderen. Deshalb sind gemeinsame Ideale und ein ähnlicher Katalog an Werten, Grundeinstellungen und Prinzipien so etwas wie die AGB fürs Verlieben.

Wenn da alles passt, setzt man das Häkchen dahinter, und es kann losgehen – allerdings nehmen wir uns in unserer schnelllebigen Zeit viel zu selten die Ruhe, um genau zu lesen, was da beim anderen eigentlich geschrieben steht. Solange der erste Eindruck passend scheint, sind die Bedenken weit entfernt, und erst nach und nach zeigt sich das Kleingedruckte. Was hilft: sich Zeit nehmen, ganz nah rangehen – im wörtlichen wie im übertragenen Sinn.

7. Schönheit

Das äußere Erscheinungsbild ist das Erste, was Mann an einer Frau wahrnimmt, es sei denn, sie trägt so viel Parfüm, dass erst die Nase aufmerksam wird, aber das ist ein anderes Thema. Um sich zu verlieben und sich sexuell zu einer Frau hingezogen zu fühlen, müssen einfach ein paar optische Reize passen – Gesicht, Statur, Brüste, Beine, Po. Jeder Mann hat andere Trigger, aber wenn die nicht zünden, bleibt mit hoher Wahrscheinlichkeit auch Amors Pfeil im Köcher.

8. Eigenheiten

Die Eigenheiten einer Frau, man könnte auch sagen: ihre Ecken und Kanten, sind sozusagen der Kleiderbügel, auf den man seinen Verliebtheitsmantel hängen kann. Die Art, wie sie beim Lachen die Lippen formt, die Falte auf der Stirn, die sie bekommt, wenn sie wütend wird, ihre Art zu laufen – all die kleinen Dinge, die sie unverwechselbar machen. Unverwechselbar sexy, unverwechselbar sie selbst und, ja, manchmal auch unfassbar nervig, wenn das eigene Gemüt in Schieflage ist. Dennoch gibt es nichts Schöneres und Intimeres, als diese kleinen Eigenheiten an einer Frau zu entdecken und manchmal sogar der Einzige zu sein, der von ihnen weiß.

9. Zärtlichkeit
Die Fähigkeit zu Zärtlichkeit könnte man leicht verwechseln mit der Wärme von Punkt 4. Der Unterschied besteht darin, dass Wärme auch rein emotional-geistig spürbar sein kann, Zärtlichkeit hingegen fast immer eine körperliche Komponente hat. Die oft sexuell ist, manchmal nicht, aber in jedem Fall die Beziehung auf die nächste Stufe heben kann. Zarte Berührungen, feine und subtile Zuneigungsbekundungen ober- und unterhalb des Lendenbereichs sind etwas, das den Funken der Verliebtheit entweder zum ersten Mal oder auch immer wieder neu entfachen kann.

10. Sexuelles Selbstbewusstsein
Selbstbewusstsein ist auch in horizontaler Lage der Schlüssel zum Herzen eines Mannes, auch wenn hier der reizvolle Umweg über Geschlechtsteile genommen wird. Sexuelle Selbstbestimmtheit, Dominanz und eine gesunde Portion Egoismus wirken im Bett wie ein Brandbeschleuniger für den Verknallprozess – einfach weil hier spielerisch und nonverbal Augenhöhe ausgehandelt, umgekehrt oder neu definiert werden kann und gleichzeitig eine unwiderstehlich erotische Spannung erhalten bleibt, wenn Frau ihre Vorlieben kennt und durchsetzt. Dazu gehört eine Menge Mut, Offenheit und

Vorschuss-Vertrauen – man kann ja zumindest am
Anfang das Licht ausmachen dabei.

11. Dinge, die Mann selbst nicht hat
So wichtig Gemeinsamkeiten sind: Erst in der Unterschiedlichkeit formt sich der ganz eigene Charakter der Beziehung. Im Kleinen bedeutet das,
sich aneinander reiben zu können und nicht im
alltäglichen Trott allzu harmonischer Gleichheit
zu einem Pärchenklumpen zu verschmelzen. Und
im Großen bedeutet es, stetig voneinander lernen
und sich gemeinsam entwickeln zu können – oder
eben nur mit offenem Mund zu dieser wunderba-
ren Frau aufzuschauen, in die man sich gerade mit
Haut, Haaren und allem dazwischen verliebt hat.

DIE GOLDENE REGEL VOM RICHTIGEN VÖGELN – SEX BEIM ERSTEN DATE?

Hallo Beste Freundinnen,
ich wüsste gerne, was ihr zur »Goldenen Regel« sagt, die mir von einem Kumpel angetragen wurde. Sie besagt: Wenn eine Frau vor den ersten drei Dates mit einem Mann schläft, wird es niemals weitere Dates geben.
Ich sehe das ein bisschen anders: Manchmal passt es einfach. Beide wollen Sex gleich beim ersten Treffen. Wenn der gut war, kann man das wiederholen. Wenn die andere Person sympathisch war, trifft man sich wieder.
Denn wieso sollte »zeitiger Sex« gegen weitere Dates sprechen? Was haltet ihr davon: Zerstört Sex beim ersten Date die Chance auf eine ernsthafte Beziehung?
Liebe Grüße,
Paula

Jakob: Erst einmal ist nichts verkehrt daran, mit einem Mann beim ersten Date zu schlafen. Du musst dich nur fragen, worauf du Lust hast. Ist es ausschließlich Sex? Dann lass dich schon mal nach hinten kippen. Ist es eine Beziehung? Dann

95

warte lieber. Das lässt sich nicht pauschalisieren, aber die Wahrscheinlichkeit, dass es zu einer Beziehung kommt, steigt, wenn du noch ein bisschen wartest. Sex beim ersten Date ist da kontraproduktiv. Ich weiß, viele Männer werden mich für diese Aussage hassen.

Max: Wir legen mal die Decke der Verallgemeinerung über die Männerwelt und gehen davon aus, dass alle Männer schwanzgesteuert sind. Natürlich nicht immer und zu hundert Prozent, doch manchmal mehr, als uns lieb und vor allem bewusst ist. Jeder Mann guckt einer Frau nicht nur hinterher, sondern stellt sich auch für einen kurzen Moment vor, wie es wäre, mit ihr zu schlafen. Davon ausgehend ist Sex für einen Mann ohne jegliche emotionale Bindung nicht nur möglich, sondern nicht selten sogar das Ziel. Wenn du also gleich beim ersten Date mit ihm schläfst, tust du ihm damit einen ziemlich großen Gefallen, aber es besteht die Gefahr, dass du dann einfach abgehakt wirst wie eine Aufgabe auf einer To-do-Liste. Je jünger der Mann ist, desto größer ist aus unserer Erfahrung die Wahrscheinlichkeit dafür.

Wenn es nach einer kurzen Zeitspanne zum Sex mit der Frau kommt, hat der Mann ziemlich wenig investiert und sein persönliches Maximalziel an diesem Abend erreicht. Alles, was danach kommt, wird vermutlich anstrengender. Frei nach dem Motto »Der Weg ist das Ziel«.

Als Frau ist es gut, im Hinterkopf zu behalten, dass der erste Austausch, den ein Mann anstrebt, meist auf rein körperlicher Ebene stattfindet. Die Frau sollte sich als kostbares Gut betrachten. Immer unter der Prämisse, es geht ihr um mehr als den schnellen Sex.

Jakob: So sehr auch die Räucherstäbchen bei »Kostbarkeit« glühen, ist das wirklich das Stichwort. Wir wertschätzen Dinge mehr, wenn wir etwas für sie tun müssen. Kaviar schmeckt vielen auch nur so gut, weil er so teuer ist. Das Gleiche gilt für Trüffel, die ja eigentlich nach Altherrenfüßen schmecken.

Und dasselbe gilt für eine Frau, bei der eine Eroberung mit großen Mühen verbunden ist. Sie wird kostbarer. Wenn du mehr als Sex willst, lass ihn noch warten!

Max: Es ist schon belustigend, wie wir uns darauf berufen, dass der Mann seinem Schwanz und seinen Eiern völlig ausgeliefert ist. Ich versuche mich mal auf den Menschen im Mann zu beziehen. Ein Mann will natürlich mehr als nur Sex, aber der Gedanke daran ist am Anfang so dominant, dass es schwer ist, etwas anderes zuzulassen. Eine Frau sollte versuchen, den Mann immer emotional zu berühren, um ihm zu helfen, mit dem Herzen und nicht nur mit dem Glied zu sehen. Genau das ist ihm nur bedingt möglich, wenn er gleich beim ersten Date seinen Trieb ausleben kann.

Emotionalität ist aber kein Spinnennetz, in dem ein Mann eingefangen werden sollte, sondern eher die Pforte zu mehr: Wenn ich mich mit einer Frau wohlfühle, mit ihr über tiefgründige Dinge sprechen kann und mich von ihr emotional berührt fühle, dann tritt der Gedanke an Sex immer mehr in den Hintergrund, und es entsteht das Gefühl von Zweisamkeit. Klar will man immer noch mit ihr schlafen, aber nicht aus dem reinen Gedanken an Sex, sondern aus dem Gefühl der Verbindung. Das Gefühl kann aber nur entstehen, wenn man sich und dem potenziellen Partner Zeit gibt. Ich habe selbst schon oft erlebt, dass bei Frauen, die mich emotional berührt haben, Sex zweitrangig geworden ist, sodass ich dann erst mal gar keinen Sex wollte. Ich wollte mir Zeit lassen und auf den richtigen Moment warten. Auch das kann es geben.

Jakob: Ja, mit der Zeit lernt man sich besser kennen, erlebt Dinge miteinander, und von da aus kann es weitergehen. Wir reden hier aber wirklich immer nur über Wahrscheinlichkeiten, und daraus resultiert, dass es auch Fälle gibt, wo es völlig egal ist, ab wann man miteinander schläft. Ich hatte zwei Exfreundinnen, mit denen ich gleich am ersten Abend Sex hatte. Aus den zwei Begegnungen ist trotzdem eine Beziehung geworden. Das lag vielleicht daran, dass sie eine zweite Ebene hatten, die für mich erst mal nicht zugänglich war und die ich unbedingt sehen wollte. Dadurch verbrachten wir Zeit miteinander, und ich verliebte mich.

Ich wäre aber auch mit ihnen zusammengekommen, wenn wir mit dem Sex gewartet hätten. Ein Mann, der einen an dem Punkt verlässt, wo es bei den ersten Treffen keinen Sex gibt, ist nicht an mir, sondern am Sex interessiert. Warten hat also auf Beziehungsebene viele Vorteile. Andersherum gibt es auch immer wieder Frauen, die Männer mit Sex an sich binden wollen. Das Einzige, was man da binden kann, ist die Geilheit, und die nimmt bekanntlich ab.

Long story short, Paula, wir sehen das ganz ähnlich wie du: Wenn man sich wirklich füreinander interessiert und Lust auf eine Beziehung hat, ist es egal, ob man sofort beim ersten Date oder erst nach dem dritten Treffen Sex hat. Man findet so oder so zueinander. Wenn die Fahrtrichtung für beide noch nicht ganz klar ist, kann es helfen, zu warten, einfach weil man dadurch noch mehr Zeit zum Kennenlernen gewinnt. Und wenn ab dem ersten Moment an ohnehin nur SEX! in rot blinkender Leuchtschrift zwischen einem Mann und einer Frau steht, tja, dann: anschnallen, Helm auf, Abfahrt.

DER KÖRPER KENNT DEN WEG – WOHIN FÜHREN ONE-NIGHT-STANDS?

Jakob: Was reizt dich an einem One-Night-Stand?

Max: Meistens die pure Lust auf Sex. Recht unkompliziert eigentlich. Aber ich hatte auch nicht viele One-Night-Stands in meinem Leben.

Jakob: One-Night-Stands habe ich auch selten. Meistens sind es bei mir ultrakurze Affären, die zwei bis drei Wochen andauern, bis man wieder getrennte Wege geht. In dieser kurzen Zeit sende ich wahrscheinlich die falschen Signale aus. Denn einige Frauen bekommen in der Zeit Lust auf eine Beziehung, ich möchte mich aber nur für den Moment wohlfühlen.

Max: Das klingt ganz schön egozentrisch und eingebildet.

Jakob: Das sollte nicht so überheblich rüberkommen à la: »Puh, bei mir ist es gerade so schwierig – alle Frauen, mit denen ich eigentlich nur eine Affäre haben will, verlieben sich in mich.« Das ist echt kompliziert und für beide Seiten unangenehm.

Max: Bei mir war es mal andersherum. Ich hatte einen echt schönen One-Night-Stand mit einer tollen Frau. Es gibt ja so

One-Night-Stands – selten, aber es gibt sie –, da fühlt man sich wahnsinnig verbunden, so als ob man sich schon länger kennt. Bei ihr hatte ich dieses Gefühl auch noch am nächsten Morgen. Der Moment, in dem man eigentlich einen möglichst einfachen Weg sucht zu verschwinden, ohne noch groß zu plaudern, war bei ihr anders. Ich hätte gerne noch ein bisschen mehr gemeinsame Zeit verbracht. Aber sie meinte zu mir nur: »Ach nein, das hat doch alles keinen Sinn.«. Und das war nicht so ein »Ich schau mal, ob er es ernst meint und um das junge Glück kämpft«. Das war definitiv ernst gemeint.

Ich habe noch zwei Mal versucht, mich auf ein richtiges Date zu verabreden, aber zwei Mal kam eine fette Abfuhr. Verstanden habe ich es nicht.

Jakob: Krass, die Geschichte hast du mir noch nie erzählt. Wie ergab sich das mit der Frau? Beim Feiern?

Max: Ich kannte sie über Freunde und hatte sie in diesem Kontext ein paarmal getroffen. Wir waren uns also nicht völlig fremd. Das ist immer so eine Sache, wenn du eine Person schon aus Erzählungen kennst, bevor du sie im wirklichen Leben kennenlernst. Das beeinflusst ungemein. Das ist so, als ob dir ein Kumpel wahnsinnig von einer Frau vorschwärmt. Man schaut sie sich auf jeden Fall genauer an. Ich versuchte, die Sache schnell abzuhaken, aber ich blieb mit dem Gefühl von Unverständnis zurück.

Jakob: Ich kann das Gefühl gut verstehen. Man denkt darüber nach, woran es gelegen haben könnte. Mir ging es mal so ähnlich. Ich hatte eine Affäre, die fast schon wie eine Beziehung war. Wir übernachteten fast jeden Tag beieinander. Mal sie bei mir, mal ich bei ihr. Zahnbürsten waren auch schon deponiert. Die Gespräche waren vertraut. Irgendwann hatte ich ihr dann gesagt, dass ich mir mit ihr auch mehr vorstellen kann, und sie antwortete: »Also für mich läuft das nirgendwo hin.« Das war schon ein ganz schöner Schlag in die Magengrube. Die nächsten Tage machte sich ein Gefühl in mir breit, das ich fast ein Jahr nicht mehr losgeworden bin. So eine beschissene, schwere Melancholie. Ich bin jetzt nicht jeden Morgen flennend aufgewacht, aber ich habe mich oft den ganzen Tag mies gefühlt.

Wahrscheinlich ist das auch mal gut, habe ich mir dann gedacht, weil man so am eigenen Leib erfährt, wie es einer Frau umgekehrt mit mir gehen kann. Das ist jetzt drei Jahre her. Ich habe seitdem versucht, besser darauf zu achten bei anderen Frauen. Darauf, welche Signale ich setze: Ob bei einem One-Night-Stand oder einer Mini-Affäre. Ganz schaffe ich es noch immer nicht. Ich brauche einfach dieses vertraute Gefühl und die Nähe, die man eigentlich nur in einer Beziehung hat, und das kommt nur, wenn der Anschein einer Beziehung gewahrt wird.

Max: Wie läuft so eine Affäre denn bei dir ab?

Jakob: Bei mir ist es meistens so: Wir schlafen miteinander, und die Frau nimmt das als Startschuss für eine Beziehung, ohne dass man davor drüber gesprochen hätte. Gut, wir haben vorher auch nichts ausgeschlossen im Gespräch und klar formuliert, was der andere will. Ich sage ja nicht direkt vor dem Sex oder dabei »Du, ich würde jetzt gerne nur mit dir schlafen, das hat nicht mehr zu bedeuten«. Killt ein bisschen die Stimmung. Wenn ich es mir jetzt aus der Metaperspektive anschaue, kann ich schon verstehen, dass eine Frau in der Situation ein anderes Gefühl bekommt. Wir unternehmen in Ultra-Kurz-Affären auch meist ziemlich viel miteinander, weil es mir auch immer Spaß macht: Kurzfilmfestival, spazieren ge-

hen, ins Restaurant, klettern oder gemütlich was kochen. Und .
dabei redet man natürlich auch miteinander.

Max: Und ihr sprecht auch gleich über Kinder.

Jakob: Ja, genau. Über Kinder und den passenden Wagen
dazu. Ob Eigentumswohnung in der Stadt oder doch lieber
Häuschen am See. Labrador oder Golden Retriever, und wir
flüstern uns die berühmten drei Worte beim Sex in die Ohren –
Nee, so weit kommt es bei mir auch nicht.
    Vielleicht strahlen manche Männer einfach Beziehung aus,
und die dürfen eigentlich keine One-Night-Stands haben.

Max: Immer noch eine sehr narzisstische, egoistische Sicht-
weise. Ich denke, prinzipiell tendiert der Wunsch einer jeden
Frau immer in Richtung Beziehung. Es gibt wenige Frauen,
die einfach nur Sex wollen, und man muss sich auch ihre Vor-
geschichte anschauen – vielleicht kommen sie gerade aus einer langen Beziehung und sind emotional eigentlich noch ge-
bunden.
    Ein Mann kann sich zu Beginn von dem emotionalen Part
leichter frei machen. Obwohl es im Verlauf irgendwann kippt.
Aber am Anfang kann er sagen: »Mir geht es hier nur ums
Bumsen, und dann ist die Sache auch erledigt für mich.«

Jakob: Ich glaube, in der Grundtendenz ist es für Frauen leichter, einen One-Night-Stand zu haben, und für Männer eine Beziehung.
    Geh mal als Mann in den Club und sag: »Heute will ich un-
bedingt mit einer geilen Frau nach Hause gehen!« – das wird
schwierig. Für eine Frau ist die Disco-Disziplin schon einfacher.

Max: Mal abgesehen davon, dass du als Mann im stammhirn-gesteuerten Needy-Modus bist und in großen Buchstaben »FI-CKEN?« auf deiner Stirn steht.

Jakob: Mir ist das manchmal vorher selbst nicht so klar. Dann ziehe ich in dem Gefühl los, dass es heute sein muss oder dass ich eine bestimmte Frau unbedingt brauche, aber wenn es was mit ihr wird, hält das Gefühl nicht lange vor. Es baut sich bis zum Sex auf, und danach ist es wieder weg. Und ich stelle fest, es ging ja doch nicht um die Frau, sondern um den Sex. So Momente der Notgeilheit. Die gibt es einfach.

Manchmal merke ich auch, dass die Spannung nur bis zu dem Punkt reicht, an dem ich weiß: »Heute wird gesext.« Dann weiß ich eigentlich schon, dass es nicht die richtige Frau für eine Beziehung ist. Und das, obwohl die Eroberungs-geschichte jetzt kein neues Gefühl mehr ist. Ich meine, ich habe das ja auch schon ein, zwei Mal gemacht in meinem Le-ben. Aber dass sich eine Frau darauf einlässt, ist immer noch ein besonderer Moment.

Max: Das kenne ich gut. Bei manchen Frauen ist es genau bis zu dem Zeitpunkt spannend, bis man sie wirklich haben kann. Da geht es tatsächlich nur um die Eroberung. Noch nicht mal richtig um den Sex. Das ist mehr eine geistige als eine körper-liche Befriedigung. Und wenn man ganz ehrlich zu sich selbst ist, weiß man das auch in den ersten zehn Minuten des Ken-nenlernens.

Jakob: Vielleicht sogar schon in den ersten fünf. Aber warte mal ab, wenn du dich getäuscht hast. Wenn dein ganzer Kör-per sich schon auf Sex eingestellt hat und du denkst, jetzt geht es gleich los, aber es passiert doch nichts. Dann hakt deine geistige Befriedigungstheorie ganz schön.

Max: Das hatte ich noch nicht.

Jakob: Ich hatte es schon ein paarmal. Manche Frauen spielen auch damit, ob bewusst oder unbewusst. Die strahlen immer eine Mischung aus »Kannst mich haben, kannst mich doch nicht haben« aus.

Max: Ja, das sind oftmals Frauen, die sich zu einem großen Teil über ihre Optik definieren. Eine Frage der Zeit. Jede Blume welkt.

Jakob: Auf jeden Fall. Und wenn die Frau sonst nicht viel zu bieten hat, zum Beispiel was Bildung angeht, kann es ganz schön langweilig mit ihr werden. Und manche Männer meinen dann, jede Woche in den Blumenladen rennen zu müssen, also sich eine Neue zu suchen.

Bei manchen Frauen ist es bei mir auch genau umgekehrt. Einige Frauen finde ich so spannend und besonders, dass ich gar keine Lust auf Sex beim ersten Date habe. Und umgekehrt haben manche Frauen eine so sexuelle Ausstrahlung, da kann man die noch so interessant finden, man hat einfach Bock, mit denen zu schlafen.

Max: Das geht mir auch so. Die Kombination beim ersten Date ist wirklich eher selten. Ich spreche dann komischerweise aber mit der Frau, mit der ich beim ersten Date nicht schlafen will, über Sex in einer Partnerschaft. Wenn man keinen Sex hat, geht das Reden darüber eigentlich ganz unbefangen. Ich formuliere dann auch, dass Sex für mich wichtig ist. Es reicht mir nicht, wenn man sich nur gut unterhalten kann, aber der Sex langweilt.

Jakob: Den Fall hatte ich übrigens vor zwei Jahren. Ich konnte mich gut mit ihr unterhalten und auch das Kuscheln war sehr schön, aber der Sex war irgendwie langweilig. Beim Sex habe ich mich komisch gefühlt und war mit den Gedanken ganz woanders. Beim Frühstück, bei der Arbeit und beim Sport, aber nicht bei ihr. Die ganze Beziehung ging dann nicht. Was auch schade ist, weil ich sie als Person super gerne mochte und auch geliebt habe auf eine besondere Art und Weise. Ich konnte sie mir sogar gut als Mutter unserer gemeinsamen Kinder vorstellen. Sie war wahnsinnig intelligent, verlässlich, liebevoll, positiv und verantwortungsvoll. Bei ihr hatte ich immer Bilder im Kopf, wie sie am Esstisch sitzt und nach der Schule mit den Kids Hausaufgaben macht. Wie im Film.

Aber sexen ging mit ihr nicht. Und jetzt mit Abstand überlege ich öfter, ob wir das nicht mit einer Therapie in den Griff bekommen hätten. Mit ihr ging es übrigens auch mit einem One-Night-Stand los. Ganz klassisch.

Aber wenn es schon so schwierig anfängt mit dem Sex, wo soll das noch hinführen? Ich hätte auch keinen Bock, mich zum regelmäßigen Sex mit ihr zu zwingen. So läuft das nämlich in manchen Therapien ab, da wird gesagt: »Der Appetit kommt beim Essen.«

Andererseits hätte ich mir wirklich gewünscht, dass es geklappt hätte. Das Leben im Konjunktiv. Im Zweifel sage ich immer: Der Körper kennt den Weg. Wenn er keinen Bock hat auf Sex, kann das auch einen Grund haben, den ich nicht verstehe.

Max: Vielleicht siehst du das zu kompliziert. Sex verliert eh an Bedeutung in einer Partnerschaft. Er bleibt zwar wichtig, ist aber bei Weitem nicht mehr so essenziell wie bei einer Affäre oder wie in den ersten fünf bis sechs Monaten einer Beziehung. Da schläft man ja eigentlich ständig miteinander. Später rücken andere Sachen in den Vordergrund wie gemeinsame Ziele und natürlich die große Decke des Alltags.

Jakob: Sprichst du da aus deiner aktuellen Beziehungspraxis?

Max: Ein wenig.

Jakob: Wie oft hat man noch Sex in der Woche in so einer langen Beziehung?

Max: Das ist ganz unterschiedlich. Man kann nicht mehr sagen in der Woche, weil es einfach unterschiedliche Phasen gibt. Mal hat man richtig Bock aufeinander, dann hat man zwei, drei Mal die Woche, und mal hat man aber auch drei Wochen keinen Sex.

Jakob: Ist es dann schon so, als ob man sich neu kennenlernt nach drei Wochen Pause?

Max: Man kennt sich immer noch. Das ist wie auf ein Rad steigen. Man weiß einfach, wie es sich fährt. Radfahren, Skifahren und Sex verlernt man nicht.

Jakob: Kennst du das, dass der Sex schon so routiniert ist, dass der andere genau weiß, was zu tun ist? Jeder Handgriff sitzt wie bei einem Boxenstopp der Formel 1, und man probiert nichts Neues mehr aus. Der Start ist an den Brüsten der Frau. Hier wird geknetet, dann leckt man die Nippel, dann arbeitet man sich so langsam runter, und untenrum wird das Französisch aufgebessert, um anschließend den Finger nachzuschieben. Nachdem zehn Minuten Vorspiel rum sind, kommt der Gedanke »Ja, jetzt kann es mal losgehen«.

Max: Und dann läuft die Nummer. Das kenne ich auch. Da ist auch nichts Falsches dran. So entwickelt es sich halt oftmals, wenn man länger zusammen ist, und das ist völlig okay. Ich hätte auch niemals gedacht, dass es bei mir so sein würde. Aber hinter Sex und den Körperbewegungen steckt ja auch eine Mechanik oder vielleicht besser: eine Choreografie. Irgendwann hat man die halt einstudiert, wie beim Bodenturnen bei den Olympischen Spielen.

Man lernt sich kennen und weiß, was der andere mag. Klar, am Anfang probiert man viel rum. Das betrifft noch mehr Bereiche. Beim Kuscheln zum Beispiel. Man kuschelt auch auf bestimmte Arten sehr gerne, und das spielt sich ein.

Jakob: Ja, manche Frauen legen sich auf einen drauf, und es fühlt sich sofort wie eine Einheit an, und bei anderen ist es einfach nur ein Fremdkörper. Bei einigen ist es wirklich wie ein Puzzle, sie kommen ran und es passt.

Max: Die Puzzle-Nummer hatte ich selten. Ich kenne nur, dass man eine Passform zusammen entwickelt. Mit einigen startet man aber von Anfang an auf einem höheren Level, und von da an geht es in der Zauberwürfelrotation zur perfekten Passform. Die Frau legt ihr Bein über deins, und du merkst einfach, dass es sich für beide gut anfühlt. Man behält es bei, und so ist es eigentlich auch beim Sex. Das ist auch nichts Negatives. Aber ich frage mich, wo das hinführen soll. Verliert sich dann nach zwanzig Jahren die Anziehungskraft, und nur noch der Leim der Vertrautheit hält die Beziehung zusammen?

Haben deine Eltern noch Sex miteinander?

Jakob: Wenn, dann hätten sie eine Affäre. Du weißt doch, dass sie, seit ich sechs bin, geschieden sind. Also ich glaube nicht. Sie arbeiten zusammen, vielleicht ergibt sich da von Zeit zu

Zeit ein unverbindlicher Quickie. Haben deine Eltern noch Sex?

Max: Miteinander? Ziemlich sicher: nein! Das will ich mir auch nicht vorstellen. Irgendwie ist es immer eine komische Sache, sich den Sex der Eltern vorzustellen.

Jakob: Meine Eltern, die sind ja ein bisschen die Hippies, bei denen im Hintergrund immer die Körnermühle rattert und der Duft von Räucherstäbchen die Luft erfüllt. Wären sie noch zusammen, hätten sie ziemlich sicher auch noch Sex. Das wäre dann garantiert lauter Sex. Es wäre die größte Anstrengung des Tages, es wäre sehr schweißtreibend und wahrscheinlich würde ein ganz bestimmter Geruch im Schlafzimmer zurückbleiben. Meine Eltern sind mittlerweile geistig in spirituellen Lusthöhlen, von denen wir nur träumen können. Ein Cocktail aus Tantra-Gruppen, Polyamorie und Lingam- und Joni-Massage.

Puh, ich will mir auch nicht vorstellen, wo die Reise hingeht. Da kann ich heute Abend auf jeden Fall nicht schlafen. Aber ich kenne alte Paare. Nicht intim von irgendwelchen grausigen Swinger-Treffen mit Morgenmantel und Erdnussflips, sondern von Erzählungen meines Vaters. Da ist der Mann stattliche 72 Jahre, und seine jüngere Frau ist 50 Jahre, und die vergnügen sich noch jeden Tag miteinander, und das seit acht Jahren.

Max: Vielleicht passiert da auch noch mal was anderes im Alter. Das ist wie bei einer Mehrstufenrakete, wenn beim Eintritt in die Stratosphäre die zweite Stufe gezündet wird.

Jakob: Mein Vater meinte, das lässt nach.

Max: Ach, wer weiß. Die Geschmäcker verändern sich auch. Später steht man auf richtig derben Harzer Käse, und vielleicht wird das auch beim Sex irgendwann so.

Jakob: Diese Wünsche kann man sich im Alter in der Partnerschaft leicht erfüllen.

Max: Wenn es jetzt heißt: Frisch geduscht, lass uns Sex haben, ist es dann genau umgekehrt. Du weißt ja, wie das Verhältnis von Weinkennern und Käse ist.

Jakob: O Gott, mir fallen direkt Filmtitel dazu ein: »Bis zur Quelle der Mosel« und »Karamellkäse für Kenner«.

Max: Haben alte Leute auch One-Night-Stands? Gibt es das? Das ist eine spannende Frage. Darüber sollte man wirklich mal einen Film machen. Vielleicht ist im Alter alles viel unkomplizierter. Man weiß einfach, was Phase ist. Es gibt ja auch Speed-Dating für alte Menschen. Die brauchen sich nicht mehr verstellen.

Jakob: Ich merke das auch schon in unserem Alter. Wenn man die ersten zehn Datingjahre hinter sich hat, wird alles unkomplizierter. Früher war ich richtig aufgeregt und wusste nicht, was ich sagen soll und in manchen Situationen machen muss. Das habe ich übrigens immer noch, wenn ich die Frau richtig gut finde. Aber das sind nur kurze Aussetzer wie beim Sekundenschlaf. Wenn es aber so ein gutes Durchschnittsdate ist, ist die Aufregung weg. Das ist dann wie auf eine Party gehen. Früher hat man sich immer krass gefreut, wenn es eine WG-Party gab, und auf dem Weg dahin war man schon aufgeregt. Und wenn die Tür aufging und man sah, wer da ist, tauchte man ein in die Stimmung.

Das ist weg. Bei den meisten Dates und bei den meisten Partys.

Max: Das verändert sich. Ich habe die Datingnummer aber nie so durchgezogen, dass der Wandel für mich so spürbar war. Man ist halt anders aufgeregt: leichter und sanfter. So wie alles ein bisschen gedämpfter wird. Die Intensität lässt nach. Darum braucht man es auch immer strenger im Alter, aber das hatten wir ja schon.

Jakob: Du hörst dich schon halb tot an. Aber bei gewissen Punkten hast du recht. Es braucht heute viel mehr, um so richtig abzugehen. Im Positiven wie im Negativen. Wenn du überlegst, worüber sich kleine Kinder freuen, wenn sie die Welt entdecken, und worüber sie sich aufregen. Und worüber du dich aufgeregt hast, als du 18 warst, und wie geil manche Sachen waren. Das erste Mal alleine Auto fahren. Dieses unendliche Gefühl der Freiheit. Und tja, jetzt fährt man halt von A nach B und ärgert sich über den Stau. Aber gut: Manche Dinge, über die man sich so freut, werden im Alter auch gefühlt intensiver. Schau dir mal alte Herrschaften an, wenn die ihr Enkelkind im Arm haben. Die grinsen, als ob die gerade von hier nach Köln den Tisch mit der Nase gewischt haben. Und so ist vielleicht auch die Entwicklung bei One-Night-Stands.

Max: Vielleicht ist es auch die Sicht auf die Dinge, die die Dinge verändert. So viele Sachen werden selbstverständlich, wenn du sie oft erlebst. Sie werden auf ganz sonderbare Weise normal und tragen keinen Mehrwert zu deinem Leben bei.

Ein Kumpel von mir arbeitet in der Außenwerbung. Jedes Jahr muss er seine Verkäufe aus dem Vorjahr um 50 000 Euro steigern. Das heißt, was letztes Jahr ein Lob beim Chef ausgelöst hat, ist dieses Jahr noch nicht mal das benötigte Soll.

Und ähnlich ist es auf materieller Ebene mit vielen Sachen. Die geile Wohnung, in die du eingezogen bist vor zwei Jahren und aus deren Fenstern du die ganze Stadt überblicken kannst. Die ersten zwei Wochen standest du noch davor und hast dich über die geile Aussicht und die geile Wohnung gefreut, und mittlerweile setzt du dich am Tisch noch nicht mal mehr so, dass du rausgucken kannst.

Das ist mit vielen Sachen so, die man immer erst checkt, wenn sie einem entzogen werden. Wasser aus der Leitung, Essen im Supermarkt oder die neuen Sneakers, die du unbedingt haben wolltest. Nach dem dritten Mal Reinschlüpfen gehören sie einfach zum Grundlevel der Zufriedenheit und tragen keinen Mehrwert bei. So ist das mit eigentlich allen Dingen. Und One-Night-Stands, wenn du dich nur mit deinem Schwanz verbindest, gehören leider in diese Kategorie. Sie bringen dir nicht mehr, wenn du mehr davon hast. Sie verlieren nur ihre Besonderheit und den Glanz. Klar variiert das auch von One-Night-Stand zu One-Night-Stand, aber die Begeisterungskurve ist eine fallende. Es nutzt sich ab.

Jakob: Es gibt Momente, da habe ich einfach Bock auf einen One-Night-Stand. Das ist nicht oft, aber eben manchmal, wenn ich nicht in einer Beziehung oder Affäre bin und Lust auf Sex habe. Momentan habe ich aber mehr Bock auf was anderes.

Gerade fühlt es sich so an wie eine Sache, die eine ganze Zeit okay war, aber mich noch nie so richtig befriedigt hat. Befriedigt ist vielleicht das falsche Wort. Sagen wir mal erfüllt. Vielleicht ist die Erwartungshaltung an einen One-Night-Stand zu hoch?

Max: Vielleicht lässt man es auch einfach da, wo es hingehört. Eine kurze Geschichte, die ein bisschen Vollgas ins Leben zaubert. Nicht mehr und nicht weniger.

Jakob: Eigentlich hatte ich noch nie so richtig, richtig Lust auf One-Night-Stands, aber ich dachte, das ist so eine Sache, die man in seinem Leben erlebt haben muss. Ich habe es erlebt und fühle mich danach nicht unbedingt besser.

Max: Aber auch nicht schlechter.

Jakob: Ziemlich genauso wie vorher. Ich werde nur immer ehrlicher zu mir selbst. Und das ist wirklich der Vorteil vom Älterwerden. Man macht sich selbst nicht mehr so viel vor.

Max: Bei mir war es immer so, dass ich schon Bock auf One-Night-Stands gehabt habe, aber nicht auf den ganzen Trubel drumherum. Es muss sich so ergeben oder gar nicht. Für einen riesigen Aufriss ist mir die Sache auch nicht wichtig genug.

Das beste Beispiel ist meine letzte Fast-One-Night-Stand-Erfahrung. Ich war damals auf einem Festival und habe da eine nette Frau kennengelernt. Wir hatten einen geilen Abend, haben getanzt, getrunken, uns geküsst und sind irgendwann zusammen ins Zelt, wo noch mein Kumpel lag. Aber ich habe gemerkt: Ich habe echt keinen Bock auf Sex gerade, und dann sind wir einfach zusammen eingeschlafen. Dieser wohltuende komatöse besoffene Schlaf der Gerechten. Man schläft ein und wacht am nächsten Morgen gefühlt in derselben Position wieder auf.

Jakob: Stimmt, schlafen ist immer geil, und Sex ist manchmal einfach nur anstrengend.

Max: Aber du wirst trotzdem weiterhin One-Night-Stands in deinem Leben haben, oder?

Jakob: Vielleicht.

WIE ES IST, MIT VIELEN FRAUEN ZU SCHLAFEN, UND AB WANN DIE SEELE ÜBER DEM GARTENZAUN HÄNGT

Von Jakob

Als Single wünsche ich mir immer wieder eine Beziehung. Das wohlige Gefühl, abends nach Hause zu kommen und zu wissen, da liegt die Freundin im Bett und hat alles schon mal vorgewärmt. Sie hebt verschlafen die Decke hoch, und man hat sich auf nichts anderes gefreut, als zusammen in Löffelchen-Stellung einzuschlafen. In meiner Vorstellung ist es genauso romantisch bis ans Ende meiner Tage. In der Realität hat sich das Gefühl meistens schon nach ein paar Wochen abgestellt beziehungsweise sich nie von Anfang an richtig angefühlt. Und so kam es, dass bei mir eine ganze Zeit lang die Partnerinnen wechselten wie bei anderen die Milchpackungen im Kühlschrank.

Dabei hatte ich nie dieses patriarchische Leitbild, dass man sich als »richtiger Mann« die Hörner abstoßen müsse. Ganz im Gegenteil. Mein Vater strebte längere Beziehungen an, auch wenn ihm das vielleicht nicht immer gelang. Auch nicht mit meiner Mutter.

Eine Seite von mir will eine langfristige Beziehung. Ich stieß in der Vergangenheit aber immer schnell auf etwas, das

mich in meinen Begegnungen mit Frauen nicht zufrieden-
stellte.

Manchmal ganz am Anfang, nach ein paar Minuten, wo
ich mich dann nur noch fragte, ob ich mit der Frau schlafen
würde oder nicht.

Manchmal nach ein paar Treffen. Manchmal nach Monaten.

Wenn ich ehrlich bin, merkte ich es mit wenigen Ausnahmen in den ersten Augenblicken, aber Sex und Kuscheln ist
besser als nichts. Und ich wollte immer mehr als nichts. Ich
wollte das Begehren der Frauen spüren. Wenn ich sie schon
nicht über die rein körperliche Ebene hinaus begehrte, sollte
es doch bitte umgekehrt die Frau tun. Gefühle für mich entwickeln, vielleicht sogar Liebe. Auch wenn sie nur dünn und zer-
brechlich ist wie das Eis nach der ersten kalten Nacht im Jahr.

Der Seelenficker, der geliebt werden will, ohne zu lieben.

Ich wusste, dass es Frauen wehtut, aber ich stellte meine
Bedürfnisse über ihre.

So vergingen die Jahre und damit die Frauen.

One-Night-Stands, Affären, einjährige Beziehungen und
Undefiniertes in den Räumen dazwischen.

Ich richtete mich komfortabel in der emotionalen Sackgasse ein, während ich die Frauen ins offene Messer laufen
ließ. Aus Angst, ihr Gefühl zu zerstören, das sich aufbaute.
Aus Angst vor der eigenen Einsamkeit.

Ich sagte immer die Wahrheit, wenn ich zu meinem Gefühlsstatus befragt wurde. Fast immer. Ich vermied jedoch
diese Fragen, so gut es ging.

Das gab mir das erhabene Gefühl der Unabhängigkeit,
schaffte Anziehung, doch alles schien durch meine emotionale Gleichgültigkeit wie eine benebelte Tanzfläche. Freude,
Trauer, alles wie ein stiller Beobachter von der gegenüberlie-
genden Seite des Hauses.

Ich schreibe in der Vergangenheit, aber das Gefühl ist noch immer da.

Wie ist es nun, mit vielen Frauen geschlafen zu haben?

Was bedeutet viele? Sind es viele Frauen, wenn man sich nicht mehr an alle Namen und Gesichter erinnern kann? Oder lässt das einfach auf mein schlechtes Gedächtnis schließen?

Wenn ich daran denke, füllt sich mein Ego mit Stolz. Es ist geil. Ich will die Erfahrung nicht missen. Den Preis für das, wie ich gelebt habe, kenne ich nicht. Vielleicht gibt es gar keinen.

Habe ich Schuldgefühle?

Hier gibt es kein klares Ja oder Nein für mich. Auf der einen Seite denke ich nicht, dass ich den Frauen ihre Zeit gestohlen habe. Es war immer schön, bis das Ende kam, und das Ende ist nie schön. Auf der anderen Seite glaube ich zu wissen, dass ich durch meine mangelnde Aufrichtigkeit den Frauen oft nicht die Chance gegeben habe, unter den wahren Umständen autonom eine Entscheidung zu treffen.

Frauen merken alles. Es war so, als sahen sie in mir ein Projekt und in sich meine Retterin, die es endlich schafft, meinen wahren Kern freizulegen. Ein helles Leuchten bis ans Ende unserer Tage. Mach es zu deinem Projekt!

Ich wusste, dass es mein eigenes Projekt ist.

Und hängt meine Seele jetzt überm Gartenzaun?

Es gibt Leute, die behaupten, jeder Mensch, mit dem man schläft, den man nicht liebt, nimmt ein Teil von einem mit. Vielleicht habe ich mich ein bisschen verloren, aber so wie man einen Teil nimmt, bekommt man auch einen Teil. Am Ende fühle ich mich wie eine minimal andere Version von mir selbst. Nicht besser. Nicht schlechter. Immer noch ich.

11 DINGE, DIE MÄNNER UNSICHER MACHEN, UND WAS DAGEGEN HILFT

1. Sehr schöne Frauen

Es gibt Frauen, die schaut man an, und es bleibt einem wie im Film die Luft weg. Im selben Moment setzt der Kopf ein: Jetzt bloß nichts anmerken lassen! Schon ist man in die Falle getappt. Schöne Frauen wissen oft um ihre Außenwirkung, und manche spielen damit. Einige testen sogar die Männer. Das ist nichts, was unbedingt bewusst ablaufen muss, dient aber nicht selten der Frau als wichtiger Indikator im Selektionsprozess. Ist er meiner würdig oder nicht?

Wichtig ist, zu erkennen, dass man gerade blockiert ist und nicht unterbewusst etwas tut, das nicht dem normalerweise relaxten Verhalten entspricht. Das Drei-Stufen-Hilfsprogramm: Luft holen, sich freuen, dass die Frau es schafft, einen so zu begeistern, und sich dann mit ihr auf Themengebiete begeben, bei denen Optik gänzlich irrelevant ist.

2. Sehr eloquente Frauen
Sie zeigen oft implizit die Grenzen des eigenen Ausdrucksvermögens auf. Mit solchen Frauen hat man als Mann ein großes Entwicklungspotenzial, und oft ist es nach Jahren noch spannend, sich mit ihnen zu unterhalten. Dieses Wissen hilft aber keineswegs bei den ersten Begegnungen – und schon gar nicht, wenn man anfängt, über seine eigenen Worte zu stolpern, weil man versucht, die Frau zu beeindrucken. Das ist ein Teufelskreis: Man fängt an, sich selbst zu beobachten und zuzuhören, was Kapazitäten bindet, die eigentlich fürs Sprechen gebraucht werden. Hier ist es ratsam, sich und seinem gewöhnlichen Duktus treu zu bleiben. Alles andere hört sich unnatürlich an, für einen selbst und für die Frau.

3. Sehr direkte Frauen
Das kann sich wie ein Tischtennismatch gegen einen überlegenen Gegner anfühlen: Man kriegt die Bälle um die Ohren gehauen. Interessant ist es, den Spieß umzudrehen und zu schauen, wie die Frau reagiert.

4. Alles zusammen

Wenn alles zusammenkommt, hat die Frau auf jeden Fall ONS-, wenn nicht sogar Beziehungspotenzial. Die eigene Erwartungshaltung steigt, und man ist dadurch oft nicht mehr die beste Version seiner selbst. Alles richtig zu machen ist das größte Ziel, und genau dadurch schleichen sich viele Fehler ein. Diese Art des Umgangs macht weder der Frau noch einem selbst Spaß. Es gilt, die eigene Erwartungshaltung zu senken, die Frau nicht als Projektionsfläche für die eigenen angestauten Wünsche zu benutzen und Date für Date zu gucken. Als Erstes: Was würde mir heute Spaß machen? Als Zweites: Wer weiß, ob die Frau überhaupt all das hat, was ich ihr zuschreibe?

5. Wenn eine Frau einem genau die Dinge vorhält, die man verstecken will

Jeder hat eigene dunkle Räume, die er nicht gerne zeigt und vor die er gern mal einen Schrank schiebt. Manche Frauen haben das Potenzial, genau diese Orte zu finden. Das ist zwar verdammt unangenehm, aber super lehrreich für einen selbst. Wenn es einem gelingt, sich darauf einzulassen, ist die Situation oft schon gemeistert.

6. Wenn Mann nie flirtet und es dann doch mal tut

Schlittschuhlaufen ist am Anfang eine verdammt wacklige Angelegenheit. Ein paarmal auf dem Eis, und schon wirkt alles sicherer. Nach Jahren ist man auf der Bahn schneller als auf Asphalt. Wie alles im Leben ist es eine reine Übungssache. Wer oft flirtet, für den wird es natürlich und normal.

Flirtsituationen ergeben sich oft im Alltag, und ein nettes Lächeln oder ein kleines Kompliment macht allen gute Laune.

7. Wenn sie nur bei mir nicht kommt und nicht sagt, wieso

Sex als Leistungssport mit dem finalen Ziel des Höhepunkts lässt beiseite, dass das eigentlich Schöne der Sex an sich ist und der Orgasmus der krönende, aber nicht unbedingt notwendige Abschluss. Wenn ich mich zu sehr auf das Ziel Orgasmus fokussiere, schaue ich nicht zur Seite, bin nicht im Moment. Dementsprechend wird es auch nicht klappen. Ein Orgasmus ist wie ein Strauß Feldblumen. Der Strauß entsteht nur, wenn ich auch die kleinen Blumen am Wegesrand einsammle. Beim Sex ist es ähnlich. Je mehr ich mich dem Moment hingeben kann, desto schöner ist es am Ende. Dazu kommt, dass weniger oft mehr ist: Der große Sportficker wird oft übers Ziel hinausschießen.

8. Wenn er denkt, sein Schwanz wäre zu klein

You are not alone. Das geht einigen Männern so. Seitdem die Pornoindustrie Männer mit unterarmgroßen Gemächten vor die Kamera schickt, ist eine neue Referenzgröße gesetzt.

Was helfen kann, ist eine Desensibilisierungskur: So oft nackt sein wie möglich. Was noch unattraktiver ist als ein kleiner Schwanz ist ein Mann, dem es peinlich ist.

9. Wenn Mann denkt, die Frau wäre besser als er selbst

Besser. Schlechter. Das sind doch bürgerliche Kategorien. Nein, Scherz beiseite. Besser- und Schlechter-Einstufungen können gerade am Anfang auftreten, wenn man eine Frau kennenlernt. Aber im Grunde ist das erste Kennenlernen wie Facebook: Du vergleichst dich nie mit der wahren Person, sondern immer nur mit ihrer Inszenierung. Du hingegen kennst alles von dir. Dein Alles vergleichst du mit ihren vermeintlich besten Seiten. Wo wir schon bei Gleichungen sind: Das gleicht sich mit der Zeit aus.

10. Wenn Mann denkt, ihren Ansprüchen nicht zu genügen

Vielleicht das größte Thema der Menschheitsgeschichte, welches sich in Reinform im weiblich-männlichen Miteinander herauskristallisiert. Die »Bin ich gut genug«-Frage ist in uns allen verankert und war schon in der Steinzeit überlebensnotwendig. »Werde ich gemocht, und darf ich Teil der Gruppe sein?« ist heute noch immer wichtig, aber nicht mehr eine Frage um Leben und Tod. Trotzdem begleitet sie uns, seit wir denken können. Liebt mich mein Vater? Was kann ich tun, um ihm zu gefallen? Später sorgt die Frage dafür, dass einige meinen, im Restaurant ihren Autoschlüssel auf dem Tisch liegen lassen zu müssen, die schönsten Fotos von sich selbst bei Instagram hochzuladen oder ein Buch zu schreiben. Der Dämon wohnt in jedem von uns. Er mag es nicht, wenn man ihm in die Augen sieht.

11. Wenn Mann glaubt, nicht männlich genug zu sein

Was ist noch mal richtig männlich? Von der Harley absteigen und sich danach die Lederhose aus der Kimme ziehen? Eine Frau fest in den Arm nehmen oder in der Muckibude zum Körperklaus mutieren? Wenn Mann authentisch ist in dem, was er macht, spielt es keine Rolle, ob das jetzt eher weiblich oder männlich einzuordnen ist. Die Auserwählte wird deinen Kern erkennen.

WENN SICH DIE WELT
IMMER SCHNELLER DREHT

Von Jakob

Heute ist mir schwindelig. Alles kommt mir schneller vor als gestern.

Unsere Handys, die ständig an sind. Die einst normale Zeitspanne, um auf eine SMS zu antworten, ist heute gerade noch bei E-Mails akzeptabel.

Unsere Arbeitswelt: Wer früher nach Hause geht, auch wenn er alles geschafft hat, wird komisch angeguckt.

Nachrichten, die erst nach der Veröffentlichung korrigiert werden.

Es zählt nicht, was tief recherchiert wurde, sondern wer »Erster!« schreit – und das am lautesten.

Ansehen erhält man durch zur Schau getragene Leistung.

Es kann gut sein, dass ich hier etwas zum gesellschaftlichen Phänomen erkläre, das eigentlich mein eigenes Thema ist.

Ist es nicht immer so, dass man Interesse im Guten wie im Schlechten an einer Sache hat, von der man selbst Anteile in sich trägt.

Ich lasse das rhetorische Fragezeichen am Ende des Satzes weg.

Die Fokussierung auf die Gesellschaft und das Abwälzen der Problematik auf eine unbewegbare Masse fällt mir leichter. Sich über einen Zustand aufzuregen, der scheinbar nicht änderbar ist, wiegt mich in der Sicherheit, nichts tun zu müssen, außer mich hilflos dem Strudel hinzugeben.

Darum mache ich genau damit weiter.

Das Rad, die Dampfmaschine, das Auto und das Flugzeug, alles wichtige Instrumente einer immer schneller werdenden Gesellschaft. Transportmittel, die neben physischen Gütern auch uns ein Stück näher zusammenrücken ließen. Wenn die Familie im 17. Jahrhundert nach Amerika auswanderte, konnte man mit ziemlicher Gewissheit sagen, dass es ein Abschied für immer war.

Mit dem Umstieg auf maschinelle Transportmittel ist Entfernung relativ geworden.

Die Digitalisierung mittels Internet und Handy ließ Distanz noch relativer werden. Freunde auf der anderen Seite der Welt holen wir mithilfe von Skype beim Kochen in die Küche. Früher habe ich meinen Vater meist alle zwei, drei Wochen gesprochen. Heute schreiben wir in der Familiengruppe fast täglich. Von vielen Freunden höre ich mindestens alle zwölf Stunden die Stimme auf WhatsApp. Und über Facebook erfahre ich die Neuigkeiten aus den Leben der anderen.

Wir sind vereint im digitalen Raum.

Täglich habe ich zu deutlich mehr Menschen Kontakt als noch vor zehn Jahren.

Und vor zehn Jahren war ich gerade mal zwei Jahre aus der Schule und hatte gefühlt hundert Freunde.

Aber wie ist der Kontakt. Erfüllt er mich.

Ich verzichte noch mal auf das rhetorische Fragezeichen.

Ich bin in erster Linie ein soziales Wesen. Ein abhängiges soziales Wesen. Eine E-Mail von einem Freund, eine Whats-

App-Nachricht von einer Freundin oder das von 112 Facebook-Usern gelikte Foto von mir – ein Dopaminschuss in meinem Gehirn.

Dopamin bedeutet Glück, bedeutet Energie, um genauso immer weiterzumachen.

Ich bin evolutionär darauf ausgerichtet, mich sozial zu binden. Die Dopaminausschüttung ist meine körperliche Reaktion, die mir das bestätigt.

Die digitale Revolution ist analoges Glück.

Und trotzdem ist das virtuelle Treffen für mich nicht dasselbe wie die Begegnung im realen Leben. Der ausgedehnte Saunaabend mit meinem besten Freund. Mit der Familie in den Fotokisten von früher kramen. Mit Freunden kochen oder mit der Freundin den ganzen Sonntag im Bett verbringen.

All das hinterlässt mich mit einem leisen Gefühl der Zufriedenheit.

Wenn der digitale Raum aus Stahl ist, ist der reale aus Holz. Digital ist warm beleuchtet, aber doch kalt.

Er gibt mir den Schuss, das Glück hält für ein Blinzeln an. Danach fröstelt es mich, und ich will mehr. Mehr von dem, was ich dort doch nicht bekomme.

Das tiefe, ruhende Gefühl der Zufriedenheit vermisse ich.

Ich habe mal kurz eine Pause gemacht und zwanzig Minuten meiner Zeit auf Facebook verschwendet. Ging ratzfatz vorbei, diese Zeit.

Denn das Internet hat einen hohen Suchtfaktor. Der Erste, der es uns hätte sagen können, wäre der Behaviorist Skinner mit seiner Ratte und ihrer Box gewesen. Er installierte einen kleinen Hebel, und wenn die Ratte diesen Hebel betätigte, wurde sie mit Futter belohnt. Wenn jedes Mal beim Betätigen die gleiche Menge an Futter ausgeschüttet wurde, drückte die Ratte nicht öfter, als sie Hunger hatte. Wurden jedoch die Menge an Futter und die Ausgabe unregelmäßig, betätigte die Ratte wie verrückt den Hebel.

Wir wissen nicht, wann eine Nachricht bei Facebook, eine E-Mail in unserem Postfach und eine WhatsApp-Nachricht eintrifft. Der Signalton zusammen mit der Ungewissheit über den Inhalt der Nachricht führt jedes Mal zur Dopaminausschüttung im Gehirn.

Et voilà, die Ratte in uns fängt an, den Hebel wie verrückt zu drücken: Kurz das Handy gegriffen, E-Mails gecheckt, bei WhatsApp kontrolliert, ob alles in Ordnung ist, und die übliche Runde auf Facebook darf natürlich auch nicht fehlen. Eine digitale Sucht ist geboren.

Die Frage nach dem »Wer oder was bin ich?«. Ein Prozess der fortwährenden Selbstdefinition findet zum großen Teil mittels Spiegelung durch andere in der sozialen Interaktion statt.

Mein Bewusstsein von mir selbst verschwimmt wie Tusche auf einem nassen Papier, wenn das Gebilde, das ich mir für die Reflexion suche, so schnelllebig ist wie die digitale Welt.

Ich beginne, mich selbst zu vermissen. Und trotzdem ist der Drang, meine Bestätigung genau hier zu suchen, so groß. Bin ich auch süchtig? Und wenn ja, was hilft gegen meine Sucht?

Das ist ausnahmsweise mal keine rhetorische Frage, denn ich wüsste wirklich gerne die Antwort darauf.

Vielleicht sind die Versuche des kanadischen Psychologen Bruce K. Alexander hier nur bedingt übertragbar, jedoch geben sie erste Anhaltspunkte. Alexanders Hypothese war, dass Drogen keine Abhängigkeit verursachen. Nur wenn das soziale Gefüge aus der Balance gebracht wird, tendierten Ratten dazu, sich mit Opiat-Wasser zu betäuben.

Er baute etwas, das er »Rat Park« nannte. Wenn die Skinner-Box so etwas wie ein Knast war, in dem Tiere sozial isoliert wurden, war der Rat Park das Paradies: 200-mal so groß wie die übliche Box, mit reichlich Futter, anderen Ratten sowie Brut-, Paarungs- und Spielplätzen. Wurde den Ratten aus den Parks die Wahl gegeben, bevorzugten sie nicht mehr das mit Opiat versetzte Wasser. Die isoliert gehaltenen Ratten aus der zu kleinen Box machten jedoch genau das weiterhin. Sie kompensierten ihren Mangel an sozialen Kontakten mit dem Rauschmittel.

Sofern das Verhalten von Ratten Rückschlüsse auf das von Menschen zulässt und sofern eine Substanzsucht mit der einer digitalen zu vergleichen ist (immerhin laufen – neuronal gesehen – im Gehirn sehr ähnliche Prozesse ab), schließe ich hieraus für mich:

Je mehr erfüllende reale Begegnungen ich habe, desto weniger suchtanfällig bin ich.

Anders gesagt: Raus aus der Box. Rein in den Park.

WENDEHAMMER STATT SACKGASSE – WIE MAN DER EMOTIONALEN ABHÄNGIGKEIT ENTKOMMT

Hey Max & Jakob,

ich bin 18 und habe momentan 'ne Sache mit einem Typen am Laufen. Ich muss es leider »eine Sache« nennen, weil es für mich undefinierbar ist. Ich liebe ihn sehr, und es ist das erste Mal, dass ich so richtig Gefühle für einen Jungen habe. Ich war schon sehr oft bei ihm, und so ziemlich jedes Mal haben wir Sex. Das geht seit zwei Monaten so. Jeder normale Mensch würde wahrscheinlich sagen: klassische Freundschaft plus. Aber er hat mir auch schon mal gesagt, dass er mich liebt. Jetzt frage ich mich, ob er doch nur Sex will, weil er das in seinen Nachrichten oft erwähnt.

Kann ich ihn fragen, ob wir zusammen sein wollen bzw. ob er wirklich Gefühle für mich hat? Oder könnte es ihn »verschrecken«?

Ich bin ganz ehrlich: Meine Liebe zu ihm ist so groß, dass ich auch nur so weitermachen würde, wenn Sex das Einzige ist, was er will. Hauptsache ich kann Zeit mit ihm verbringen. Ist das die richtige Einstellung, oder hat es so keinen Sinn?

Verwirrte Grüße

Jil

Jakob: Es ist schön, solche großen Emotionen für einen Menschen zu empfinden. Genau so, wie es jetzt ist, wird es auch nie mehr sein. Es wird nicht besser oder schlechter. Es wird jedes Mal anders sein.

Ihre Nachricht zeigt aber auch, dass sie daran zweifelt, dass er ihre Gefühle erwidert. Ich glaube, die Wahrheit kennt sie schon. Sie scheint bereit zu sein, sein Verhalten zu tolerieren, nur um ihn zu halten. Hier besteht die Gefahr, dass sie sich in die Sackgasse der emotionalen Abhängigkeit begibt.

Max: Für mich hört sich ihre Geschichte erst einmal sehr unschuldig und nach der großen ersten Liebe an. Vielleicht trägt er auch diese Gefühle in sich und kann sie nur nicht verbalisieren. Ich hatte auch Probleme, meine Gefühle mitzuteilen – und habe das manchmal noch immer. Aber offensichtlich scheint es dem Jungen in erster Linie um Sex zu gehen. Diese Fokussierung ist an sich nichts Verwerfliches und recht normal in dem Alter. Jil scheint die Körperlichkeit ebenfalls zu genießen. Für sie ist es aber auf Dauer zu wenig. Sie wünscht sich mehr Emotionalität.

Manchmal geht die Schere zwischen den unterschiedlichen Wünschen der Partner ziemlich weit auf. Ich denke, wir zerstören ihre Traumblase nicht, wenn wir sagen, dass es Jungs in diesem Alter in einem hohen Maß um Sex geht. Klar ist, dass das nicht der einzige Gedanke ist. Schaue ich auf meine erste Freundin zurück, verbanden mich auch andere Gefühle mit ihr. Aber Sex ist für einen 16-Jährigen wie ein neues Spielzeug. Er nimmt es sich, legt es irgendwann weg und greift sich etwas Neues.

Jakob: Ihn zu fragen, ob er nur Sex will, und sich selbst zu befragen, ob sie das auch auf dieser Ebene möchte, kann ein Weg sein, um Klarheit in die Beziehung zu bringen. Sex ohne

Emotion nutzt sich irgendwann ab. Das merke ich relativ gut an meinen Affären. Es ist sechs, manchmal acht oder zwölf Monate schön, und danach flaut es ab wie ein vorbeiziehendes Gewitter – nur ohne die gute Luft dahinter.

Im Moment sind wahnsinnig viele Gefühle im Spiel. »Liebe macht blind« ist ein Spruch, der abgedroschener nicht sein könnte. Aber es steckt eben doch ein großes Stück Wahrheit darin. Im Moment ist Jil so im Endorphin-Rausch, dass sie viel um sich herum ausblendet. Mal kurz aus diesem Rausch aufzutauchen und eine Metaperspektive einzunehmen ist fast nicht möglich und vielleicht auch nicht nötig. Immerhin befindet sie sich gefühlsmäßig in einem Zustand, für den andere Menschen viel Geld bezahlen würden. Ich denke da an die zahllosen verknautschten Manager, die jahrelang ihrem rationalen Leben frönten und sich mit 50 wundern, warum sie Glück damit verbinden, beim Porschehändler ihre Goldene durchzuziehen. Viele von denen haben zu lange nicht mehr auf ihr Herz gehört und fragen sich irgendwann, warum ihr Leben grau, trüb und unverbunden ist.

Darum ist es schön, eine solche Erfahrung überhaupt machen zu können. Große Gefühle sind was Wundervolles – und nicht ohne Grund der Stoff, aus dem die großen Hollywood-filme sind.

Es gibt Menschen, die geraten immer wieder in ihrem Leben in einseitige Liebesverhältnisse. Verhältnisse, in denen sie den Partner sehr lieben, aber genau das vom Angebeteten nicht erwidert wird. Solch eine Symbiose – ich nenne es bewusst so, obwohl es im biologischen Sinne falsch ist – wird immer wieder von beiden Partnern mit anderen Menschen aufgesucht. Das heißt, irgendwann wundert man sich, dass man immer wieder in Liebesbeziehungen gerät, in denen man nicht zurückgeliebt wird.

Ich selbst kenne das auch, zum Beispiel von zu Hause. Bei

mir und meinem Vater war es immer so, dass ich das Gefühl hatte: »Solange besser möglich ist, ist gut nicht gut genug.« Als Kind nimmt man diese Situation als normal an. Dieses Gefühl, nicht die volle Liebe zu bekommen, verbindet ein Kind unterbewusst mit dem Gefühl von Zuhausesein. Ein ganz wichtiges Gefühl in unserem Erwachsensein ist, uns zu Hause zu fühlen. Naturgemäß gehen wir zu einem Partner, der uns dieses Gefühl vermitteln kann. Auch oder gerade weil es bedeutet, dass er uns nicht im gleichen Maße liebt.

Wenn Jil sich da in irgendeiner Form wiederfindet, hat sie die Chance, schon in jungen Jahren ein Muster zu erkennen und dieses zu durchbrechen.

Das gibt ihr die Souveränität, ihrem Partner auf Augenhöhe zu begegnen. Ich habe ähnliche Situationen erlebt wie Jil. In meiner Vergangenheit begab ich mich in emotionale Abhängigkeiten und werde das vielleicht auch wieder tun. In solchen Situationen bin ich bereit gewesen, fast alles zu tolerieren, nur damit ich Zeit mit der Angebeteten verbringen konnte. Erst ist es schön, weil man oft Zeit hat, aber irgendwann macht man sich zu einem Spielball. Wenn der andere alles mit einem machen kann, verliert man seine Anziehungskraft, weil man sein Leben nicht mehr selbst bestimmt.

Max: Das ist ein wichtiger Punkt, darüber haben wir ja schon häufiger gesprochen.

Jakob: Ja, und dabei geht es im Kern nicht unbedingt um das, was der Partner von einem denkt, sondern darum, dass man für sich selbst sorgt und auf sich achtgibt.

Gerade in der Lebensphase, in der Jil sich jetzt befindet, ist das besonders wichtig. Aber generell muss man emotional für sich sorgen, um gesund und glücklich zu bleiben. Das heißt: Frage dich selbst, wie viele Menschen dir wichtig sind.

Wie pflegst du den Kontakt zu ihnen? Wie sehr fühlst du dich bei ihnen geborgen? Siehst du sie regelmäßig und sprichst offen mit ihnen?

Ich kenne noch das Gefühl von meiner ersten großen Liebe. Wir waren fast 24/7 zusammen, und eigentlich hatte ich auch nur Lust, mit ihr Zeit zu verbringen. Dann wird diese Person so ziemlich der einzige Mensch, mit dem du positive Momente verbindest und Emotionalität lebst. Jeder Mensch braucht, ja, lechzt sogar nach Emotionalität, und gerade im Prozess des Verliebens projizieren wir unsere ganze positive Gefühlspalette auf diesen einen Menschen. Das ist der Mensch, der mir gute Gefühle machen kann. Wenn du emotional nicht für dich sorgst, machst du den Menschen zu deinem persönlichen allmächtigen Glücksritter auf einem weißen Ross, von dem du immer wieder hoffst, dass er dich retten, also glücklich machen wird.

Max: Es ist ein schmaler Grat zwischen Sich-fallen-lassen und emotionaler Abhängigkeit. Wenn der andere merkt, dass du dich verloren hast, kann er sich ermächtigen und mit dir machen, was er will. Er holt dich immer dann, wenn er dich gerade braucht, weil er um deine Hilflosigkeit weiß. Er wird deine emotionale Abhängigkeit spüren und vielleicht auch ausnutzen. Beziehungen sind ein feines Gebilde. Man sollte versuchen, immer ein gleichwertiger Gegenspieler zu sein, dadurch macht man sich interessant und nicht zu einem reinen Sexobjekt. Jakob, ich bin schon etwas eingerostet: Wie funktioniert noch mal dieses feine Spiel, das gerade am Anfang von Beziehungen so wichtig ist?

Jakob: Ich glaube, das Spiel, das du ansprichst und das manche Dating Docs einem raten, um sich interessanter zu machen, entfaltet sich im Idealfall ganz von selbst. Damit meine ich, dass man sich eben nicht darauf fokussiert, was einen für den Partner interessant machen könnte, sondern schaut, was einem abseits des Partners guttut und Spaß macht. Alles andere ist Schwachsinn und wieder eine Fokussierung auf den Partner, nur auf einer höheren Abstraktionsebene. Ich melde mich nicht, um mich für ihn interessanter zu machen. Das ist das gleiche Spiel auf einem fortgeschrittenen Level. »Auf sich selbst achten« heißt das Zauberwort. Dann kommt es natürlich. Da geht es auch nicht so sehr um den Partner, weil es völlig unabhängig davon ist, ob du einen Partner hast oder nicht. Es ist so ziemlich unabhängig von allem: Alter, Geschlecht, sexuelle Orientierung. Es ist universell.

Jil sollte versuchen, mal einen Schritt aus der jetzigen Situation zu gehen und sich zu fragen, was für sie schöner ist: Ein Typ, der kommt und sagt: »Uh, endlich bist du wieder da, ich war das letzte Mal so traurig, als du abgesagt hast, und heute habe ich mich schon den ganzen Tag gefreut.« Oder: »Heute habe ich ein paar Freunde getroffen und mich richtig auf dich gefreut.«

Beim ersten Beispiel kommst du emotional leer rüber wie ein Ballon, der den nächstbesten Moment abpassen will, um sich vollzusaugen. Beim zweiten Beispiel bist du emotional aufgeladen beim Treffen, mit eigenen schönen Erfahrungen, die ihr teilen könnt. Somit habt ihr eine andere Ebene, von der ihr starten könnt.

Vielleicht hört sich die Geschichte jetzt ein bisschen nach einsamer Leuchtturm an, der nur den Partner treffen darf, wenn es ihm gut geht. So ist es nicht. Aber jeder sollte sich von mehreren Händen tragen lassen und viele emotionale Beziehungen führen.

Jil kann in dieser Situation, die sich vielleicht verwirrend und unsicher anfühlt, sehr viel lernen und an Stärke gewinnen, indem sie ehrlich zu sich selbst und ihm ist. Das richtige Verhältnis von Nähe und Distanz, Unabhängigkeit und (sexueller) Selbstbestimmtheit sind Themen, die immer wieder eine Rolle spielen werden, und die kann sie jetzt erproben. Sie muss dabei nur gut auf sich und ihr Herz hören – nicht nur in Bezug auf den Jungen, den sie gerade so sehr mag, sondern auch und besonders in Bezug auf sich selbst.

Max: Abschließend die Antwort auf Jils Frage vom Anfang: »Sollte ich jetzt den ersten Schritt machen?« Eigentlich hast du nicht viel zu verlieren. In jedem Fall gewinnst du Klarheit. Wenn er mit dir zusammen sein möchte, sich bisher aber nicht getraut hat, das in Worte zu fassen, wird die Frage das Eis brechen. Wenn es ihm rein um den Sex geht, wird er auch nach dieser Frage noch mit dir Sex haben wollen, nur hast du dann Klarheit und kannst entscheiden, ob dir das wirklich reicht.

DIE 11 STUFEN DES KENNENLERNENS

1. Die Überlegung, eine Frau anzusprechen

Max: Einen Fetisch haben fast alle: das Gesicht. Und so ist es auch bei mir. Das Gesicht muss passen, sonst geht nichts. Ich nehme dafür auch andere körperliche Defizite in Kauf. Das geht natürlich auch nur bis zu einem gewissen Punkt, ab dem das Gesicht die mir sekundär wichtigen Merkmale nicht mehr abfangen kann. Brüste, Po, Bauch, Beine sind für mich gleich nach dem Gesicht wichtige optische Kriterien. Obwohl ich den Arsch einer Frau gerade im angezogenen Zustand besser bewerten kann als den Rest des Körpers. Sobald ich die Frau dann nackt gesehen habe und mir ein Bild von ihrem Körper machen konnte, schnellen die Brüste wieder an die oberste Stelle auf der Prioritätenliste, genau hinter das Gesicht. Es ist sowieso immer wieder erstaunlich, welche positiven und negativen Überraschungen man erlebt, wenn man sich zum ersten Mal nackt sieht. Ein in der Jeans gut bewerteter Arsch kann »in echt« plötzlich ganz anders aussehen – und umgekehrt. Ich sage da nur »High Waist Jeans«, die Burka für den Arsch. Man erkennt nicht, was drunter ist. Am Ende muss das Gesamtpaket stimmen, und das Leben ist ein Kompromiss. Manche Frauen sind so cool, dass die äußerlichen Attribute vermehrt vom Arsch in den Hintergrund gedrückt werden.

Jakob: Okay, ich habe trotzdem noch eine seelisch tiefgründige Frage. Wenn du dich entscheiden müsstest: Arsch oder Brüste, was wäre deine Präferenz? Ich habe sehr selten eine gute Kombination erlebt.

Max: Definitiv die Brüste. Aber da lässt sich viel mogeln. Mit Bekleidung lege ich mehr Wert auf den Arsch, aber nackt auf die Brüste. Letztendlich muss es zusammenpassen: Arsch und Brüste und das Gesamtbild. Wie ist es bei dir?

Jakob: Wenn ich mich entscheiden muss, ist mir definitiv der Arsch wichtiger. Kleine Brüste und ein schöner Po sind für mich super. Große Brüste sind natürlich wahnsinnig sexuell, aber kleine Brüste wirken auf mich elegant. Ein schönes

Abendkleid und dazu eine kleine, wohlgeformte Brust. Das ist wie beim Essen: Manchmal hast du Hunger und dann willst du einfach nur satt werden, und manchmal willst du ein Sternemenü mit kleinen Portionen.

Am Ende ist es aber auch schwer zu pauschalisieren. Die Brüste und der Arsch sind ja nicht autonom unterwegs. Eine Sache kann ich aber sagen: Lieber klein und echt, als groß und plastisch. Beim Sex mit einer Frau, die Silikonbrüste hat, geht mir der Gedanke an sie oft nicht aus dem Kopf. Nicht zu fest drücken! Darf sie überhaupt auf dem Bauch liegen? Sie hat Kunststoff in ihrem Körper. Sie hat Kunststoff im Körper wie die Fische im Meer. Das lenkt ein bisschen von der eigentlich im Fokus stehenden Vergnügung ab. Ich könnte mich nach einer Weile sicher daran gewöhnen, aber bisher haben mir meine Gedanken einen Strich durch die Rechnung gemacht.

Verstehen kann ich es aus weiblicher Perspektive, warum man sich die Brüste vergrößern lässt. Wenn sich die Frau damit wohler fühlt, ist es auch besser für den Mann. Denn am attraktivsten wirkt eine Frau, die sich im eigenen Körper gut fühlt. Gerade mit vermeintlichen Makeln.

2. Das Ansprechen

Jakob: Wie sprichst du eine Frau an? Ich habe dich noch nie dabei beobachtet, fällt mir da gerade auf.

Max: Gar nicht.

Jakob: Wie hast du die Frauen, mit denen du was hattest, kennengelernt? Waren ja doch ein paar. Alle beim »World of Warcraft«-Zocken in dubiosen Foren aufgegabelt?

Max: Ja, genau. Die waren immer ein bisschen untersetzt, hatten unreine Haut von den vielen Pizzen und einen platten Arsch von 24-Stunden-Sitz-Sessions. Der Sex war großartig, kam vielleicht von ihrer Liebe zu Ballerspielen.
Nee, eigentlich lief bei mir das Kennenlernen immer im vertrauten Kreis ab. Im Bekanntenkreis, bei der Arbeit und ganz selten durch spontanes Ansprechen. Da hat mir oft der Mut gefehlt.

Jakob: Da bin ich genau das Gegenteil. Ich finde es schwieriger, eine Frau im Bekanntenkreis kennenzulernen. Am Ende ist man immer das Arschloch, wenn es nicht funktioniert. Meistens scheitert es aber schon daran, dass ich mich vor meinen Freunden nicht »blamieren« will und deshalb keinen Versuch starte.
Die klassische Kaltakquise in der Disco, auf der Straße oder bei anderen flüchtigen Gelegenheiten war für mich immer leichter.

Max: Ob das was über dein Bindungsvermögen aussagt?

Jakob: Sag du es mir.

Max: Ich lasse die Frage mal durch den Raum schwingen!

Jakob: Ich würde ja gerne im Bekanntenkreis eine Frau kennenlernen, weil die Wahrscheinlichkeit höher ist, dass es zumindest ein paar angenehme Interessensüberschneidungen gibt. Meistens gefielen mir die Frauen aber nicht oder waren eben schon vergeben.

Bei der Arbeit ist ein weiteres schwieriges Thema für mich, weil ähnlich wie im Bekanntenkreis gilt: Ich muss die Person immer wieder sehen, auch wenn es nicht läuft.

Ich bin wirklich am freiesten, wenn ich eine Frau vorher noch nie oder nur aus der Entfernung gesehen habe. Welchen Spruch man bringt, ist eigentlich völlig egal. Ich glaube, es kommt viel mehr auf die Art an, wie man es sagt.

Max: Deinen Lieblingsklassiker kenne ich ja schon: »Studierst du Jura?«

Jakob: Nein, den benutze ich nicht mehr. Ich bin jetzt spontan unterwegs und sag das, was mir gerade einfällt. Manchmal ist es scheiße, und der Moment ist dahin, und ein anderes Mal läuft es gut.

Trotzdem ist der Weg zum ersten Date nicht selten steinig. Jeder ist heutzutage noch ein bisschen beschäftigter als der andere. Keiner will der Erste sein, der fragt. Für mich gibt es da eigentlich immer nur zwei Wege: Entweder relativ schnell und fix fragen, dann weiß man, woran man ist, oder so lange lustig hin- und herschreiben, bis die Frau fragt. Geht man schnell ran, kann es sein, dass die Frau sich überrumpelt fühlt, bevor man die nötige Intimität aufgebaut hat, die es für ein erstes Date braucht, lässt man sich aber Zeit, kann es sein, dass die Luft schon wieder raus ist.

3. Alles frisch – nicht nur unter den Achseln

Jakob: Das erste Date, wenn man eine Frau wirklich gut findet, verliert selten an Reiz und Aufregung. Es ist jedes Mal wieder wie ein wichtiges Vorstellungsgespräch, und entsprechend läuft die Vorbereitung.

Duschen vor einem Date ist eigentlich Standard. Gründlich die Zähne putzen. Und dann wäscht man sich zur Sicherheit trotzdem noch mal zehn Minuten unter den Armen, bevor man losgeht. In dieser Phase vermutet man den Teufel im Detail.

Max: Ich kann mich an kein erstes Date erinnern, bei dem ich mir nicht mit einer frischen Klinge die Eier poliert habe, weil es direkt zum Oralverkehr kommen könnte – zumindest in meiner Fantasie.

Jakob: Kam es denn zum Oralverkehr?

Max: Natürlich nicht. Meistens war ich so aufgeregt, dass meine Eier wie meine Stirn glänzten.

Jakob: Auch Klamotten sind immer ein wichtiges Thema.

Max: Vor meiner jetzigen Freundin hatte ich etwas länger kein Date mehr, und es dauerte eine Weile, bis ich das Passende gefunden hatte. Es muss etwas sein, in dem man sich wohlfühlt und zugleich gut aussieht.

139

Jakob: Manchmal überraschst du mich mit deinen Erkenntnissen.

4. Das Treffen – authentisch verkrampft

Jakob: Es gibt Dates, da ist das Interesse an der Frau anfangs nicht so groß. Bei anderen freut man sich wie auf den ersten Ferientag.

Die mit Freude erwarteten Dates werden wie ein Castortransport nach Gorleben behandelt – mit übertriebener Vorsicht. Der Lokführer in mir ist ein bisschen verkrampft. Er will den Zug sicher ans Ziel bringen.

Und manchmal bin ich so damit beschäftigt, die beste Version von mir selbst zu sein, dass genau das mit ziemlicher Sicherheit nicht gelingt. Natürlich weiß ich um die betörende Wirkung von Authentizität und versuche, gerade das authentisch rüberzubringen. Aber versuch mal authentisch authentisch zu sein. Es wird beim Versuch bleiben. Meist habe ich die Situation nach ein paar Minuten wieder unter Kontrolle. Davor fühlt es sich so an, wie barfuß auf einem zugefrorenen See zu schliddern.

Erst letztens hatte ich ein Date mit einer unglaublich attraktiven Frau und merkte, wie ich im Gespräch auf einmal unsicher wurde und den Harten raushängen ließ. Ich besann mich dann auf das Gefühl, und es wurde zum Glück ein bisschen besser.

Max: Ein gutes Zeichen, wenn dich eine Frau unsicher macht.

Jakob: Und ein beschissenes Gefühl in dem Moment. Wenn ich die Punkte überwinden kann und das Gespräch rollt, ist alles gut.

Max: Meist bekommt der Mann auch die herrliche Aufgabe, das Date zu planen. Da fühlst du dich verantwortlich, dass es ein schönes Erlebnis für die Frau wird.

Jakob: Das gilt es abzustellen.

Max: Das schaffst du immer genau bis zu dem Zeitpunkt, wo du eine wahnsinnig tolle Frau triffst. Dann ist das Licht der Entspanntheit aus, und du findest den Schalter nicht. Es ist ja meistens so, dass die Frau am Anfang eine eher abwartende Haltung hat, nach dem Motto: »Mal schauen, was der Kerl so zu bieten hat.« Und man als Mann die Frau glorifiziert. Meist relativiert sich dieses Missverhältnis, aber eben nicht beim ersten Treffen, und wenn doch, dann heißt der angesteuerte Bahnhof nicht Beziehung, sondern ONS.
Wenn ich eine Frau gut finde, fühle ich mich verantwortlich und kann fast nichts dagegen machen. Selbst wenn das Essen in dem Restaurant, das ich ausgesucht habe, nicht schmeckt, denke ich, die miese Leistung des Kochs fällt auf mich zurück.

Jakob: Ich kenne das natürlich auch. Erst vor zwei Wochen war ich mit einer Frau aus, die mir vorher im Scherz erzählte, dass sie Veganerin sei. Ich suchte also ein richtig gutes veganes Restaurant raus. Was allerdings nicht in den Bewertungen stand, war, dass es der Spießertempel vor dem Herrn war. Alle anderen Gäste waren jenseits der fünfzig und Essen schien die einzig übrig gebliebene Befriedigung ihrer Sinne zu sein. Nach einer Flasche Wein ging es dann. Zum Glück war das Essen wirklich gut.

Generell kann es hilfreich sein, die Verantwortung zurückzuspielen und der Frau zu sagen: Such du das Restaurant aus, und wenn wir Lust haben, gehen wir danach in eine Bar, die ich aussuche.

Max: Meine Hirnkapazität für solche schlauen Schachzüge sind meistens blockiert, wenn ich mit den gefühlt rohsten Eiern der Welt jongliere.

Jakob: Wenn du sie nicht fallen gelassen hast, folgt Date Nummer zwei.

5. Das erste Date zu Hause

Max: Ich erinnere mich noch gut daran, wie es für mich war, wenn ich die Frau zum ersten Mal in meine Wohnung eingeladen habe. Da ich nicht unbedingt der Ordentlichste bin, war das immer ein guter Zeitpunkt, meine Höhle wieder in einen wohnlichen Zustand zu bringen. Auf meinem Wohnzimmertisch hätte anschließend keimfrei operiert werden können. Wichtig waren mir vor allem das Bad, die Küche und das Bett. Die schönste und weichste Bettwäsche wurde aufgezogen, falls die Königin gedachte, bei mir zu nächtigen. Die Wohnung war die eine Baustelle, ich selber die andere. Alle störenden Haare entfernte ich, und kurz vor dem Eintreffen schwang ich noch mal die Han-

tel, um die paar Muskeln an meinem Körper auf-
gepumpt wirken zu lassen. Auch hier dachte ich,
liegt der Teufel im Detail, und ich tat alles, was in
meiner Macht stand.

Jakob: Ich finde es spannend, was das Zuhause
über jemanden aussagt. Mittlerweile achte ich
da anders drauf. Ich war vor ein paar Wochen das
erste Mal bei einer Affäre zu Hause, davor hatten
wir uns immer bei mir getroffen. Auf dem Boden
ihres WG-Zimmers lag eine Matratze, und ein Berg
mit frischen Klamotten lag in der einen Ecke, und
der Rest war bunt im Zimmer verstreut. Ein Meth
kochender Junk mit ausgebreiteten Armen hätte
da auch noch reingepasst.
Das Zimmer würdest du ihr nicht ansehen, wenn
du sie auf der Straße siehst, und mich hat es ab-
geschreckt. Wie bekommt die denn ihr Leben
auf die Reihe? Was mir eigentlich egal sein kann,
aber trotzdem blieb ein unbehagliches Gefühl. Es
war nicht super schmutzig, aber eben auch nicht
zum Wohlfühlen, und das ist mir bei meiner eigenen Wohnung sehr wichtig. Ich will mich wohlfühlen, und für mein Date wünsche ich mir das auch.
Wenn deine Wohnung aussagt »Das ist ein Nest
zum Niederlassen«, macht das unterbewusst viel
mit der Frau.

Max: Ab wann ist eine Wohnung ein Nest?

Jakob: Ich glaube, das merkt eine Frau, ob du dir
ein paar Gedanken zur Einrichtung gemacht oder
einfach alles aus deinem Jugendzimmer in die

Wohnung gestreut hast. Es muss kein Designer-
tempel oder ein Bauhausmuseum sein, aber die
Liebe macht sich auch in der Wohnung bemerk-
bar.

6. Das zweite Wiedersehen zu Hause
Max: Und hier beginnen die kleinen anfänglichen
Alltagsverkrampfungen. Ich weiß noch genau, wie
ich mit meiner jetzigen Freundin bei mir gekocht
habe, und als wir am Tisch saßen, hatte ich auf
einmal den größten Stock im Arsch. Wie spricht
man miteinander beim Essen, ohne dass es verkrampft wirkt?

Jakob: Das Self-Monitoring hört auch hier nicht
auf. Du beobachtest dich selber, und alles wird
schlimmer, als wenn du es einfach lassen würdest.
Das ist so paradox. Der Körper verkrampft sich und
man wird unauthentisch, obwohl man viel besser
wäre, wenn es einem eigentlich egal ist. Dann bist
du frei und locker. Aber ich bin es auch nur in der
Theorie.

Max: Es warten einfach zu viele Verkrampfungs-
fallen, in die ich immer wieder reintappe. Zum
Beispiel wenn man nach dem Essen einen Film
schaut. Prinzipiell finde ich sowohl Kino als auch
die gute »Netflix und chillen«-Nummer sehr un-
kommunikativ. Trotzdem ist es ein Klassiker, auf
den auch ich nicht verzichten wollte bei dem besagten Date. Auf welches Genre fällt die Wahl, ist
immer die große Frage. Liebesfilme sind gerade
am Anfang ein bisschen too much und zu offen-

sichtlich. Besonders wenn es dann die Kussszene gibt, ist es, als ob der Rosenverkäufer das Restaurant betritt. Einfach nur unangenehm. Wenn alles gut läuft, übersteht man all diese ersten Schritte. Es kommt zum ersten Kuss und zum ersten Sex. Licht an oder Licht aus?

Jakob: Ich sehe die Frau gern, also Licht an. Die meisten Frauen, mit denen ich zu tun hatte, wollten das Licht ausmachen oder zumindest dimmen. Ich mag es nicht, wenn es zugeht wie bei einer Maulwurfspaarung. Aber die Porno-Licht-an-Nummer kommt meist erst später in der Beziehung.

Max: Bei mir war die Lichtstimmung bisher sehr unterschiedlich. Ein paar Male war Fluchtlicht an wie im Winter auf dem Bolzplatz, und andere Male war es dunkel wie bei Bud Spencer zwischen den Arschbacken. Ich mag beides. Wenn es dunkel ist, bist du ganz auf deine Haptik reduziert. Wenn du das Licht anmachst, ist der Kontakt mit der Frau anders. Schon allein, weil du ihr beim Sex in die Augen schauen kannst.

Jakob: Und wann es zum ersten Sex kommt, war bei mir in der Vergangenheit sehr unterschiedlich. Ich hatte Freundinnen, mit denen schlief ich in der ersten Nacht. Das war dann auch manchmal so richtig schmutziger ONS-Sex, der weit entfernt vom »Hier bahnt sich eine Beziehung an«-Sex ist. Meistens hilft es mir aber, die Frau kennenzulernen, wenn man sich ein bisschen Zeit mit dem

Sex lässt. Ich baue eine Beziehung dann erst auf anderen Ebenen auf. Wenn ich eine Frau sehr mag, hoffe ich meist, dass sie nicht zu schnell mit mir schläft, weil ich die Gelegenheit wahrscheinlich nicht auslassen würde.

Max: Und manchmal kommt es auch unerwartet. Selbst nach etlichen Dates, ONS und Beziehungen kann ich noch immer nicht hundertprozentig sagen, wann eine Frau bereit ist zum Sex und wann nicht. Es gibt einfach immer welche, die für richtige Überraschungen gut sind. Mit einer Frau zum Beispiel, die ich bis dahin schon ein paarmal gedatet hatte, bin ich spontan zu mir. Leider konnte ich vorher meine rituelle Waschung nicht durchführen, weil ich einfach nicht damit gerechnet hatte.

Mit der Frau lief es auf der Gesprächsebene richtig super, wir verstanden uns gut, aber auf der körperlichen Ebene wollte es nicht vorangehen. Ich hatte schon die Befürchtung, dass alles im Sande verläuft. Als wir in meiner Wohnung ankamen, musste ich dringend auf Toilette und wollte uns dann was zu trinken holen. Als ich aus dem Badezimmer kam, merkte ich erst gar nicht, was sich da vor mir abspielte. Die Frau war nicht, wie ich es erwartet hatte, auf der Couch, sondern lag mit der Decke bis zum Hals im Bett. Um dieses waren ihre Klamotten gestreut wie Smarties auf einem Kuchen. Ich habe mich gefühlt wie ein Dreijähriger zu Weihnachten.

Jakob: Ich sehe auch manchmal den Wald vor lauter Bäumen nicht. Obwohl ich in den letzten Jahren viel in Sachen Frauen dazugelernt habe, bin ich noch immer nicht imstande, alle Anzeichen von körperlicher Anziehung zu lesen. Es wird besser, und es wäre auch schade, wenn keine Überraschungen mehr auf einen warten würden.

7. Man übernachtet regelmäßig beieinander

Max: In der Zeit werden die ersten Charme-Barrieren abgebaut. Weniger ist einem peinlich, und man ist mehr und mehr von dem Gefühl begleitet, dass kleine vermeintliche Makel von der sich aufbauenden Beziehung getragen werden. Bei Frauen ist meiner Erfahrung nach der körperliche Charme anfangs ausgeprägter als bei Männern. Beides legt sich in dieser Zeit ein bisschen. Das bringt Vertrautheit und Entspannung.
Ich habe leider manchmal die Angewohnheit, Frauen auf kleine Makel aufmerksam zu machen, und merke dann, je vertrauter man wird, dass es Frauen irgendwann egal ist. Das macht sie für mich zum einen immer attraktiver und hilft mir zu erkennen, dass ich die jeweilige Frau mit meinem Verhalten eigentlich selbst kleinmachen will. Die ersten Lektionen einer Beziehung werden erteilt, und das Schönste beginnt, was eine Beziehung hat: Man lernt gemeinsam.

Jakob: Die Lernphase beginnt für mich ein bisschen später. Noch ist es nicht so weit. Für mich beginnen hier erst mal die Semesterferien. Man ist unglaublich frei: nackt im Bett liegen, quatschen, gemeinsam einschlafen und ausschlafen. Alles fühlt sich richtig an. Und leicht. Vor allem leicht.

Max: Das ist eine schöne Zeit. Die Verkrampfung der vorangegangenen Stufen löst sich langsam auf. Und auch der innere harte Hund zeigt sich von seiner weichen Seite. Je älter ein Mann wird, desto authentischer kann er in der Regel beim ersten Date sein und genau das tun. Andererseits habe ich manchmal das Gefühl, es gibt nicht viel zu erobern für die Liebe der Frau, wenn man gleich am ersten Tag alles auspackt.

Jakob: Manche Sachen gehören vielleicht auch einfach mir.

8. Die Phase, in der man nicht voneinander lassen kann

Max: Die besagte Frau, die plötzlich nackt in meinem Bett lag, als ich von der Toilette wiederkam, war noch für eine zweite Überraschung gut. Ich dachte zuerst, dass sie ziemlich prüde ist, jedoch war sie das genaue Gegenteil. Wir hatten großartigen Sex und vor allem eine Menge. Wir konnten einfach nicht mehr voneinander lassen. Wir hatten mehrmals am Tag Sex, was ich mir jetzt nach sechs Jahren Beziehung gar nicht mehr so richtig vorstellen kann, aber am Anfang ist das anders.

In der Anfangsphase steht er schon bereit, sobald die Frau unten an der Tür klingelt. Die Phase hielt mit der Frau drei Monate an, war dann aber vorbei, weil es auf der emotionalen Ebene gefehlt hat.

Jakob: Bei manchen Frauen hat man einfach Lust, sich zu öffnen, und bei anderen nicht. Das merke ich immer ziemlich schnell. Worüber redet man und was erzählt die Frau von sich? Bei mir hat es viel damit zu tun, wie viel ich der Frau zutraue und wie viel Mut ich habe. Wenn ich die Frau für emotional nicht sehr weit entwickelt halte, ist es fast vertane Liebesmüh, solche Themen überhaupt anzuschneiden. Vielleicht tue ich den Frauen auch unrecht, aber ein Teil in mir hat bei manchen Frauen einfach nicht das Bedürfnis, sich zu öffnen.

9. Es ist offiziell: Wir sind zusammen
Max: Ab wann ist man eigentlich zusammen?

Jakob: Das ist recht schwer zu definieren und ergibt sich aus der Summe einzelner Teile und Gesten. Ich laufe zum Beispiel nicht mit Affären Hand in Hand durch die Straße. Mit meiner Freundin schon.

Max: Aber den Arm über die Schulter legen geht auch bei einer Affäre.

Jakob: Ja, auf jeden Fall. Ob ich mit einer Frau zusammen sein möchte, merke ich auch daran, wie gerne ich sie meinen Freunden und meiner Familie vorstelle. Wenn sich das zufällig ergibt, ist es für mich kein Problem, meine Affären mit zur Familie zu nehmen, aber der Impuls dazu kommt von mir aus nur, wenn ich die Frau als meine Freundin wahrnehme beziehungsweise wahrnehmen möchte.

Bevor es so weit ist, gibt es natürlich noch eine recht undefinierte Phase. Da kann manchmal ein zufälliges Zusammentreffen mit unsensiblen Bekannten auf der Straße für Klärung sorgen.

»Hi Thomas, lange nicht mehr gesehen.«

»Und das ist deine Freundin?«

»Joa. Das hatten wir noch nicht definiert, aber danke für die Gelegenheit.«

Hast du mal wirklich einen Zeitpunkt festgelegt und die Frau gefragt: Sind wir zusammen? Bei mir war das immer ein fließender Übergang, und wenn man Jahrestag feiert, nimmt man entweder das erste Mal Sex oder das erste Treffen, an dem man sich geküsst hat.

Max: Nee, das sind Mythen aus der Grundschule, aus einer Zeit, in der man noch Zettel und Papier benutzte. Bei mir war es immer ein Gefühl, das sich zum Glück meist auf beiden Seiten einstellte. Die Phase davor ist auch irgendwie spannend. Die Bauchschmerzen, die sich einstellen, wenn man den anderen eine Zeit nicht sieht und man nicht weiß, woran man ist. Wenn man erst mal »offiziell« zusammen ist, verschwindet der Zauber der Ungewissheit.

Jakob: Alles hat zwei Seiten.

10. Die letzten Hüllen

Max: Was sich in den Phasen davor andeutete, erlebt nun seine Hochzeit. Die letzten Hüllen fallen, und man muss aufpassen, dass man nicht in die Nachlässigkeit abrutscht. Die Frau schminkt sich nicht mehr regelmäßig. Nicht für die Freunde des Freundes und schon gar nicht für den Freund selbst. Und auch Frauen, die sonst wenig bis kein Make-up tragen, lassen die obligatorische Wimperntusche weg. Der Mann fängt an, sich in den Zustand vor der Beziehung zurückzubegeben: Jogginghose und Schlabbershirt. Die Glocken der Normalität läuten, und mit ihnen hält die Vertrautheit Einzug.

Die anfängliche Angst, ein kleiner Fehler könnte die Partnerin für immer verschrecken, ist nun verschwunden. Die schwitzige Umarmung nach dem Joggen ist das logische Resultat.

Jakob: Bei schwitziger Umarmung kommt mir sofort meine Exfreundin Nathalie in den Sinn. Die wollte immer, dass ich sie so richtig durchgeschwitzt durchbumse. Also joggen gehen und bumsen war da eher angesagt.

Max: Wo wir bei Sex sind. Dieser wird regelmäßiger und verliert an Spontaneität. Ich weiß noch genau, wie der Sex mit meiner Freundin am Anfang war. Manchmal konnte man nicht warten, bis man zu Hause angekommen war, und sobald das Schloss in die Tür fiel, ging es schon im Flur los. In Phase zehn kann man locker bis zum nächsten Tag warten. Sex ist wie der Besuch im Fitnessstudio. Wenn es gut läuft, zwei- bis dreimal die Woche. Die sexuelle Hochphase ist erreicht, und wir rodeln munter in Richtung Talsohle.

Jakob: Diese Phase hat aber auch viel Schönes. Bei der Vertrautheit nimmt man richtig Fahrt auf, und man ist flüssig in Schrift und Form beim Lesen der Partnerzeichen. Kuschelknutschen kann von Sexknutschen unterschieden werden.

Max: Wie ist es eigentlich in der Phase, wenn du keinen Bock auf Sex hast?

Jakob: In der Phase tue ich dann einfach so, als ob ich nicht merke, dass die Freundin gerade Kuschelknutschen in Sexknutschen verwandelt. Das ist was für Phase 11.

11. Kein Bock auf Sex
Max: Ich hätte auch nie gedacht, dass es so weit kommen wird, dass man irgendwann keinen Bock oder nur wenig Lust auf Sex hat.

Jakob: Was ist dein perfekter Rhythmus?

Max: Na ja, so einmal die Woche.

Jakob: Und wie oft holst du dir einen runter?

Max: Auch so einmal die Woche.

Jakob: Macht es manchmal alleine mehr Spaß als zusammen?

Max: Na ja, der Akt an sich ist halt alleine unkomplizierter. Rausholen, rödeln, sauber machen und fertig.

Jakob: Vielleicht ist es auch die Art, wie ihr euch verbindet beim Sex?

Max: Kannst mir ja mal das aktuelle Buch geben, was du dazu liest.

Jakob: Was sich neben dem Sex verändert, was bei mir wahrscheinlich nie so krass war wie bei dir, ist die Bereitschaft, die eigenen Launen an der Freundin auszulassen. Sei es der Scheißtag bei der Arbeit oder der Stress mit den Kumpels. Während ich mich am Anfang noch zurücknehme, trage ich das Gefühl mit nach Hause und habe auch keine Scham davor, es rauszulassen. Obwohl es mittlerweile auch so ist, dass ich mich da besser zurücknehmen kann und einfach nicht mehr so anfällig für Scheißtage bin.

Max: Und auch hier ist es wieder so. Während ich am Anfang noch dachte, ich muss der immer gut gelaunte Sunnyboy sein, merkt man, dass auch die Freundin ihre Höhen und Tiefen hat, und lässt das einfach bleiben.
Es wird in dieser Phase mehr und mehr auf den Tisch gepackt: Eifersucht, Ängste, Sorgen, Wünsche, Glück und Liebe. Ich öffne die Türen zu meinen kleinen dunklen Kammern. Die Frau tritt ein. Es wird emotional.
Auf optischer Ebene muss ich mich an das erinnern, was durch den regelmäßigen Anblick zur Selbstverständlichkeit geworden ist. Die Schönheit meiner Freundin. Das Geschenk, das sie mir oft mit ihrer Anwesenheit macht. Da hat sich ein

Mensch einfach mal dazu entschieden, sein Leben mit mir zu verbringen. Zumindest einen Abschnitt. Das ist das Größte, was passieren kann.

Jakob: Wie sieht es mit Furzen und Rülpsen aus?

Max: War dir gerade zu deep und eine Erinnerung an deine Einsamkeit?

Jakob: Richtig.

GO WITH THE FLOW

Von Jakob

Relativ unabhängig davon, wie viel Spaß eine Aufgabe macht, wird die Zufriedenheit im Erledigen dieser Aufgabe durch ein Flow-Erlebnis gesteigert. Flow ist das beglückende Gefühl, wenn wir mental völlig in eine Sache vertieft sind. Wenn man an nichts anderes denkt. Man meditiert, ohne zu meditieren.

Flow ist das Bassin, in den sich der Wasserfall der Hirnströme ergießt.

Flow ist, wenn du mit der Aufgabe eins bist und sich deine Konzentration auf deine Konzentration konzentriert.

Flow kann nur aufkommen, wenn wir uns nicht ablenken lassen.

Glücksforscher fanden heraus, dass einer der größten Killer der Arbeitszufriedenheit fortwährende Unterbrechung durch Handy, E-Mails und sonstige Störfaktoren ist.

Und der Effekt ist noch viel größer und umfasst weit mehr als die Arbeitszufriedenheit. Wenn wir unsere Welt anschauen, richtet sich das größte Bestreben der Menschheit darauf, die Trennung des Individuums aufzuheben und in die Gemeinschaft einzutauchen. Ob große Autos, stylische Bekleidung, die Darstellung des eigenen Lebens in den sozialen Netzwerken und wahrscheinlich auch dieses Buch: Wir wollen eins sein. Wenn wir im Flow sind, sind wir eins.

Von Zeit zu Zeit mal das Handy auszuschalten und die E-Mails nicht zu lesen kann helfen, unserer größten Sehnsucht ein Stück näherzukommen.

WANN LANDEN FRAUEN IN DER KUMPELECKE? UND WIE KOMMEN SIE DA WIEDER RAUS?

Jakob: Du kennst doch noch Lisa?

Max: Lisa hat doch bei dir alles in der Wohnung eingebaut, oder? Die ist so unglaublich handwerklich begabt! Bei der mache ich mir auch keine Sorgen, dass sie auseinanderbricht, wenn wir mal zusammen eine Waschmaschine tragen.

Jakob: Ja, genau die. Das finde ich auch super an ihr. Ich habe selten eine Frau getroffen, die handwerklich begabter ist als ich, und das soll jetzt nicht machohaft klingen. Wenn ich ein Malermeister bin, ist sie van Gogh.
Es macht Lisa auf eine sonderbare Weise anziehend. Das hat etwas Verlässliches und etwas von einer Urmutter. Selbst wenn mal Krieg ist und das Haus abbrennt, könnte sie aus ein paar Zahnstochern das Ritz bauen. Und das wissen nicht alle Typen zu schätzen. Bei vielen hat sie das Problem, in der Kumpelecke zu landen. Erst letzte Woche ist ihr das bei ihrem Kumpel Noah passiert. Das Verhältnis zwischen den beiden war noch nicht wirklich geklärt, doch dann fasste sie sich ein Herz und hat ihres ausgeschüttet. Dosiert natürlich.

Max: Das ist doch eine gute Sache.

Jakob: Die aber leider nicht zielführend war. Er drückte erst mal beim Kassettenrecorder auf Play, um die alte Leier abzuspielen: »Ich finde es gut mit uns, wie es ist. Das will ich nicht aufs Spiel setzen.« Du kennst das Lied und hast es vielleicht auch selbst schon mal abgenudelt.

Max: Ja, dieses Band durfte ich mir auch schon anhören! Wenn ich noch mal drüber nachdenke, weiß ich doch nicht, ob das die richtige Entscheidung war.

Jakob: Wir sagen ja auch immer, wie toll Lisa ist. Aber mal Hand aufs Herz – oder meinetwegen aufs Glied: Mit ihr schlafen würde man nicht unbedingt, geschweige denn mit ihr zusammenkommen. Ich für meinen Teil nehme sie mehr als Kumpel wahr denn als potenzielle Partnerin.

Max: Rein optisch ist sie für mich schon attraktiv. Ein bisschen zumindest.

Jakob: Meine Haltung zu ihr manifestiert sich nicht unbedingt über optische Reize. Das Gefühl zu ihr ist vergleichbar mit dem zu Geschwistern.

Max: Vielleicht liegt es an ihrer burschikosen Art. Ich könnte mir Lisa nie in hohen Schuhen vorstellen.

Jakob: Lisa hat einige Eigenschaften, die ich mir manchmal von dir als Mann wünsche. Ich hoffe übrigens, dass sie das niemals liest. Das würde schon wehtun.

Max: Vielleicht hilft es ihr auch.

Jakob: Wobei denn? Wenn wir einer Frau sagen, dass wir sie asexuell finden, ist das ungefähr so, als ob dir deine Freundin kurz vor dem Sex sagt: Schade, dass ich bei dir nie kommen kann. Fakt ist: Wenn Lisa beim nächsten Mal mit hohen Schuhen durch die Tür tritt, dann hat sie es gelesen.

Max: Dann machen wir es sanft. Ich kann mir nur schwer vorstellen, dass Lisa überhaupt jemanden anspricht und aus ihrer Kumpel-Attitude ausbricht. Ich nehme sie nur als Frau wahr, die anpacken kann wie ein Kerl. Auf eine sonderbare Weise verstört es mich. Vielleicht aus Mangel an eigener Männlichkeit? Oder geht das mit dem Attraktivitätsverlust nur mir so? Eine meiner Exfreundinnen konnte Bierflaschen mit den Zähnen öffnen. Ein toller Partygag, der sie in Summe mit ihren anderen Eigenschaften zu einem sexuellen Neutrum für mich werden ließ.

Jakob: Irgendwie ist es schade, aber mir geht es ähnlich. Ein Teil von mir will sich immer wieder einreden, wie ansprechend ich Lisa finde, aber mein Körper kennt die Wahrheit und weiß, dass es nicht funktionieren würde. Ist das ein angelerntes Verhalten? Es kann zumindest kein angeborenes Verhalten sein, da Lisa einige Evolutionsvorteile bietet – zum Beispiel für die Jagd.

Ich könnte mir aber vorstellen, dass Lisas Kompetenz und Eigenständigkeit einem viele kleine Chancen nimmt, sich als Mann »toll« zu fühlen.

Dieses Klischee-Rollendenken ist eine große Scheiße, gegen das ich mich bewusst wehre, aber das sich unterbewusst immer mal wieder einschleicht.

Max: Ja, vor allem weil ich in meiner Beziehung die Auflösung von Rollenbildern immer wieder einfordere. Die hilflose Prinzessin versprüht vielleicht in der Kennenlernphase noch Charme, aber spätestens wenn du deine Wohnung umbaust und die Hauptsorge ist, wo der begehbare Kleiderschrank hinkommt, hört es damit ganz schnell auf. Das ist der Zeitpunkt, wo du dir eine kernige Freundin an deiner Seite wünschst.

Trotzdem kann auch ich mir Lisa nur schwer als Partnerin vorstellen, geschweige denn mal gepflegten Sex mit ihr zu haben. Ich hätte irgendwie das Gefühl, mit meinem besten Kumpel zu schlafen. Vielleicht gibt es aber auch die Möglichkeit, beides zu vereinen? Was meinst du?

Jakob: Ja, das wäre schon eine ganz praktische Nummer.

Dass man als Frau oder als Mann in der Kumpelecke landet, ist ein komplexes Zusammenspiel aus diversen Aspekten. Handwerkliche Begabung allein ist daran ganz bestimmt nicht schuld. Vielmehr die innere Einstellung dazu, Hilfe anzunehmen. Habe ich als Mensch das Gefühl, der Welt beweisen zu müssen, dass ich alles ganz alleine kann? Hier verläuft aus Perspektive des Mannes eine feine Linie zwischen ansprechender Souveränität und unnahbarer Einzelgängerin. Letzteres baut von vornherein eine emotionale Barriere auf, die schwer zu überwinden ist.

Das fängt in der Praxis bei kleinen Gentleman-Gesten an, die die Frau auch gerne einfordern kann. Diese holen den Mann in ein paar Sekunden zurück auf den Boden, falls er die Haftung verloren hat. Gerne auch mal mit Humor: Fühl dich mal nicht so toll, du kleiner Macho, und mach dich lieber nützlich, indem du mir den Wasserkasten trägst.

Das ist die oberflächliche Ebene. Weitaus schöner ist das Füreinander-da-Sein. Ich glaube, jeder kennt das positive Gefühl, das sich einstellt, wenn man einem anderen Menschen geholfen hat. Das übertragen wir auf den Menschen, der Hilfe erfahren hat, und es entsteht Anziehungskraft. Mit den richtigen weiblichen Schlüsselreizen gepaart, lässt sich diese auch in die vermeintlich gewünschte Richtung lenken.

Max: In dieser gesellschaftlich akzeptierten Form von Schwäche steckt unglaublich viel Stärke. Es darf aber nicht zu offensichtlich sein, sondern muss subtiler ablaufen.

Es gibt weitere Punkte, die einen ziemlich sicher in die Kumpelecke befördern.

Ich hatte mal eine Freundin mit einem ähnlichen Problem wie Lisa. Sie hing immer mit uns Jungs ab. Während wir auf der Couch einen Joint nach dem anderen durchzogen und Playsi zockten, betonte sie immer wieder, dass sie es viel cooler findet, mit Jungs abzuhängen als mit ihren Freundinnen. Von denen wäre sie immer so schnell gelangweilt.

Rückblickend war es ein Wunder, dass sie das von uns nicht war. Wir hatten sie gerne bei uns, aber keiner konnte sich mit unserem neu gewonnenen Kumpel mehr vorstellen. Jeder nahm sie als männlichen Freund wahr.

Eines Tages legte sie die Karten auf den Tisch und gestand mir ihre Gefühle. Es erwischte mich eiskalt. Es war fast so, als ob dein bester Freund dir nach Jahren offenbart, dass er schwul ist und ihm die Freundschaft nicht mehr reicht. Ich habe einfach nicht damit gerechnet, dass in ihr noch Weiblichkeit und Gefühle schlummerten. Ich hatte sie nicht mehr als Frau wahrgenommen.

Jakob: Das ist das Phänomen der ständigen Verfügbarkeit, wodurch Anziehung verloren gehen kann. Wenn jemand immer anwesend ist, kann er oder sie zur Selbstverständlichkeit werden. Anders ist es vielleicht in der Schule, an der Uni oder bei der Arbeit, wo man hingehen muss. Aber in einem freiwillig gewählten Rahmen geht das schnell. Das schließt auch Menschen ein, die immer verfügbar sind, wenn man sie mal anruft. Bei Kumpels ist das super. Wenn sexuelle Anziehung entstehen soll, ist davon abzuraten. Das ist ein bisschen wie die Wahl zwischen dem Historischen Museum, das du jeden Tag bis zum Ende deines Lebens besuchen kannst, oder einer Ausstellung, die nur einmal, nämlich morgen Abend, geöffnet ist.

Max: Die ständige Verfügbarkeit neutralisierte definitiv ihre sexuelle Anziehungskraft auf mich. Ich war mit ihr auf einer so vertrauten Ebene, dass wir beide kein Fünkchen Restscham hatten und uns voll gehen ließen. Das fing bei den Klamotten an und hörte bei Körperfunktionen auf. Wenn eine Frau neben mir anfängt, lauter zu rülpsen als Homer Simpson. Wenn sie ein Bier ext, als ob sie den Hals öffnen kann wie die Rutsche im Spaßbad, verliert sie Rülps um Rülps an Attraktivität.

Aber auch hier macht die Summe der einzelnen Teile das Gesamtbild. Wenn man ab und zu voreinander rülpst, heißt das nicht, dass man beim nächsten Sex den haarigen Rücken sucht, um sich festzuhalten. Es ist ein heikles Thema, weil Vertrautheit etwas Schönes ist, aber auch sie hat ihre feinen Grenzen. Das ist wie eine Frau, die entweder ständig nackt ist oder eben Unterwäsche trägt, und nur zu besonderen Anlässen darf man das Geschenk auspacken.

Jakob: Auch wieder so ein Klischee. Einem Mann verzeiht man den Puper auf der Couch. Einer Frau eher nicht. Wo ist deine Grenze?

Max: Das ist ein generelles Problem in jeder Beziehung. Inwieweit darf man sich gehen lassen, um für den anderen noch attraktiv zu wirken? Komischerweise sehe ich bei mir selbst das mit dem Furzen nicht so dramatisch wie bei meiner Freundin. Das heißt: Ich darf, sie nicht. Wobei sie sich diese Grenze auch selber auferlegt und das vor mir nicht machen will. Ich dagegen kann nicht sagen, dass ich immer Rücksicht nehme.

Es ist auch einfach ein Vergnügen, wenn sich meine Freundin über Körperfunktionen aufregt. Diese Dinge sind aber gerade in der Kennenlernphase ein No-Go, und eine Frau muss sich bewusst sein, dass sie sehr schlechte Karten hat, wenn sie sich auf diese Ebene begibt.

Ich finde es gar nicht so leicht, da bestimmte Grenzen betonfest zu definieren. Es ist eher ein Gefühl.

Ein wichtiger Punkt ist auch die Kleidung. Wer sich immer in den bequemen Schlabberklamotten zu seinen Kumpels begibt, muss sich nicht wundern, wenn er irgendwann in der Uniformität seiner Gammel-Kollegen untergeht. Aber auch hier ist es, wie immer, ein schmaler Grat. Der tief blicken lassende Ausschnitt ist hier genauso verkehrt wie die Schnellficker-Trainingshose. Für mich ist außerdem die Sprache wichtig. Ein deftiges Mundwerk ist auch nicht gerade das schallgewordene Aphrodisiakum.

Jakob: In der Partnerschaft weicht die Grenze auf. Definitiv. Bei mir war das bisher immer so. Aber auch hier sollte es eine letzte Bastion der Privatsphäre geben. Das lässt die sexuelle Kohle im Ofen länger glühen, wenn gewisse Bereiche des Partners einfach Teil der Vorstellung bleiben. Das große Geschäft zum Beispiel. Es gibt Pärchen, denen ist es im wahrsten Sinne »scheißegal«. Er duscht, und sie geht auf Toilette. Da verbinden sich Moleküle, die einfach nicht zusammengehören.

Die Wahl der Kleidung, die du angesprochen hast: Lisa hat sich auf der Ebene nicht direkt gehen lassen, aber wir hätten auch öfter mal »Wenn ich du wäre« spielen können, und es wäre keinem der Klamottentausch aufgefallen. Sie ist keine Klischeelesbe mit bicolorem Haar und frechem Tribal-Tattoo. Aber sie hätte ihre Weiblichkeit mehr betonen können.

Max: Dann spielt es natürlich eine Rolle, wie du dich in dieser Kleidung bewegst. Du kennst sicherlich die giraffenartig staksenden Frauen, wo du dich fragst, ob die das erste Mal in ihren Pumps laufen. Andere gehen, als ob sie gerade eine Schubkarre Zement aus dem Mischer holen. Weibliche Ausstrahlung wird auch über Bewegungen und Mimik vermittelt. Und auch das sollte nicht plakativ, sondern subtil vermittelt werden. Eine kleine Berührung kann da schon sehr aussagekräftig sein.

Wieder einmal eine Sache, die schwer zu beschreiben ist, aber kennst du das, wenn eine Frau dich nur ganz leicht auf der Schulter berührt? Oder sich die Hände kurz berühren? Neben Berührungen sind es die Bewegungen. Das ist wie Feenstaub, der im Raum von jedem Muskelzucken versprüht wird. Diese Bewegungen haben auch immer etwas von dem vermittelten Gefühl: Du kannst mich haben, wenn du nur willst, aber eigentlich doch nicht.

Jakob: O Gott, wenn ich das so lese, würde ich mich als Frau unglaublich unfrei fühlen. Wir ziehen die Beispiele gerade ins Extrem, damit sie deutlicher werden. Ja, manche Frauen laufen tatsächlich so, als hätten sie gerade zwei Eimer Bauschutt rechts und links in den Händen. Das ist weder gut noch schlecht, sondern einfach eine Beobachtung. Einige Frauen bewegen sich weiblich und einige eher männlich. Es gibt Frauen, denen schaue ich hinterher, obwohl ich schon ahne, dass sich die Nackenverrenkung wahrscheinlich nicht lohnt. Ich werde dann auch fast immer durch eine spezielle Verhüllungstechnik oder die blanke Wahrheit in Form einer unglücklich sitzenden Leggins bestätigt. Aber ich drehe mich immer wieder um. Das ist fast wie ein Reflex, ausgelöst durch weibliche Bewegungen. Es gibt dazu auch Studien. Hier wurden an den Gelenken von Frauen und Männern leuchtende Punkte angebracht. Im Dunklen konnten nur noch die Punkte gesehen werden. Anhand der sich abzeichnenden Bewegungsmuster konnten Frauen und Männer eindeutig unterschieden werden. Bei Lisa wäre ich mir da nicht so sicher.

Sie hat übrigens noch einen anderen Mann, den sie ganz gut findet. Er steht nicht auf demselben Level wie Noah, aber er ist eine kleine Zwischenmahlzeit, bis es Abendbrot gibt. Sollte Noah davon wissen?

Max: Was spricht dagegen? Sie hat ihm gegenüber keinerlei Verpflichtung, nur weil sie sich mehr erhofft hat als reine Freundschaft. Es ist ein genereller Irrglaube, dass sich in eine Person zu verlieben ausschließt, sich noch mit anderen zu treffen. Wenn die Liebe noch nicht erwidert wird, kann man machen, was man will, wenn man das Bedürfnis hat. Sich freihalten, bis der Auserwählte endlich zugreift, kann den Attraktivitätslevel senken. Da sind wir bei einer weiteren Form der ständigen Verfügbarkeit.

Für den Vergötterten von Lisa könnte das ein Wachrüttler sein. Zumindest aber wird Lisa wieder attraktiver für ihre Kumpels und auch für ihn. Damit zeigt sie ihren Freunden, dass sie nicht nur Kumpel ist, sondern auch weibliches Wesen mit sexueller Ausstrahlung. Zumindest hat sie diese auf andere. Was aber auf keinen Fall passieren sollte, ist, dass sie sich nur auf einen anderen Typen einlässt, um diese Wirkung zu erzielen. Damit verkauft sie sich selbst. Dann lieber sein Ding machen und auf den Angebeteten warten.

Jakob: Schlimm eigentlich, dass viele Männer nach dem Herdenprinzip funktionieren. Das ebbt zwar zum Glück mit der Zeit ein bisschen ab, aber ganz weg ist es nie. Damals in der Schule löste es immer einen Groupie-Kult aus, wenn einer der Jungs ein bestimmtes Mädchen gut fand. Auf einmal waren alle ein bisschen verliebt. Das heißt nicht, dass du auf einmal mit Oprah Winfrey schlafen würdest, weil sie von anderen Männern begehrt wird, aber man schaut sie sich zumindest einmal genauer an. Jetzt haben wir schon viele Dinge benannt, wie man in die Kumpelecke reingerät, und ein paar Ansätze, wie man da wieder rauskommt. Darauf liegt der Fokus. Darum hier 11 Schritte für den Weg aus der Kumpelecke:

Punkt 1: Mach dich rar

Jakob: Die meisten Frauen setzen das intuitiv um. Wenn du eine Frau kennenlernst, die im Leben steht, mit eigenen Hobbys und Freunden, krempelt sie nicht gleich komplett ihr Leben um und richtet es auf dich aus. Oftmals ist es sogar nicht ganz leicht, ein Treffen mit ihr zu vereinbaren. Die »Mach dich rar«-Nummer klingt immer nach blöden Spielchen. Aber sehr viel von unserem Verhalten wurde im Laufe unseres Lebens erlernt. Wenn wir uns in einigen Situationen ein idealeres Outcome wünschen, kann es hilfreich sein, sein Verhalten entsprechend anzupassen. Irgendwann wird sich auch das neue Verhalten natürlich anfühlen. Nicht weil man denkt: Ich muss mich jetzt rarmachen, sondern weil man bei Menschen, die man neu kennenlernt, beim eigenen Leben nicht den Pausenknopf drückt.

Max: Ich finde Listen übrigens super. Die fangen emotional so herrlich auf, und ich muss mir dann nicht immer dein unstrukturiertes psychologisches Gelaber anhören.

Jakob: Im Moment laberst du. Du bist dran.

Punkt 2: Teasing

Max: Dahinter steckt: Du könntest mich bumsen, wenn du wolltest. Vielleicht. Vielleicht doch nicht. Das hört sich schrecklich oberflächlich an, aber es wirkt auf viele Männer zumindest auf der sexuellen Ebene wahnsinnig anziehend. Wenn man es als

Frau am Anfang schafft, dieses Gefühl zu vermitteln, und es über die Zeit aufrechterhalten kann, sinkt die Gefahr, in der Kumpelecke zu landen.

Es gab mal eine Frau in meinem Freundeskreis, die sich immer ganz unbedarft auf den Schoß von uns gesetzt hat, so als wäre nichts dabei. Dieser ständige Balanceakt von »Das ist doch ganz normal« zu »Nein, ist es definitiv nicht« hat uns Jungs immer wachsam gehalten, und sie war genau deshalb nie ein Kumpel für uns. Man muss sich aber als Frau dann auch im Klaren sein, dass man mit so einem Verhalten vermutlich nie so richtig als »Kumpel« dazugehören wird, wenn das der eigentliche Wunsch ist.

Jakob: Redest du da von deiner Ex Malena?

Max: Ja!

Jakob: Das gibt es ja wohl nicht. Die wusste aber ganz genau Bescheid, was sie damit auslöst.

Max: Ja, sie war sogar gerne mal mit Minirock und Ausschnitt unterwegs.

Jakob: Am besten noch mit Lolli im Mund. Klingt nach einer schlechten Venus-Show.

Max: Es regt mich immer noch ein bisschen auf, wenn ich darüber nachdenke.

Jakob: Müssen wir ja jetzt nicht aufmachen, das Fass. Für Männer ist Punkt 2 übrigens: zügig den ersten Schritt machen und mutig sein. Mehr als einen Korb kann man sich nicht abholen.

Punkt 3: Sich emotional verletzlich zeigen

Jakob: Manche Männer vermissen die eigene Emotionalität im Leben. Umso schöner, wenn diese durch die Frau erfahrbar wird. Der abgenutzte Begriff Authentizität ist hier das Zauberwort. Ein Mann fängt im besten Fall auch an, seine Gefühle im Umgang mit Menschen besser für sich zu entdecken, und dann ist das Verlieben nicht weit.

Punkt 4: Nicht blankziehen!

Max: Es gibt einen feinen Unterschied zwischen Emotionen zeigen und sein Herz ausschütten. Emotionen beziehen sich auf die gesamte Umwelt. Sein Herz ausschütten ist eine Offenbarung, die dem Mann die Entscheidungsfreiheit lässt. Der Mann sollte eigentlich immer das Gefühl haben, dass er sich ein bisschen anstrengen muss, um sein Ziel zu erreichen. Der gute alte Jagdinstinkt!

Punkt 5: Mal nach Hilfe fragen!

Jakob: Auch wenn die meisten alles selber können, ist es doch entspannter, mal um Hilfe zu bitten. Das ist schon fast ein gesellschaftliches Phänomen geworden, nicht mehr nach Hilfe zu fragen. Dabei tut es beiden Seiten gut, ob Mann oder Frau.

Punkt 6: Eine eigene Meinung behalten!

Max: Wenn wir Gefühle für jemanden entwickeln, tendieren wir dazu, einer Meinung zu sein. Es gilt, seine Souveränität zu behaupten. Damit zeigt die Frau dem Mann: Ich habe meinen eigenen Kopf und bin schwer zu bändigen. Das erzeugt Polarität, und Polarität erzeugt Anziehung.

Punkt 7: Nicht zu nett sein

Jakob: Ab und zu dem Mann mal zeigen, dass er es noch nicht geschafft hat, einen mit seinem unbändigen Charme einzulullen, tut beiden Seiten gut.

Punkt 8: Sei Christo!

Jakob: Verhüllungen gekonnt einsetzen ist das A und O. Der Satz klingt wie aus der Bunten, aber ich hoffe, ihr wisst, was ich meine. Sexy, aber nicht »Wrecking Ball«-sexy.

Punkt 9: Sich mit Männern umgeben, die einen attraktiv finden

Max: Erklärt sich von selbst. Die Sache mit dem Herdentrieb.

Punkt 10: Es für sich selbst tun

Jakob: Sobald man sein ganzes Verhalten ändert, um einem anderen Menschen zu gefallen, wird er das merken – und alles ist für die Katz! Deshalb: Nur tun, was man gern und für sich tut.

Punkt 11: Nicht alle 10 Punkte befolgen

Max: Das ist wahrscheinlich der wichtigste Punkt. Kein Mensch kennt die Wahrheit und hat ein Allheilmittel für die großen Themen unserer Welt. Immer man selber bleiben und sich für nichts und niemanden zu sehr verbiegen. Vor allem nicht dieses oder andere Kapitel für bare Münze nehmen. Das ist wie am Büfett auf einer Cocktailparty. Der eine Happen schmeckt, und es steckt Wahrheit drin. Den anderen hält man für Bullshit und wickelt ihn unauffällig in eine Papierserviette auf dem Weg zum Mülleimer.

TOO SMART TO FUCK – STEHT INTELLIGENZ DER LUST IM WEG?

> Hallo ihr beiden,
> nach dem Studium habe ich als wissenschaftliche Mitarbeiterin ange-
> fangen und werde in den nächsten Jahren meinen Doktor machen. Die
> Frage ist meinem Gleichstellungs-Ich fast schon peinlich, daher müsst
> ihr das nun ausbaden. Denn: Es kam mir der Gedanke, ob Männer da-
> mit ein Problem haben. Ich merke, wenn ich einen Typen zum ersten
> Mal treffe, dass als Reaktion auf die Doktorandinnen-Nummer ein »Uh
> krass, du musst ja superintelligent sein!« von den Männern kommt
> und man gefühlt in eine Schublade verfrachtet wird, die unverbindliche
> Affären leider oftmals auszuschließen scheint.
> Was denkt ihr darüber?
> Liebe Grüße
> Lara

Jakob: Ich war in meinem Leben mit einigen sehr intelligenten Frauen zusammen. Bei Frauen, deren Interessengebiete
nicht über den Schminktisch hinausreichten, erstreckte sich
mein Interesse meist nur bis zur Bettkante. Auf mich wirken
intelligente Frauen genauso sexuell wie weniger intelligente.

Es ist nur so, dass bei sehr begabten Frauen das Sexuelle schneller in den Hintergrund gerät, weil ich ein Mensch bin, der sich wahnsinnig gerne austauscht. Mit einer intelligenten Frau geht das besser. Bei Frauen, denen diese Fähigkeit fehlt, beschränkt sich der Fokus mehr aufs Bett. In einer Beziehung mit einer intelligenten Frau ist es wichtig, dass es sich die Waage hält und man nicht irgendwann nur noch auf einer geistigen Ebene ist, sondern auch körperlich wird.

Wenn ich das erste Mal auf eine Frau treffe, die wahnsinnig intelligent ist, macht das trotzdem manchmal etwas mit mir. Besonders heftig ist es, wenn sie sich im gleichen beruflichen Umfeld bewegt.

Im ersten Moment kann mich das ein bisschen einschüchtern. Ich hole dann kurz Luft und bin immer wieder erstaunt über die Wirkung auf mich und meine Reaktionen, die ich zeige. Nach einer Weile verfliegt das Gefühl der Benommenheit, und ich nehme die Frau eher als Bereicherung wahr, weil ich mich inspiriert von ihr fühle. In intelligenten, attraktiven Frauen sehe ich eher ein potenzielles Teammitglied als eine Konkurrentin. Es kommen dann so komische Gedanken in mir hoch wie: Super, dann kann sie immer mit den Kids die Hausaufgaben machen.

Max: Die von dir erlebte Einschüchterung würde ich nicht an der Intelligenz festmachen. Das ist universeller. Selbstbewusste Frauen, egal ob das Selbstbewusstsein auf Intelligenz oder optischen Reizen beruht, können Männer verunsichern.

Jakob: Definitiv. Wenn ich mich eingeschüchtert fühle von einer sehr intelligenten Frau, liegt es eher an meinem Selbstwertgefühl als an der Frau. Wenn ich mich nach einem kurzen Moment wieder beruhigt habe, dann freue ich mich auch darüber, weil ich wirklich selten Frauen treffe, von denen ich mich auf einer intellektuellen Ebene inspiriert fühle. Für mich ist es schön, wenn es so ist.

Lara hat einen anderen wichtigen Punkt angedeutet: das von ihr vermutete geschlechterspezifische Machtverhältnis. Es gibt Männer, denen es wichtig ist, die Oberhand zu haben. Andere wünschen sich Beziehungen auf Augenhöhe. Welche Art von Männern will sie treffen? Die mit dem Ballon-Ego, die ihre Intelligenz an der Dummheit ihrer Freundin messen, oder selbstbewusste Männer, die für sich stehen?

Max: Zurück in die Gegenwart. Erst mal geht es ja ums Kennenlernen. Doktortitel wirken auf mich im Kontext der Frage als attraktiv. Aber es stimmt schon, dass mir bei einer sehr intelligenten Frau nicht als Erstes das quietschende Bett in den Kopf kommt. Wenn Lara sich genau das wünscht, gilt es, offen mit der Sexualität zu spielen. Kleine körperliche Signale, um dem Mann wieder ins Gedächtnis zu bringen, dass man trotz aller Intelligenz ein sexbesessenes Wesen ist, können da helfen. Alle haben die gleichen Bedürfnisse, und wie sang schon die Bloodhound Gang: »You and me, baby, ain't nothin' but mammals/ So let's do it like they do on the Discovery channel.« Vielleicht sollte sie wieder mehr ihre animalische Seite ausleben und nicht so verkopft rangehen. Natürlich immer schön vorsichtig, denn nichts ist für einen Mann unattraktiver als ein mit ihren sekundären Geschlechtsmerkmalen um sich werfendes rolliges Weibchen.

Jakob: Danke für das Bild. Ich war ganz kurz gedanklich an der Fleischtheke. Da fällt mir noch die Geschichte einer Exfreundin ein. Sie war sehr schlau, und wir konnten viel zusammen lachen. Gute Gespräche führten wir sowieso. Ich fühlte mich von Anfang an von ihr angezogen, aber auf einer intellektuellen Ebene, und der Sex mit ihr war für mich meist relativ ernüchternd. Und bei ihr lag es nicht daran, dass sie unattraktiv war.

Ich habe mich fast ausschließlich auf ihren Intellekt fokussiert. Zum einen, weil sie unbeholfen im Aussenden körperlicher Signale war, und zum anderen, weil ich die Sexualität in ihr auch nicht gesehen habe, weil es eigentlich von ihr nie thematisiert wurde, verbal wie nonverbal.

Jeder Mensch konzentriert sich in seinem Leben auf unterschiedliche Gebiete. Manche Frauen fokussieren sich sehr auf ihre körperliche Anziehungskraft und vernachlässigen den Kopf. Andere Frauen vernachlässigen durch die reine Konzentration auf ihre Intelligenz manchmal die körperliche Ebene. Je stärker die Fokussierung ist, desto mehr Übung bekomme ich auf dem Gebiet und desto besser werde ich. Gründe für die Fokussierung kann es viele geben: Scham, gesellschaftliche und eigene Vorurteile sind nur ein paar davon.

Am Ende macht es die Mischung. Wie in allen Bereichen gilt es, Kopf und Körper zu verbinden, um damit spielen zu können und das Beste von beiden Seiten zu haben. Als Frau und als Mann.

FREUNDSCHAFT ZWISCHEN MANN UND FRAU – EIN DING DER UNMÖGLICHKEIT?

Jakob: Freundschaften zwischen Männern und Frauen sorgen bei einigen immer noch für Diskussionen. Warum eigentlich?

Wenn du an deine weiblichen Freunde zurückdenkst, was hast du speziell an ihnen geschätzt? Gab es da für dich überhaupt einen Unterschied im Vergleich zu deinen männlichen Freunden? Warum hast du dich auf einer freundschaftlichen, aber weniger körperlichen Ebene von ihnen angezogen gefühlt?

Max: Das fällt mir ziemlich schwer zu sagen, denn so viele »Frauenfreunde« hatte ich nie. Meistens war es so, dass sich in meinem Freundeskreis aus sich anbahnenden Frauenfreundschaften eher schnell Beziehungen entwickelt haben. Wenn einer meiner Kumpels dann mit einer Frau zusammen war, war eine Freundschaft mit ihr fast immer tabu. War das bei dir anders?

Jakob: Das Phänomen kenne ich. Für mich wäre es auch irgendwie komisch, sich allein mit deiner Freundin zu treffen und mit ihr befreundet zu sein. Allein die sich überschneidenden Gesprächsthemen! Ich käme mir vor wie euer Beziehungstherapeut.

In Sachen Freundschaft pflege ich auf jeden Fall intensivere Beziehungen zum gleichen Geschlecht.

In einer gewissen Weise habe ich aber mein ganzes Leben schon automatisch mit dem Thema Frauenfreundschaft zu tun, weil ich zwei Schwestern habe. Das ist ja wie eine Zwangsfreundschaft. Auch wenn da natürlich nie der Gedanke an Sex dazwischenkommt.

Ein paar weibliche Freundinnen sind auf jeden Fall in meinem Leben, aber nicht eine richtige beste Freundin, mit der man – wie im Film – Roadtrips unternimmt, und am Ende finden beide doch heraus, dass sie die ganze Zeit füreinander das Beste waren, was ihnen in Sachen Liebesbeziehung passieren konnte.

Bei mir lief es eigentlich immer genau anders herum ab. Ich lernte eine Frau kennen, wir dateten, und dann stellte ich meistens für mich fest: Wow, die Frau ist wirklich supernett, und ich mag sie auch als Mensch total gerne. Ich kann mit ihr lachen und finde ihre Gedanken inspirierend. Aber alles, was überhaupt nur in Richtung Bett geht, kann ich mir mit ihr nicht vorstellen.

Max: Aus meiner Erfahrung kenne ich das anders. Das letzte Mal mit Mara. Mit ihr habe ich mich richtig gut verstanden. Wir haben viel gelacht, rumgealbert wie Kleinkinder und waren einfach in vielen Dingen auf einer Wellenlänge. Es lief eigentlich alles super freundschaftlich. Es war wie mit einem guten Kumpel. Und im nächsten Moment kniete ich auf der Couch und mein Schwanz befand sich zwischen ihren riesigen Brüsten.

Jakob: Wart ihr zufällig betrunken?

Max: Nein, kein bisschen. Das hätte vielleicht vieles in der Zeit danach leichter gemacht. Denn ab da war alles anders für mich. Sie wurde für mich auf eine rein sexuelle Ebene gehoben. Ich hatte in erster Linie nur das Bedürfnis, mit ihr zu schlafen – und die anderen Zweisamkeiten, die wir vorher hatten, wurden ab diesem Moment völlig nebensächlich. Das ging sogar so weit, dass ich bis auf Sex komplett das Interesse an ihr verlor. Für die »lustigen Dinge« traf ich mich dann mit meinen Kumpels.

Wie du dir denken kannst, sind wir keine Freunde mehr, und für mich ist das okay. Ich bin mir aber ziemlich sicher, dass sie sich etwas anderes gewünscht hätte. Solche Geschichten sind mir auch mit ein paar anderen Frauen passiert.

Jakob: Hast du damals mit ihr darüber geredet?

Max: Nein.

Jakob: Warum nicht?

Max: Es kam nie dazu.

Jakob: Soso, schön weggeduckt hat er sich. Ich glaube, deine Geilheit hat sie und auch dich von Anfang an ausgetrickst. Vielleicht merkte ein Teil in dir, dass es nur über die Freundschaftsschiene läuft. Wenn es eine Hölle gäbe, die von Frauen erfunden wäre, würde man genau für so etwas da reinkommen. Das kommt gleich hinter »mit der besten Freundin der Freundin im eigenen Schlafzimmer ungeschützten Verkehr haben und danach die Betten nicht frisch beziehen«. Du willst mir doch nicht ernsthaft erzählen, dass du nie – bevor es zu der besagten Aktion auf der Couch kam – einen Gedanken an Sex mit ihr verschwendet hast?

Max: Nein, es war wirklich das erste Mal. Ich würde es zugeben, wenn es anders wäre. Für beide Seiten war vorher klar, dass es dazu nicht kommen wird. Sie war nicht unattraktiv, und eins führte dann zum anderen.

Jakob: Ich kann mir das wirklich beim besten Willen nicht vorstellen, dass du nie daran gedacht hast. Zumindest am Anfang. Als Mann macht man sich doch eigentlich immer darüber Gedanken, wenn man eine Frau das erste Mal sieht: Ist sie eine potenzielle Sexpartnerin oder nicht? Natürlich gibt es Frauen, die fliegen so tief unter dem Radar hindurch, dass der Gedanke erst gar nicht aufkommt, aber das sind dann am Ende auch garantiert keine Couch-Frauen.

Für mich ist die Frage immer ein Scheideweg. Natürlich nur, wenn ich mich mit der Frau privat treffe. Ich muss jetzt nicht jeder Frau, der ich zum Beispiel im beruflichen Kontext begegne, sofort einen Sexstempel aufdrücken.

Kennst du noch diese komischen Diagramm-Tests aus der *Bravo*, die dazu dienten, herauszufinden, ob man zum Beispiel ein treuer Boy ist? Simple Ja/Nein-Fragen führten einen zum Treueergebnis. Komm, wir spielen das hier mal durch:

Ist die Frau eine potenzielle Sexpartnerin?
Ja: Dann wird daraus ein One-Night-Stand/eine Affäre/ Beziehung oder die Liebe des Lebens. Manchmal aber auch erst mal eine Freundschaft, aber nur um dann später ans Ziel zu kommen.
Nein: Hieraus ergibt sich die nächste Frage:

Ist sie menschlich so sympathisch, dass ich mit ihr befreundet sein will?
Nein: Dann wird man sich wahrscheinlich nie wiedersehen.

Ja: Dann kann sich hieraus eine Freundschaft entwickeln.

Aber du siehst, wie fein die *Bravo*-Spinne bis hierhin ihr Netz gesponnen hat. Bis es zum Punkt Freundschaft zwischen Mann und Frau kommt, müssen einige innere Fragen beantwortet werden.

Es muss eben eine ganz besondere Frau sein. Aus meiner Erfahrung kann ich sagen: Ich habe schon mit einigen Frauen geschlafen, mit denen ich mir keine Freundschaft vorstellen konnte – und überhaupt konnte ich das nur bei wenigen. Die Wahrscheinlichkeit ist logisch betrachtet eben einfach kleiner. Du weißt, worauf ich hinaus will. Es gibt nur wenige Frauen, die mich auf der rein freundschaftlichen Ebene ansprechen. Das ist für mich schon etwas Besonderes.

Max: Um noch mal auf deinen anfänglichen Scheideweg zurückzukommen. Jeder Mann denkt in erster Linie an Sex.

Bei mir sind die Kriterien aber nicht so klar definiert – so einen Logikbaum wie du hatte ich eben nicht im Kopf. Da der Gedanke an Sex eh schon sehr präsent ist, darf er bei einer Frau, mit der ich befreundet sein möchte, einfach nicht so im Vordergrund stehen, ansonsten ändert sich gleich meine ganze Herangehensweise.

Bei Mara war ich genau deswegen so locker, unverkrampft und ganz natürlich, weil Sex mit ihr für mich keinen hohen Stellenwert hatte. Der Spaß und eine gute Zeit standen immer im Vordergrund, und ich war damals noch so naiv, zu glauben, Freundschaften zwischen Männern und Frauen könnten funktionieren.

Jakob: Das Thema Sex ist also doch nicht wie Nessie plötzlich aus dem Nebel aufgetaucht, sondern war von Anfang an präsent.

Und schön, dass wir jetzt bei der Grundsatzdiskussion angelangt sind: Kann es eine Freundschaft zwischen Mann und Frau wirklich geben? Wie siehst du das?

Max: Nein, kann es nicht.

Jakob: Das Thema ist eigentlich so abgegrabbelt wie Herrenslips bei Kik. Aber trotzdem bleibt es immer Thema. Ich glaube daran.

Max: Es gibt eine Voraussetzung, unter der es funktionieren kann. Wenn das Attraktivitätsgefälle zwischen Mann und Frau groß genug ist. Und das funktioniert auch nur in eine Richtung.

Im ersten Fall ist die Frau viel attraktiver als der Mann. Da finden sich bestimmt ein paar »Freunde« bei dir im Bekanntenkreis. Aber warte mal, wenn die Frau ihm nach drei Pfeffis einen Blowi anbieten würde, ob der Mann dann nicht doch Ja sagen würde.

Umgekehrt, wenn der Mann (nach rein äußerlichen Kriterien) sehr viel attraktiver ist als die Frau, kann es funktionieren. Daran ändern auch sechs Pfeffis nichts.

Das ist jetzt sehr oberflächlich gedacht, aber in der Praxis findet sich selten der Gegenbeweis. Schau dich mal um. Wie viele attraktive Männer siehst du auf der Straße mit unattraktiven Freundinnen? Kaum welche. Umgekehrt ist das schon öfter der Fall. Aber gut, das hat noch ein paar andere Gründe. Einige Frauen mögen nicht so oberflächlich sein wie viele Männer, aber diese Gruppe von Frauen wird wieder durch die Frauen ausgeglichen, die mindere Attraktivität monetär ausgleichen lassen – und am Ende sind Männer und Frauen gleich oberflächlich.

Jakob: Das Attraktivitätsgefälle ist aus männlicher Sicht auf jeden Fall ein wichtiger Faktor für den reibungslosen Ablauf einer Männer-Frauen-Freundschaft. Sonst läuft man Gefahr, doch irgendwann miteinander zu schlafen. Attraktive Frauen mit vielen männlichen Freunden sind sich meistens über das Blowi-Phänomen bewusst. Frag mal eine, die wüsste genau, welcher von ihren guten Kumpels eigentlich doch mal mit ihr schlafen würde, wenn sie Ja sagen würde. Ich kann das irgendwie nicht. Wenn ich das Gefühl habe, dass eine Frau mehr will, aber ich nicht, möchte ich das nicht unnötig hinauszögern und führe mit ihr ein klärendes Gespräch oder meide den Kontakt – häufig Letzteres.

Max: Du bist so ein edler Ritter.

Jakob: Danke. Ich hatte einmal den Fall, dass ich mit einer Frau, die ich wahnsinnig heiß fand, eine Freundschaft einging. Normalerweise bin ich gar kein Freund davon.

Max: Männer der Kategorie »Tröster«.

Jakob: Eigentlich Typen, die immer zur Stelle sind, wenn ein Loch in die Wand gebohrt werden muss, aber sobald die Wohnung fertig ist, hat die Frau auch schon einen richtigen Freund. Ganz so schlimm war es bei uns nicht.
Wir trafen uns, hatten gute Gespräche. Ich weiß nicht mehr, worüber wir redeten, aber es war auf jeden Fall schön. Wir waren uns irgendwann so nah, dass ich nicht mehr an Sex mit ihr gedacht habe. Sex verschwand völlig aus meinem Wahrnehmungsfeld. Aber aus ihrem anscheinend nicht.

Nach zwei Jahren fragte sie mich, als wir bei mir waren: Wollen wir einen Film gucken? Auf der Couch oder auf dem Bett?

Tja. Den Rest kannst du dir denken.

Wir führten dann über ein paar Monate eine Affäre. Ich verliebte mich zu dem Zeitpunkt ziemlich heftig in eine andere Frau, und mit der besagten Freundin lief es auseinander, wobei ich es so wahrgenommen habe, dass wir beide das Interesse verloren haben. Mittlerweile ist sie glücklich verheiratet, und als ich sie vor Kurzem bei der Arbeit besuchte, sagte sie mir, dass wir vielleicht noch zusammen wären, hätte ich damals mehr um sie gekämpft.

Max: Bereust du es?

Jakob: Ich bereue in Sachen Beziehung in meinem Leben eigentlich nichts. Da ich mir Kinder wünsche und sie immer sehr herzlich war, ist der »Was wäre wenn«-Gedanke mal kurz in mir aufgeflackert, aber die Flamme war zu klein für ein Feuer.

Ich glaube, wir haben wieder eine ganz gute Basis für eine Freundschaft. Lust habe ich schon drauf, weil für mich Frauenfreundschaften etwas Bereicherndes sind. Allein schon ohne Bedingungen einen ehrlichen weiblichen Blick auf bestimmte Lebenslagen zu bekommen ist etwas Großartiges.

Max: Viele meiner Kumpels sind mit ihren Exfreundinnen und Affären befreundet. Ich bin es mit keiner.

Jakob: Hatte ich bis jetzt auch nicht wirklich. Irgendwie ist mit meinen Exfreundinnen alles gelebt. Vielleicht muss es für eine wahre Frauenfreundschaft doch etwas Frisches und Ungelebtes sein. Wie ist es eigentlich bei dir in der Beziehung? Dürftest du eine neue Frauenfreundschaft oder überhaupt eine intensiv pflegen, oder gäbe es da Streit?

Max: Ich glaube, bei einer neuen Frau, die auf einmal in meinem Leben auftaucht, würde sich meine Freundin schon wundern. Und wenn ich dann mit der neuen Freundin viele schöne Dinge mache, die sie eigentlich mit mir machen will, würde das zu Diskussionen führen. Ich kann das auch gut nachvollziehen. Wie wäre es für dich, wenn deine hypothetische Freundin auf einmal mitten in der Beziehung mit einem wildfremden Mann ankommt und ihn dir als ihren neuen besten Freund präsentiert?

Jakob: Puh, ihr würde ich es vielleicht abkaufen, aber ich weiß ja, wie Männer ticken. Aber ich glaube, es wäre für mich okay, wenn meine Freundin außerhalb unserer Beziehung und ihres familiären Kreises emotionale Beziehungen zu anderen Männern hätte. Körperlich wäre es schon was anderes.

Max: Und das ist bei Frauen, glaube ich, eher andersrum. Eine Frau hätte eher ein Problem damit, wenn du eine tiefe emotionale Beziehung zu einer anderen Frau führen würdest, zum Beispiel in einer Freundschaft. Ein Mann hat ein größeres Problem damit, wenn die Frau mit einem anderen Mann schläft. Mal ganz einfach runtergebrochen.

Jakob: Das ist auch meine Erfahrung. Wenn du einer Frau das Gefühl geben kannst, dass sie emotional deine Nummer eins ist, sind einige offen für polyamore Partnerschaften, die es vorher von sich selbst nicht wussten. Ich habe die Erfahrung zwar noch nicht gemacht, aber ein paar Freunde von mir.

Max: Ja, ja, die Freunde wieder.

Jakob: Ich will nicht vom Thema ablenken, aber ich habe noch eine letzte Frage an dich in Sachen Freundschaft zum anderen Geschlecht: Wärst du mit deiner aktuellen Freundin befreundet, wenn du nicht mit ihr zusammen wärst?

Max: Das ist nicht so einfach zu beantworten.

Jakob: Ich wäre mit fast keiner meiner Exfreundinnen befreundet.

Max: Vielleicht haben die Beziehungen genau deswegen nicht funktioniert.

MÖCHTEN MÄNNER WIRKLICH WISSEN, MIT WIE VIELEN PARTNERN IHRE FREUNDIN GESCHLAFEN HAT?

Max: Ich hatte gestern mit einem guten Freund ein Gespräch über die Sexpartner seiner Freundin. Für ihn war es wichtig, dass sie nicht mit mehr als dreißig Männern geschlafen hat. Ich habe ihm gesagt, dass es doch eigentlich egal ist, wenn er sie liebt.

Jakob: Früher war das auch mal Thema für mich. Und mit »früher« meine ich, als ich mit sechzehn das erste Mal mit einer Frau geschlafen habe. Ich wollte einfach wissen, wie viel Erfahrungen meine damalige Bettgefährtin hatte. Die Frage gründete in meiner eigenen Unsicherheit und warf gleichzeitig neue Fragen auf. »Wie viel kann sie schon und was muss ich bieten?« war eine davon.

Max: Ich erinnere mich noch, dass es mir gerade bei meinen ersten Sexkontakten unangenehm war, die Frage nach der Anzahl der Sexpartner zu stellen. Ich hatte Angst, dass dann die Gegenfrage kommt und ich zugeben müsste, dass ich noch ein unbeschriebenes Blatt war. Bei meiner ersten richtigen Beziehung war es mir wichtig, dass sie nicht mit vielen Männern geschlafen hat. Heute ist das kein Kriterium mehr für mich. Damals wollte ich einer von wenigen sein und nicht einer von vielen.

Jakob: Warum eigentlich? Das Gefühl kenne ich nämlich noch ziemlich gut bei meiner ersten Freundin. Ich dachte damals, dass ich durch die Anzahl ihrer Sexpartner Rückschlüsse auf ihren Charakter und ihre Treue ziehen kann.

Max: Ich wollte als Mann immer das Gefühl haben, etwas Besonderes zu sein. Der beste Freund, der beste Liebhaber und natürlich der Beste im Bett. Wenn die Frau mit vielen Männern geschlafen hat, dann wäre ich ja nur irgendjemand auf ihrer Liste, und die Wahrscheinlichkeit würde steigen, dass ich nichts Besonderes wäre. Andererseits hätte mich die ganze Sache auch anspornen können à la »no competition, no progress«. Aber dafür war ich wohl noch nicht reif genug.

Jakob: Früher empfand ich bei der Vorstellung, dass ich mit einer Frau schlafe, die sehr viele Partner vor mir hatte, ein bisschen Ekel. So blöd das vielleicht klingen mag. Ich habe mich auch gefragt, wie sie selbst ihren Wert definiert, dass sie sich in meinen Augen so vielen verschiedenen Männern hingibt. Und welchen Wert hat dann unsere Zweisamkeit? Auf die Idee, dass Sex ihr einfach nur Spaß macht und sie ihn deshalb hat, kam ich nicht.

Max: Schon irgendwie pervers, die Gedanken, die einen beschäftigen. Und davon hatte ich einige. Mich begleitete das Gefühl, dass etwas von jedem Kerl noch in ihr steckt. Als ob sich mein Samen mit dem der anderen vermischt und daraus ein Kind mit hundert Vätern wächst. Bis heute ist es so, dass mich ein unwohles Gefühl beim Gedanken an Sex mit einer Frau überkommt, die exorbitant viele männliche Geschlechtspartner hatte. Obwohl ich weiß, dass es rein logisch absoluter Blödsinn ist und jeder sich sexuell frei entfalten soll. Von daher würde ich mir fast wünschen, dass mir meine Frau bzw. neue Partnerin die Wahrheit verschweigt oder schönrechnet. Vielleicht streichen manche einfach eine Null und gut ist.

Jakob: Was wäre denn für dich viel bei einer 20-, 25- oder 30-jährigen Frau?

Max: Das lässt sich für mich schwer definieren. Oft ist es auch der Umgang der Frau mit dem Thema und nicht ausschließlich die Anzahl. Aber wenn ich hier pauschal werden soll: Aus meiner Erfahrung ist eine Frau sexuell sehr umtriebig, wenn sie auf zwei Sexpartner pro Lebensjahr kommt.

Jakob: Und dürfen Männer mit mehr Frauen geschlafen haben, ohne umtriebig zu sein? Eine alte, klischeebehaftete Frage.

Max: Ich denke, auch wenn von einigen Männern in meinem Umfeld manchmal ein etwas anderes Bild gespiegelt wird, sollte es hier eine völlige Gleichberechtigung geben.

Jakob: Ich sehe das genauso – theoretisch zumindest. Ein paar Beispiele aus meiner Vergangenheit lassen mich daran zweifeln, dass ich das in der Praxis auch so sehe. Meine Gedanken könnten da noch mehr vom Klischee befreit werden.

Ich hatte letztens ein Gespräch mit einem Musiker und seiner Frau, von der das Gerücht umgeht, dass sie mit der halben Mannschaft eines Fußball-Erstligisten geschlafen hat. Ihr Mann schrieb in seiner eigenen Autobiografie, dass er mit über 500 Frauen Sex hatte. Gedanklich blieb ich länger bei der Frau hängen.

Ein anderes Beispiel: Eine Bekannte von mir hat gefühlt mit so ziemlich jedem namhaften deutschen Indiekünstler geschlafen. Als ich mir vorstellte, dass sie meine Freundin werden sollte, war der Gedanke an die Sexpartner ein gefühltes Minus. Ich glaube aber, Frauen geht es da ähnlich, wenn der Mann mit vielen Frauen Sex hatte.

Trotzdem bin ich nicht ganz genderbefreit. Im Klartext: Ein Teil in mir sagt zu dem Mann, der sich für eine Frau entschieden hat, die mit sehr vielen Männern Sex hatte: Sie ist nicht wirklich etwas Besonderes, weil sie ja schon mit sehr vielen Männern Sex hatte. Bei Männern entsteht nicht selten ein umgekehrtes Bild, das sagt: Trotz seiner vielen Sexpartnerinnen entschied er sich für diese eine Frau. Sie muss etwas ganz Besonderes für ihn sein. Völliger Bullshit, und ich merke, wie diese Gedanken langsam abklingen.

Max: Es hat immer etwas Überhebliches, wenn einer Frau abgesprochen wird, Sex aus reinem Spaßgewinn zu haben. Das gilt auch umgekehrt. Aus eigener Erfahrung weiß ich natürlich, dass Sex nicht nur zur reinen Druckentladung dient, sondern auch der Schaffung einer emotionalen Verbindung. Vielleicht ist das Verhältnis zwischen Mann und Frau nicht gleich verteilt. Frauen schreibe ich im Allgemeinen einen größeren emotionalen Bezug zu ihrer Sexualität zu.

Ich habe es immer wieder erlebt, dass sich Frauen erst auf mich einlassen mussten, bis es zum Sex kam. Und dann hat es noch mal eine Weile gedauert, bis er auch gut wurde. Wenn ich mir überlege, dass die Frau diesen Prozess jedes Mal durchleben muss, stellt sich für mich die Frage, wie das zusammengeht, eine Frau und viele Sexpartner. Ich unterstelle dann gerne, dass sie emotional nicht ganz bei sich sind und sich für den Sex von sich abgekoppelt haben. Aus meiner Erfahrung ist das bei Männern oft nicht so, oder sie sind in der

Regel emotional weniger verbunden, und deshalb fällt es einfach nicht auf.

Jakob: O Gott, ich höre hier schon die empörten Femen. Ich glaube aber, in jedem Fall ist es erst mal wichtig, das auf den Tisch zu legen, was innerlich in einem rumspukt, bevor es bewertet wird. Erst dann kann offen darüber diskutiert werden. Für mich kommt oftmals zu schnell die Bewertungsklatsche mit Verboten, und das führt in der Regel eher zum Verschluss als zum offenen Dialog.

Die Frage ist für mich immer: Woher kommen diese Bilder und Vorstellungen? Ist es ein gesellschaftlich geprägtes Bild, oder entspringt es der eigenen Erfahrung? Vielleicht lässt auch die Prägung, die ich erfahren habe, mich die Welt durch eine bestimmte Brille sehen. Ich merke, wie die Frage nach den Sexpartnern immer mehr an Relevanz verliert. Wenn sie darüber reden möchte, gerne, aber es ist keine Frage, die mich in einer Partnerschaft beschäftigt.

Max: Kennst du das etwas andere »Schlüssel-Schloss-Prinzip«? Ein Schlüssel, der in viele Schlösser passt, ist ein Generalschlüssel. Ein Schloss, das sich von vielen Schlüsseln öffnen lässt, ist kein Schloss.

Jakob: Müssen Frauen Schlösser sein?

Max: Nein. Wenn ich eine Frau mag oder sogar liebe, ist mir der Mensch wichtig, und sie ist zu dem Menschen geworden, der sie ist – durch die Erfahrungen, die sie gemacht hat.

OHNE HAPPY END – PORNOS
IN DER BEZIEHUNG

Jakob: Mittlerweile ist es das Normalste auf der Welt, Pornos zu gucken. An der University of Montreal sollte mal eine Studie durchgeführt werden, die das Verhalten von Männern, die Pornos konsumieren, und solchen, die es nicht tun, vergleicht. Die Studie konnte nicht durchgeführt werden, weil nicht genug Teilnehmer gefunden werden konnten. Du kannst dir denken, an welcher Gruppe es gescheitert ist. Laut einer Umfrage sehen hierzulande 76 Prozent der 18- bis 35-jährigen Männer regelmäßig Pornos, und dagegen sind es nur 32 Prozent der Frauen. Ich denke, die Dunkelziffer ist höher, gerade bei den Männern. Kurz gesagt: Fast alle Männer, bei denen der Säbel noch halbwegs steht und die nicht fragen, wann das Internet aufmacht, schauen regelmäßig Pornos.

Max: Männer, die keine Pornos gucken, gibt es nicht. Dazu braucht es keine Studie und auch keinen empirischen Beweis. Wenn ein Mann sagt, er habe noch nie einen Porno gesehen, dann glaube ich ihm nicht. Daraus entsteht für viele der Eindruck, dass Männer selbstverständlich Pornos schauen. Für einige Frauen ist das Thema noch ein Tabu. Aus eigener Erfahrung weiß ich, dass Pornos oft nicht für Frauen gemacht sind und Frauen dort in der Regel stereotypisiert und unterworfen werden. Schaust du Pornos?

Jakob: Ich versuche, es zu vermeiden. Im Moment konsumiere ich keine Pornos, aber manchmal übermannt es mich, und dann fahre ich mir für eine Woche wieder Filme rein. Ich will es nicht mit einer Heroinsucht vergleichen, aber die Prozesse, die im Gehirn ablaufen, sind recht ähnlich. Zum einen kommt es zur Endorphin-Ausschüttung, und zum anderen, ganz ähnlich wie bei einer Heroinabhängigkeit, schrumpft durch Pornokonsum unser Striatum. In dieser Hirnregion sitzt unser Belohnungszentrum. Ein weiterer Faktor ist, dass – ähnlich wie bei anderen Substanzmissbräuchen – regelmäßige Viewer auch so etwas wie eine Pornoresistenz entwickeln. Das heißt, um die gleiche sexuelle Erregung im Gehirn zu erzeugen, müssen die Bilder von Mal zu Mal härter werden.

Das ist zwar ein schleichender Prozess, aber wer mal vergleicht, womit er vor zehn Jahren als Porno-Neuling angefangen hat und was er jetzt konsumiert, wird ziemlich wahrscheinlich einen Unterschied feststellen. Pornos sind eine der größten Süchte weltweit. Wer es nicht glaubt, kann das bei sich selber ziemlich leicht testen. Schau mal für einen Monat keine Pornos. Das ist gar nicht so einfach.

Max: Allerdings! Und der Unterschied des Pornokonsums zwischen Singles und Menschen in einer Beziehung ist auch nicht so groß. Es ist durch die leichte Verfügbarkeit immer wieder sehr verlockend, Pornos zu konsumieren. Pornos spielen bei jedem Mann in seiner Sexfantasie eine mehr oder weniger große Rolle. Allen ist bewusst, dass echter Sex nur wenig mit Pornos zu tun hat, und trotzdem schwirren einem die Fantasien durch den Kopf.

Ich hatte mal eine Freundin – ganz zu Beginn meiner Erfahrung mit Frauen –, die mich fragte, ob ich Pornos gucke. Ich musste das natürlich bejahen, und sie wollte daraufhin einen mit mir zusammen schauen. Bei der Recherche zum geeigneten Film wurde mir das erste Mal bewusst, wie ich Pornos gucke – nämlich gar nicht. Anstatt sich gemütlich hinzusetzen, zappte ich mich durch die einzelnen Szenen, um schnell meine Sache zu erledigen und den Porno dann auszumachen.

Ich fand schließlich einen Porno, von dem ich glaubte, dass er auch ihren Geschmack halbwegs traf. Das war im Übrigen gar nicht so leicht. Als ich dann ein paar Tage später den Rechner mühselig am Bett aufgebaut hatte und auf Play drückte, war die Enttäuschung groß. Schon nach ein paar Sekunden war sie so angewidert, dass ich meine restlichen Fantasien für den Abend an den Nagel hängen konnte. Ich habe mich lange gefragt, warum ihre Reaktion so heftig ausfiel. Heute weiß ich, dass es mit der Verrohung des Frauenbilds zu tun haben muss. Die devote Haltung und die männervergötternde Einstellung waren für sie mehr als abtörnend.

Jakob: Verständlicherweise. Diese Bilder können sich auch nur Männer ausdenken – und Sasha Grey. Vielleicht würde die Freundin von Julian weniger damit ein Problem haben, wenn nicht genau das ihr Bild von Pornos wäre.

Was ich mich frage, ist: Wie verändern sich mein Bild von Frauen und meine sexuellen Fantasien durch den Konsum von Pornos? Ich weiß, dass wir da bei einer Huhn-Ei-Diskussion sind. Was war zuerst da: Meine sexuelle Fantasie, die mich veranlasste, genau diesen Porno anzuklicken, oder wurde meine Fantasie durch die visuelle Erfahrung in die Richtung gelenkt?

Prinzipiell glaube ich fest daran, dass sich unsere Wahrnehmung von Frauen verändert, wenn wir Pornos konsumieren. Frauen werden mehr und mehr zu dem, was sie in den meisten Pornos sind: nymphomanische Sexobjekte, die es in jeder Körperöffnung so groß und so hart wie möglich brauchen. Auch ein Grund, warum ich Pornos meide.

Ein weiterer Grund: Sie mindern den eigenen Antrieb. Gerade als Single. Da stellt sich an so manchen Abenden die Frage, ob man heute noch in eine Bar geht und damit womöglich eine potenzielle neue Partnerin trifft. Im inneren Dialog denkt man dann bei sich: Ja, ich gehe noch raus, nachdem ich mir kurz noch mein eigenes Süppchen gekocht habe. Zehn Minuten später ist dann die Lust verflogen, und damit auch der Antrieb, noch unter Leute zu gehen. Man bleibt alleine auf der Couch.

Aber nicht nur als Single nimmt Pornokonsum Einfluss auf dein Leben. Ich glaube, auch die Wünsche an die Freundin verschieben sich. Durch die Porno-Überstimulierung kann die Lust auf die Freundin stark abnehmen.

Max: Den Antriebskiller Porno kenne ich sehr gut. Ich hab das einige Male erlebt. Eigentlich war ich mit meinen Kumpels verabredet, um noch um die Häuser zu ziehen. Nach einem kurzen digitalen Quickie war der Hörer am Ohr und die Absage ausgesprochen. Wusstest du, dass der brasilianische Nationaltrainer seinen Spielern vor einem Endspiel Sexverbot erteilte? Alle Frauen der Spieler hatten Hausverbot. Da sie das Spiel anschließend verloren hatten, kann man sich denken, was in der Nacht passiert ist.

Ein anderer Klassiker ist der berühmte Trick, das einäugige Orakel zu befragen, ob noch Gefühle für die Exfreundin vorhanden sind. Wenn man nach der Befragung noch Bock auf sie hat, ist es wohl mehr als nur die Sehnsucht nach körperlicher Nähe. Trotzdem existiert ein Unterschied zwischen Masturbieren mit der eigenen Vorstellungskraft und Pornos. Letztere haben genau das bei mir gemacht, was du beschrieben hast, Jakob. Meine Libido in der Beziehung wurde verringert. Vielleicht hat das die Freundin von Julian mitbekommen, und dann ist ihre Eifersucht nicht ganz unberechtigt. Meinen Pornokonsum habe ich daraufhin verringert, aber hin und wieder werde auch ich schwach, einfach weil es so simpel ist, an den Stoff zu kommen.

Jakob: Ganz klar. Der leichte Zugang zu Pornos verführt dazu, sich schnell mal einen runterzuholen. Bei Julians Freundin kommt vielleicht wirklich ein Gefühl von Eifersucht auf. In manchen Fällen vergleichen sich Frauen mit den Akteurinnen in Pornos. Und nicht unwesentlich ist dann für sie die Frage: Findet er die Darstellerinnen heißer als mich? Gepaart wird das meistens mit einer übergeordneten Moralinstanz und der Frage: Wo fängt das Betrügen an? Letzteres dient eigentlich nur dazu, ihre Gefühle im gesellschaftlichen Kontext zu legitimieren.

Wenn Julian nicht auf seine Pornos verzichten möchte, könnte er sie abholen und ein offenes Gespräch mit ihr führen. Er sollte ihr mittteilen, wie er sich mit ihr verbunden fühlt und was Pornos mit ihm machen.

Die meisten Frauen können ziemlich klar zwischen rein körperlicher Anziehung und Anziehung auf Herzensebene unterscheiden. Dadurch, dass Frauen nicht so stark mit Pornos sozialisiert werden, ist das für sie meist ein fremdes, anrüchiges Feld. Es hat für sie etwas Schmutziges, und die »dunkle« Anziehungskraft, die die eingeölten Darstellerinnen auf Männer haben, kommt bei ihnen als Machtlosigkeit an. Wenn Julian ihr aber erklären kann, dass diese Bilder keinen emotionalen Einfluss auf ihn haben, ist vielleicht der schlimmste Stachel schon gezogen.

Max: Bist du wirklich der Meinung, dass Betrügen schon bei der Selbstbefriedigung mittels Pornos anfängt? Das finde ich etwas übertrieben. Dann würde ich in meiner aktuellen Beziehung fremdgehen. Da wird auch sofort die Erinnerung an meine Ex Saskia wach. Saskia hatte starke nymphomanische Züge, und wenn ich abends zu spät von der Arbeit nach Hause kam, war sie schon so bedient von mehreren Selbstbefriedigungssessions, dass es nicht mehr zum Sex kam. Aber hintergangen habe ich mich nicht gefühlt. Irgendwie hatte die Vorstellung daran für mich auch etwas Anregendes, und auf meine Kosten bin ich trotzdem zur Genüge gekommen.

Rücksicht auf die Partnerin ist sehr wichtig, aber ich denke nicht, dass ein halbwegs sexuell aufgeklärter Partner Pornos konsumieren als Fremdgehen betrachtet. Ich würde da eher einen anderen Vergleich heranziehen: Wenn man sich zum Beispiel vorgenommen hat, gemeinsam essen zu gehen, und der eine dann aber schon satt ist, weil er vorher zu viel gesnackt hat.

Jakob: Für mich ist Pornokonsum keineswegs Betrügen. Ich glaube aber, dass es ein Thema für Julians Freundin sein könnte und einer der Hauptauslöser für den Konflikt. Für mich stellt sich die moralische Frage nach Betrug nicht. Das müssen beide für sich definieren, und das kann in jeder Beziehung anders sein. Viel wichtiger ist: Was macht es mit ihrem Sexleben? Wie würde er seiner Freundin beim Sex begegnen, wenn er keine Pornos konsumierte?

Max: Diese Frage kann er ja mal im Selbstversuch ausprobieren – und wenn er schon dabei ist, kann er gleich noch einen »NoFap«-Monat hinterherlegen. Die »NoFaps« sind so etwas wie die Anonymen Alkoholiker für Pornokonsumenten. Sie entziehen sich jeglicher digitalen Erotik und befriedigen sich auch nicht mehr selbst. Die Erfahrungsberichte sind wirklich heftig. Von »Ich objektiviere Frauen nicht mehr« bis hin zu »Ich habe endlich wieder gute Laune« ist alles dabei. Da Julian höchstwahrscheinlich kein anonymer Pornoholiker ist, wird die Erfahrung nicht diese Ausmaße annehmen. Aber vielleicht verändert sich etwas in ihm. Ich denke schon, dass sein Bedürfnis nach Sex mit seiner Freundin gerade am Anfang steigt. Das wird sich aber auch wieder normalisieren.

Für mich liegt das Geheimnis wie immer in der diplomatischen Mitte. Ab und an mal zu einem Porno masturbieren ist völlig unproblematisch, vorausgesetzt, du hast weiterhin Lust auf deine Freundin. Wenn dir vom Pornokonsum aber regelmäßig die Lanze bei deiner Freundin abschmiert, würde ich die Filmchen mal weglassen und schauen, wie es sich entwickelt. Offene Gespräche führen über Bedürfnisse und Vorlieben beim Sex ist sowieso immer gut. Wer weiß: Vielleicht findet dann der beste Porno im eigenen Bett statt.

Jakob: Ich glaube auf jeden Fall, dass es gut ist, die Entscheidung unabhängig von der Freundin zu treffen. Sie wird nicht glücklicher werden, weil er keine Pornos mehr schaut und sie nicht mehr eifersüchtig sein muss. Eifersucht ist in dem spezifischen Fall ein Thema, das ihr gehört. Die beiden erfahren aber mehr Glück in der Beziehung, wenn sie ihre Fantasien in ihr gemeinsames Sexleben integrieren können.

Die viel wichtigere Frage ist aber: Will man zulassen, dass Pornos überhaupt einen Einfluss auf das eigene Leben haben? Ist die kurzfristige Befriedigung es wert? Entspricht der Porno-Sex auch dem, worauf man selbst Bock hast? Das muss jeder für sich selbst beantworten.

1. Küssen fühlt sich auch nach Monaten so an, als ob man mit einem Sportwagen über Kopfsteinpflaster fährt.

2. Man findet seinen Partner nicht lustig.

3. Sobald der Partner anfängt zu reden, wird man schlagartig müde.

4. Wenn er/sie in der Gruppe etwas von sich gibt, ist es einem peinlich.

5. Während man auf Bioläden und Natur steht, ist der Partner auf PS-Boliden und Koks.

6. Alter Klassiker: Man kann den Partner ganz wortwörtlich nicht riechen.

7. Der Partner ist emotional flach wie der Balaton, während man sich schon seit Jahren mehr intellektuelle Tiefe wünscht.

8. Der Partner übt dieselbe sexuelle Anziehungskraft aus wie eine Tankstellenbockwurst auf einen Veganer.

9. Man hat das Gefühl, nichts, aber auch gar nichts in der Partnerschaft dazuzulernen.

10. Man denkt nicht an eine gemeinsame Zukunft.

11. Das Bauchgefühl sagt einem schon lange insgeheim: Das hier passt einfach nicht.

DAS GEMEINSAME NEST UND SEINE DORNEN – VOM ZUSAMMENZIEHEN

Jakob: Jürgen von der Lippe meinte mal, dass das Kohlebrikett in seinem Beziehungsofen die getrennten Wohnungen sind. Und das Feuer schürt er immerhin schon seit fast vierzig Jahren.

Für immer alleine wohnen kann ich mir nicht vorstellen. Irgendwann kommt einfach der Punkt, ab dem man mit seiner Partnerin zusammenleben möchte. Entweder weil man eh schon die ganze Zeit in einer Wohnung ist oder weil man mehr Zeit miteinander verbringen möchte. Wie war das bei dir?

Max: Ich habe schon mehrmals zumindest teilweise mit einer Frau zusammengelebt. Aktuell lebe ich ja schön spießig im Reihenhaus mit meiner Freundin und Kind zusammen, und das läuft seit sechs Jahren eigentlich ziemlich gut. In einer langen, ernsthaften Beziehung überlegt man nach einer gewissen Zeit fast automatisch, ob man zusammenziehen soll und welches der richtige Zeitpunkt ist.

Jakob: Den einen richtigen Zeitpunkt gibt es für mich in dem Sinne nicht. Egal, ob du zwei Monate zusammen bist oder acht Jahre. Schiefgehen kann es immer, und wenn man recht früh zusammenzieht, weiß man auch früher Bescheid, ob es nicht passt.

Max: Zusammen wohnen fordert aber auch ein gewisses Maß an Toleranz, das nicht selten durch Liebe getragen wird, und Liebe braucht – anders als verlieben – Zeit zur Entfaltung. In einer Liebesbeziehung ist der Partner eher bereit, gewisse Dinge vom anderen zu akzeptieren. Mal abgesehen von der Rosa-Brille-Phase. Da ist eh alles super.

Jakob: Das Thema Zusammenziehen hat mir schon oft meine Luftröhre auf Strohhalmgröße schrumpfen lassen. Ich leide nicht am Lonesome-Wolf-Syndrom, trotzdem ist mein Zuhause schon immer mein Rückzugsort gewesen – und dieser ist gefühlt eingeschränkt, wenn eine Person mit einer Erwartungshaltung dort auf mich wartet.

So richtig zusammengewohnt habe ich auch erst zwei Mal. Beide Male hatte sie gefragt. Und beide Male wurde ihre wohlige Geste des Beziehungs-Commitments von meiner Angst überschattet. Angst, dass ich meine Freiheit verliere, das zu machen, worauf ich wirklich zu Hause Bock habe. Was dem Wolf sein Wald, ist dem Mann seine Wohnung. Und wenn da auf einmal eine Fläche gerodet wird, um ein schönes Kommödchen hinzustellen, ist es nicht mehr dasselbe, das war zumindest bei mir jedes Mal so. Hat dir das jemals Angst gemacht? Das Zusammenziehen? Oder warst du einfach nur in freudiger Erwartung?

Max: Zusammenziehen war für mich immer angstbesetzt. Aber ich denke, dass es noch mal ein Unterschied ist, wenn man zu jemandem zieht, als sich zusammen eine neue Wohnung zu suchen. Die zwei Mal, als ich bei einer Frau eingezogen bin, hatte ich immer das Gefühl, ich bin hier zwar nur

Gast, kann aber machen, was ich will. Vor allem hatte ich das Gefühl, ich könnte auch jederzeit wieder gehen, und deshalb blieb die Freiheit in mir lebendig.

Anders ist es, wenn die Frau zu einem zieht. Das hatte ich zwar selbst nie, aber allein der Gedanke daran löst bei mir Beklemmungen aus. Du hast schon recht, wenn du vom Wolf sprichst. Obwohl: Für mich war meine Singlewohnung eher wie eine Bärenhöhle. Nur meins und keiner durfte rein. Klar, ein kurzer nächtlicher Besuch war in Ordnung, aber nichts von Dauer. Die Vorstellung, jemanden von meinem Tellerchen essen zu lassen oder in meinem Bettchen schlafen zu sehen, kam mir nicht in den Sinn.

Aus eigener Erfahrung kann ich sagen, dass der dritte Fall, das wirkliche Zusammenziehen, also sich eine gemeinsame Wohnung zu suchen, ein ganz anderer Prozess ist. Ich war mir zu dem Zeitpunkt sicher, dass ich zumindest einen längeren Teil meines Lebens gemeinsam mit meiner Freundin verbringen will. Sich zusammen für eine Wohnung zu entscheiden und diesen Prozess gemeinsam zu gestalten ist als Paar dann auch bewusst und gewollt und kann eine schöne Aufgabe sein.

Jakob: Definitiv. Zusammen auswandern in einen neuen Lebensraum ist, denke ich, die gesündeste Form.

Das erste Mal, dass ich mit einer Frau zusammengelebt habe, bin ich aus der Not heraus zu ihr gezogen. Meine damalige Wohnung wurde umfassend renoviert, und ich bin dann zu ihr in ihre Einzimmerwohnung. Ich hatte nur einen Koffer dabei, und alles war für mich wie im Hotel, nur dass der Zimmerservice auch das Sagen hatte. Beim zweiten Mal ist meine Freundin zu mir gezogen. In meine Einzimmerwohnung. Da ich damals minimalistisch wohnte, war noch reichlich Platz, um ihre IKEA-Bausteine tetris-like neben meine zu manövrieren. Plötzlich war die Wohnung zum Platzen voll.

Klar ist, dass Einraumwohnungen die Endgegner des Zusammenlebens sind. Das fängt beim Telefonieren mit Freunden an. Obwohl man keine bis wenig Geheimnisse voreinander hat, will man ja nicht, dass die Partnerin alles mithört. Und Ordnung war auch ein Thema. Ich war nicht wirklich glücklich mit ihrem Ordnungssinn. Ich habe mich auch daran gestört, dass auf einmal alles so voll war. Obwohl ich mich daran schneller gewöhnte als an die Unordnung. Vielleicht ist das tatsächlich anders, wenn man zusammen neutralen Grund bezieht und alles zusammen definiert. Du bist ja in ein spießiges Reihenhaus gezogen und konntest das Feld frisch beackern.

Max: Ja, Ordnung ist der Klassiker unter den Streitthemen. Und bei mir ist es genau umgekehrt. Als ich von meiner Rolle als »perfekter Freund« langsam losließ, erinnerte ich mich wieder zurück, wie wenig ich brauche, um glücklich zu sein, und daran, wie tief meine Messlatte in Sachen Ordnung im Haushalt ist. Da schaukeln sich in meiner Beziehung regelmäßig die Emotionen hoch. Danach gibt es auch keinen Versöhnungssex, da jeder in seine eigene Welt mit seinen eigenen Bedürfnissen zurückgekehrt ist und sich da seine Rechtfertigung zurechtlegt.

Ich denke, jeder Mann hört in einer festen Beziehung immer wieder den Ruf der Freiheit. Sich nichts sagen lassen zu wollen. Das überlagert sich bei mir manchmal mit dem Wunsch meiner Freundin, ein schönes gemeinsames Nest zu haben, und daraus resultiert Streit. Dieses Muster lässt sich auf viele Situationen übertragen, und man muss aufpassen, einen sauberen Weg da heraus zu finden.

Dem Ruf der Freiheit gehe ich mit Urlauben und Roadtrips allein oder mit Freunden nach. Dem Ruf der Sauberkeit mit einer Haushaltshilfe. So kann ich mein Gefühl, nichts tun zu müssen, ausleben, und die Frau hat ein sauberes Nest.

Jakob: Wie war der Prozess davor? Die ersten Schritte, das gemeinsam eroberte Territorium einzurichten?

Max: Für mich war es ätzend. Etwas, das ich in diesem Leben nicht noch mal erleben möchte. Es gibt einige Schreckensszenarien, die mich noch immer schweißgebadet nachts aufwachen lassen. Ich denke dabei nur an die Einrichtung der Einbauküche. Ich glaube, es gibt keinen langweiligeren Job als den des Kücheneinrichters. Sobald ich gemerkt habe, das läuft alles auf reine Geschmacksfragen hinaus, habe ich mich da ganz rausgezogen.

Meine Freundin hat sich dann allein um die Einrichtung gekümmert. Ich habe mir nur bei stilistischen Verirrungen ihrerseits ein Veto-Recht vorbehalten, damit ich am Ende mit dem Resultat gut leben kann.

Wenn eine Frau möchte, dass ihr Mann beim Einrichten bei der Stange bleibt, sollte sie sich gleich am Anfang ein paar grausame geschmackliche Fehltritte leisten. Das hält wach.

Ich verstehe jetzt auch, wieso sich reiche Leute Innenarchitekten und Ausstatter suchen.

Jakob: Wenn ich dich so höre, tritt mir das Bild eines bierbäuchigen, auf der Couch sitzenden Fettwansts vor Augen, der aufgrund seines alles dominierenden Interesses für das Tagesprogramm von RTL2 seiner Frau das Feld überlässt.

Ich glaube, solche Situationen sagen auch was über die Beziehungsstrukturen aus. Wer entscheidet über die Einrichtung? Bei mir war das schon immer eine Sache, an der ich gerne beteiligt bin – und von der Gewichtung her lieber mehr als weniger. Es sei denn, meine Freundin wäre Innenarchitektin, und in Sachen Style käme ich eh nicht an sie heran.

Max: Natürlich war es für mich wichtig, Entscheidungen gemeinsam zu treffen. Aber es gibt einfach unterschiedliche Gewichtungen. Ich kann zum Beispiel meiner Freundin beim Kochen nicht das Wasser reichen, darum habe ich ihr auch bei der Gestaltung der Küche das Feld überlassen.

Der entscheidende Schritt ist aber am Ende nicht das Zusammenziehen, sondern das Zusammenleben. Du weißt ja, da wo Hollywood aufhört, fängt die Wirklichkeit an. Im Alltag bei den alltäglichen Problemen wird es real.

Ich glaube, viele Beziehungen stolpern immer wieder in die gleiche Falle: Aus reiner Bequemlichkeit in einer gemeinsamen Wohnung zu leben sollte nie die Motivation sein. Jeder ist gefragt, auf seine eigenen Bedürfnisse zu achten. Und wenn bei dem Mann der Ruf nach Freiheit größer ist als der Wunsch nach Zweisamkeit, gilt es, dem Ruf in die Wildnis zu folgen. Aber aufpassen, nicht dass es der Ruf der Feigheit ist, der einen aus der Beziehung treibt. Da sollte man dranbleiben, weil es einen immer wieder verfolgen wird, bis man es gelöst hat.

Jakob: Deine Zweisamkeit ist doch klischeebehafteter, als ich dachte: Was machst du denn, wenn deine Freundin mal im Urlaub ist? Das ist ja wohl ein ganz billiger Trick: »Schatz, du kannst das viel besser als ich, mach du das mal mit dem Kochen, der Wäsche, dem Haushalt und so.« Das würde ich mir nicht gefallen lassen von dir.

Das Zusammenleben an sich ist vielschichtig wie ein Baumkuchen. Drum herum ist immer eine dünne Schicht Schokolade. Zartbitter ist es in diesem Fall. Und ich hasse zartbitter. Das sind für mich die oben angesprochenen alltäglichen Sachen: Unordnung. Die Zahnpasta im Waschbecken, die Haare im Ausguss, die Kleckerei in der Küche. Darunter tut sich eine sehr wichtige zweite Schicht auf, und das war eine Falle, in die ich ein-, zweimal reingeraten bin. Ich habe irgendwann die Anwesenheit meiner Freundin als selbstverständlich genommen. Ein gemeinsames Abendessen oder zwei gemeinsame Stunden auf der Couch wurden unter »Zeit verbringen« verbucht, und die »Dates«, die wir hatten, bevor wir zusammenlebten, blieben auf der Strecke. Für mich war das völlig okay. Ich hatte ja genug Dates mit meinen Kumpels, aber meine Freundinnen störten sich daran.

Max: Zartbitter ist mittlerweile die einzige Schokolade, die ich noch essen kann. Vielleicht weil ich mich mit dem bitteren Geschmack, den eine Beziehung hinterlassen kann, arrangiert habe und man versuchen muss, für die Süße sensibel zu bleiben. Genau das ist die Schwierigkeit und auch die Kunst: aus den Momenten der Selbstverständlichkeit auszubrechen. Das wird mit den Jahren immer schwerer. Man muss immer wieder aufpassen, dass man nicht auf zwei Gleisen nebeneinander herfährt. Sich immer wieder daran zu erinnern, dass man mit dem Partner nicht nur aus Bequemlichkeit und gesellschaftlichem Zwang zusammen ist, und immer wieder Momente der Zweisamkeit aufleben zu lassen.

Das kann auch auf der Couch passieren. Ein wichtiger Indikator hierfür ist Sex. Wenn ich auch nach mehreren Jahren Beziehung und Zusammenleben noch Lust darauf habe, mit meiner Freundin zu schlafen, weiß ich, dass die Entscheidung, mit ihr zusammenzuleben, nicht so falsch gewesen sein kann. Oder wenn ich mich nach einem Arbeitstag auf zu Hause freue, gerade weil ich weiß, dass sie da ist und das Zuhause auch durch sie definiert wird. Oder ich gerne etwas im Haus und im Garten mache, weil ich weiß, dass ich damit unser Nest verschönere.

Das Zusammenleben hat viele schöne kleine Momente, die man nur erkennen muss.

Jakob: Ich dachte, das Sex-Fass wollten wir in einem anderen Kapitel öffnen. Aber egal. Da ist genug drin, um den Golf von Mexiko zu verölen. Sex ist definitiv das körperliche Symptom einer gut laufenden Beziehung.

Bei mir war der Sex unterm gemeinsamen Dach sehr unterschiedlich. Mit Lara lief es super, und wir hatten bestimmt zwei-, dreimal die Woche Sex, was mir in den meisten Fällen auch reicht in einer längeren Beziehung. Mit Katha ist es Stück für Stück abgeflacht. Gerade mit Anfang zwanzig habe ich Beziehungen wie einen Späti wahrgenommen, wo ich mir einfach rausgenommen habe, was ich gerade brauchte. Wenn keine neuen Produkte aufgefüllt werden, also Ressourcen, die durch Zweisamkeit entstehen, bin ich eben in einen anderen gegangen.

Wie erinnerst du dich daran, dass es keine Selbstverständlichkeit ist, dass deine Freundin mit dir zusammenwohnt? Das muss ja auch von einem selbst kommen und nicht zum Zwang werden.

Max: Indem ich an meine traurige, fast schon depressive Zeit denke. Jeder rennt doch dem hinterher, was er gerade nicht haben kann. Und auch bei mir war einmal mein Bedürfnis nach weiblicher Wärme an manchen Tagen unerträglich. Das ging so weit, dass ich nicht mal mehr Sex wollte, sondern nur jemanden, mit dem ich auf der Couch kuschelnd einen Film gucken konnte. Mich in ihren warmen weichen Brüsten vergraben, wie ein kleines Baby saugend am Busen seiner Mutter. Klingt sehr seltsam, ich weiß.

Wenn ich jetzt darüber spreche, kommt es mir auch befremdlich und sehr weit weg vor, denn zum aktuellen Zeitpunkt ist es so, dass ich mich vor meiner liebesbedürftigen Freundin auf der Couch in Sicherheit bringen muss und mir an manchem Abend nichts mehr wünsche, als allein mit mir zu sein. Darum bauen sich Männer irgendwann Hobbykeller. Unser Haus ist übrigens nicht unterkellert.

Jakob: Ja, das Gras auf der anderen Seite ist genauso verbrannt wie im eigenen Garten. Unsere zwei Welten sind wirklich meilenweit voneinander entfernt. Wenn wir Körper tauschen könnten, dann würde ich dich mal für eine Woche bei mir wohnen lassen, dass du den Geschmack des Single-Lebens und der Einsamkeit einsaugen kannst. Der wird dich ziemlich schnell auf den Boden der Tatsachen zurückbringen. Nicht, dass ich es nicht genieße. Apropos: Wäre das eigentlich Betrügen, wenn ich deinen Körper bewohnen würde und mit anderen Frauen schliefe?

Max: In meiner Fantasie nicht!

Jakob: Frag mal deine Freundin. Wie wäre es, wenn ich in deinem Körper mit ihr schlafen würde?

Max: Hmmm.

Jakob: Auf den Körper-Seelen-Tausch müssen wir noch ein paar Jahre warten, aber vielleicht wäre das die perfekte Männerlösung. Ab und zu den Lonely Wolf leben und dann wieder in die sichere Höhle einkehren. Das müsste ja auch ohne Science-Fiction gehen.

Ich habe immer das romantische Bild vor Augen, dass ich beruflich auf Abenteuern bin und spätestens Samstagnacht zurück. Am Sonntagmorgen kriechen dann die Kinder ins gemeinsame Bett, und man schläft zusammen aus. In der Realität lautet aber die Frage: »Papa, schläfst du noch?« Und – piek! – hat man einen Finger im Auge.

Max: Vielleicht schaffen wir es ja noch mal, unseren Traum wahr zu machen. Das gemeinsame Grundstück am See.

Jakob: »Und am Ende der Straße steht ein Haus am See ...«

ÜBERS VATERWERDEN

Von Max

Die Frage ist: Wo fängt das Vaterwerden an? Bei mir ging es schon los, bevor der Samen gepflanzt wurde, nämlich als wir anfingen, überhaupt laut übers Elternwerden nachzudenken. Die Gespräche sorgten einerseits für positive Gefühle in mir – die Vorfreude darauf, mit meiner Freundin den nächsten Schritt zu gehen und ein kleines Wesen zu zeugen, für das ich dann Verantwortung übernehmen wollte. Zugleich waren sie aber auch sehr belastend und einengend. Ich fühlte meine Freiheit bedroht: Sachen, die noch auf meiner Abenteuer-To-do-Liste standen, schienen gefährdet oder gar ganz gestrichen, etwa der Rucksack-Trip nach Neuseeland oder die Motorrad-Tour durch Patagonien. Sollten diese Projekte gegen Babygeschrei um drei Uhr nachts und gut gefüllte Nutella-Windeln eingetauscht werden?

Es war also schwer für mich, mich mit dieser Thematik auseinanderzusetzen. Ich spielte auf Zeit, aber meine Freundin ließ mich nicht aus der Zwinge. Die Gespräche endeten oft im Streit, und ich blockte einfach ab.

Bei meiner Freundin überwog vor allem die Vorstellung von einem kleinen süßen Baby, das ihre mütterliche Wärme und Liebe braucht. Bei mir waren es genau diese Gedanken an ein kleines Baby, die mich abschreckten. Natürlich sind Babys süß – für ungefähr fünf Minuten. Danach suche ich mir eine spannendere Beschäftigung. Nein, ein Baby wollte ich nicht.

Ich wollte eher einen selbstbewussten Sohn oder eine strahlende Tochter, die alles erreichen können, was sie sich in den Kopf setzen. In meiner Vorstellung hieß es: Durchhalten in den ersten Jahren, bis irgendwann die Erntezeit kommt, in der der Mann als Vater voll auf seine Kosten kommt. Ich sehe mich da als kleiner Junge mit meinem Vater auf dem Tennisplatz. Wie stolz er war, als ich mit dem Schläger zum ersten Mal den Ball getroffen habe. Das will ich mit meinem Kind auch, ich will stolz sein, mit breiter Brust meine Tochter oder meinen Sohn als mein Kind vorstellen.

An dem Punkt war ich allerdings noch lange nicht. Phase eins musste erst mal überstanden werden: die Zeugung.

Als Mann fühlte ich mich, wie es Deutschlands potentestem Zuchtbullen Samurai ergehen muss: Abliefern war meine einzige Aufgabe. Und genauso wie Samurai wahrscheinlich eine etwas andere Vorstellung von Erotik hat als Bauer Holgers Plastikhandschuh, war meine Vorstellung von Erotik fernab vom Zeugungssex. Der Sex wurde zum »Call of Duty«, und ich befürchtete eine nachhallende, tief traumatisierende Wirkung. Und bevor der Gedanke in mir reifen konnte, reagierte auch schon mein Körper: Ich bekam schlicht keinen hoch. Erektionsstörungen waren mir bis dato unbekannt.

Während meine Freundin zu sexueller Höchstform auflief, lag mein Lachs schlaff und bewegungslos im Netz.

Kurz dachte ich an Abhilfe mittels der kleinen blauen Wunderpille, aber bei späteren Fragen meines Kindes über seine Zeugung wollte ich nicht lügen müssen. Es brauchte einfach Zeit. Irgendwann kam die Sache von ganz allein ins Gleiten und der Druck verschwand. Die zweite Hürde ließ jedoch nicht lange auf sich warten. Meine Freundin wurde einfach nicht schwanger.

Um der Sache auf den Grund zu gehen, besuchten wir eine dieser Unfruchtbarkeitskliniken, die charmant »Fertility Center« genannt werden. Dort angekommen wurde meiner Freundin Blut abgenommen. Ich blieb unversehrt, dachte ich zumindest. Kurze Zeit später wurde ich von einem Hella-von-Sinnen-Verschnitt in einen Spezialraum geschoben, wo ich beweisen konnte, wie viel Druck ich noch auf dem Füller hatte.

Während mit meiner Freundin wenigstens noch ein Bächlein Blut den Weg in meinen Schwellkörper fand, war der Anblick von der fleischgewordenen Hella wie ein Staudamm hundert Kilometer vor dem Wasserfall in der Sahara. Es ging nichts. Jeder kennt die Situation aus Filmen, die oft als lustig gedachter Einspritzer in einer Liebeskomödie benutzt werden. Es ist exakt genauso wie im Film, aber ohne dabei witzig zu sein. An dem Tag hatte ich so viele Probleme, über mich selbst zu lachen, wie Bushido über seine Musik.

Hella ließ mich allein im Tempel der Lust, der aussah wie die Vorstellung einer Frau von männlicher Erotik. Eine schwarze Couch, die weiß Gott schon wie viele behaarte Schweißärsche gesehen hatte, eine Box mit Tüchern und anderen diversen Hilfsmitteln, die aussahen, als kämen sie aus einer drittklassigen Erwachsenenversion von Toys'R'Us. Was mich am meisten faszinierte, war die gegenüberliegende Wand, die bis auf den letzten Zentimeter mit Flatscreens zugehängt war. Darauf flimmerten knallharte Pornos. Wer diese wohl auswählte? Hella?

Mich würde an dieser Stelle auch interessieren, was Feministinnen dazu sagen würden. Denn ich fühlte mich schon etwas reduziert auf das Gehänge zwischen meinen Beinen. Es wird doch immer wieder gesagt, dass Männer nicht nur an das eine denken und Männer Frauen nicht als reines Sexobjekt wahrnehmen sollen.

Nun stehe ich hier mit meinem Becher in der Hand, sehe einer Frau beim Deepthroaten zu und wundere mich, ob wir als Männer vielleicht doch nur auf unseren Samen reduziert werden – regiert von Amazonen, die nur scharf auf das Einzige sind, das sie selbst nicht herstellen können.

Ich schüttelte kurz meine Gedanken weg, denn ich hatte hier einen Job zu erledigen. Ich setzte mich auf die Couch, öffnete die Hose und machte das, was ich über die Jahre in Pawlow'scher Routine konditioniert hatte: Ich masturbierte zu einem Porno. Was normalerweise keine zwei Minuten dauerte, entwickelte sich hier zu einem mittelgroßen Schweißbad. Am Ende des Kampfes konnte ich zumindest den Boden vom fotofilmgroßen Döschen mit meiner Männlichkeit bedecken. Mein Sperma wusste, dass ihm der Tod im Reagenzglas drohte, und hatte sich in der hintersten Ecke meiner Ampulle verkrochen.

Bei der Übergabe trafen sich für einen kurzen Moment Hellas und mein Blick, und wir wussten beide, dass alles nur Fassade war. Wir befanden uns im Auge der Matrix. Aber ich war nicht Neo, sondern ein animalisches Wesen. Wir sind alle animalische Wesen, deren Ziel es ist, sich nackt auszuziehen und schwitzend feucht aufeinanderzuwerfen, um Körperflüssigkeiten auszutauschen. Als Hella in meinen Gedanken den enganliegenden Kittel lüftete, stieß es mir sauer auf, und der Becher wäre beinahe doch noch voll geworden.

Hella durchbrach den Moment, indem sie mit einem schwarzen Stift ein paar Hieroglyphen auf den Plastikbecher zeichnete und ihn mir lächelnd zurückgab. Ich musste mich damit abfinden, dass mein Sperma in diesem Schnapsglas aus Plastik sein ganz persönliches Gorleben gefunden hatte.

Mit einem Sicherheitsabstand, der nicht vermuten ließ, dass diese Flüssigkeit noch vor wenigen Minuten meinen Körper verlassen hatte, trug ich mein Sperma in die dafür vorgesehene Folterkammer.

Auf dem Weg in das Zimmer, in dem ich stolz einem weiteren Fremden mein Werk präsentieren sollte, fragte ich mich, wer jemals diesen Becher bis oben hin vollgemacht hatte. Oder gar nach einem zweiten gefragt hat?

Ich bog in das Zimmer ein und erwartete eine barbusige Jenna Jameson, die einem bei Nichterreichen der Mindestmenge unter die Hoden griff. Ernüchternd war dann eine weiße Wand vor mir, darin eine kleine Klappe, wo ich meinem Sperma für immer Adiós sagen musste. Warum eigentlich nicht gleich so? Wozu der »Walk of Shame«?

Eine Frauenhand griff gierig nach dem Sekret. Ich verließ das »Fertility Center« auf schnellstem Wege, begleitet von der Frage, warum in diesem Zentrum eigentlich nur Frauen arbeiteten.

Zwei Wochen später waren die Ergebnisse da. Es lag nicht an mir. Mein Samen war stark wie ein Bär. Ich grinste innerlich. Es fühlte sich so an, als hätte ich den Endgegner besiegt.

Die schlechte, aber nicht allzu dramatische Nachricht war, dass meine Freundin leicht niedrige Werte hier und da hatte, diese sich aber mit ein paar Mittelchen ausgleichen ließen und der Schwangerschaft damit nichts mehr im Wege stand.

Wir machten also weiter wie bisher, und auf einmal stand der Lachs wie ein Schornstein im Sturm.

Einen Monat später auf dem Weg zur Arbeit kam der Anruf meiner Freundin, der Test war positiv. Wir würden ein Kind bekommen. Ich kann nicht mal sagen, dass ich euphorisch glücklich war. Es fühlte sich sehr surreal an. Mir kam wieder der Gedanke an den animalischen Akt, den Mann und Frau im Bett vollziehen. Dass dadurch ein neues Leben entsteht, war für mich eher befremdlich. Das Gefühl der Freude stellte sich erst nach und nach ein. Es war ja zum Glück noch ein paar Monate hin und hatte Zeit, sich zu entwickeln. Und als meine Tochter auf die Welt kam, war es voll und ganz da – und ist jetzt größer als je zuvor.

Diese Monate der Schwangerschaft werde ich als eine sehr schöne Zeit in Erinnerung behalten. Noch nie habe ich mit so einem guten Gewissen Zeit auf der Couch verbracht, eine Serie nach der anderen guckend. Man ist niemandem, nicht mal sich selbst Rechenschaft schuldig, wieso man den ganzen Tag nur abhängt. Das Heranwachsen des Babys im Bauch der Freundin ist für den Mann eine fast ausschließlich passive Angelegenheit. Klar gibt es die Momente, in denen man mal die Hand oder das Ohr auf den Bauch legt, um das Baby zu fühlen, aber wirklich als Teilnehmer fühlte ich mich nicht. Wenn das Kind dann mit Händen und Beinen gegen die Bauchdecke der Frau drückt, erinnert das auch mehr an die Szene aus dem Film »Alien«, kurz bevor das Monster ausbricht. Trotzdem war ich mit mir, meiner Frau und meinem zukünftigen Kind in einer Art Zen-Zustand. Es ist nicht so, dass ich vom Glück übermannt war, ich war einfach mit allem im spirituellen Gleichklang und rundum zufrieden.

Die Monate verstrichen, meine Freundin wurde immer dicker, bis man am Ende das Gefühl hatte, dass sie jeden Moment platzen könnte. Irgendwann stand dann fest, dass es ein Mädchen war. Wie oft geht man durchs Leben und hat die Wahl zwischen zwei Dingen, die sich gegenseitig die Waage halten, und man weiß nicht, für was man sich entscheiden soll. Wenn es um die Bestimmung des Geschlechts geht, hat man vorher das Gefühl, eher eine Tendenz zu haben. Aber als ich dann hörte, dass es ein Mädchen wird, spürte ich sofort, dass es völlig egal war, was es würde, Hauptsache es war gesund und es gehörte zu einem. Die Ultraschall-Untersuchungen und die Momente, in denen ich das Baby spüren konnte, waren die einzigen, in denen ich wirklich das Gefühl hatte, als Mann ein aktiver Teilnehmer der Schwangerschaft zu sein. Ansonsten galt eher das Motto: »Nur dabei statt mittendrin.«

Das änderte sich dann am Ende der Schwangerschaft, als es in die heiße Phase ging. Der Geburtstermin rückte immer näher, meine Freundin hatte ihren Nestbau beendet, und wir warteten darauf, dass es losging.

Es kam dann aber doch alles anders. Bei der letzten Untersuchung waren die Werte des Fruchtwassers und die Herztöne zwar noch im grünen Bereich, aber nicht mehr ideal. Also wurden wir von unserem Arzt ins Krankenhaus geschickt. Weitere Tests bestätigten die Sorgen des Arztes, und fortan wurden regelmäßig die Herztöne unseres Kindes gemessen. Es kam der Punkt, an dem entschieden wurde, die Geburt einzuleiten. War ich bis hierhin nur stiller Beobachter, fühlte ich mich schlagartig in die neue Situation hineinversetzt. Ich dachte: Jetzt ist es so weit. Das Kind kommt. Wir wussten, dass die Wehen jetzt gleich einsetzen würden, und trotzdem überraschten mich diese wie ein Schlag.

Es war einer der heißesten Tage im Sommer, und das Krankenhaus war voll mit werdenden Müttern. Eine Frau blieb mir besonders im Gedächtnis: Ich habe sie nie gesehen, aber ihr Geschrei und ihr Gefluche auf Russisch, begleitet von den beruhigenden Worten ihrer Mutter, ließen mich erahnen, worauf ich mich einstellen konnte. Beruhigend teilte mir die Schwester mit, dass diese Frau bereits seit 18 Stunden in den Wehen liege, der Mann aber nicht hier sein könne. Der Feigling, dachte ich bei mir, schön aus der Affäre gezogen.

Wir warteten weiter auf das Einsetzen der Wehen. Diese ließen nicht lange auf sich warten, waren aber lange nicht so heftig, wie die der Russin von nebenan. Eigentlich merkte meine Freundin nur einen leichten Druck, die Schwester kam herein, checkte Blutdruck der Mutter und des Kindes und auf einmal ging alles ganz schnell. Sie rief die Ärztin, die verabreichte sofort ein Gegenmittel zur Einleitung der Geburt und versuchte, uns ruhig beizubringen, dass die Herztöne des Kindes sich durch die Wehen verschlechterten. Irgendetwas war nicht in Ordnung.

Für mich wurde wieder alles surreal: Bisher war alles so problemlos verlaufen, und auf einmal spielten die Gedanken verrückt. Beim Schreiben dieser Zeilen wird mir ebenso schlecht wie damals im Krankenhaus, und den Blick meiner Freundin konnte ich damals kaum aushalten. Man kann versuchen, sich gegenseitig zu trösten, sich Halt zu geben, aber noch nie in meinem Leben habe ich mich so machtlos wie in diesem Moment gefühlt. In Gedanken sah ich mich schon wie im Film vor der Entscheidung: »Wollen Sie das Kind oder die Mutter retten?« Mir wurde bewusst, dass es darauf keine richtige Antwort geben kann. Ich schüttelte den Gedanken aus meinem Kopf, denn so weit würde es nicht kommen.

Es lief also auf einen Kaiserschnitt hinaus. Schnell wurde meine Freundin für den OP vorbereitet, ich zog Kittel, Haube und Handschuhe an, und dann betrat ich den Kreißsaal, in dem meine Freundin wie Jesus am Kreuz auf dem OP-Tisch lag. Kurz über ihrer Brust war eine Art Vorhang angebracht, der mir den Blick auf die Operation verwehrte. Ich setzte mich ans Kopfende und tauschte mit meiner Freundin hilflose Blicke aus. Ich sagte Sachen, die man in einer solchen Situation sagt, und sie nahm davon eh nur die Hälfte wahr. Als ich ihre Hand und ihre Schulter festhielt, spürte ich, wie der Arzt an ihrem Körper zog. Es fühlte und hörte sich so an, als würde man einen zu großen Fisch aus einem zu kleinen Netz herausreißen.

Kurz darauf wurde uns das blutverschmierte Alien gezeigt und dann zum Säubern und Durchchecken weggebracht. Endlich wurde es mir in die Arme gelegt. Viele beschreiben diesen Moment als glücklichsten in ihrem Leben – und ja, irgendwie war es auch so, aber es ist gleichzeitig auch sehr unwirklich und bizarr. Als ich mich im Kreißsaal umsah, meine Freundin auf dem Tisch, die Ärzte blutverschmiert und mein nach rohem Fleisch riechendes Kind auf dem Arm, dachte ich bei mir, dass dies der letzte barbarische Akt unser zivilisierten Menschheit ist, der gleichzeitig das Schönste hervorruft, was sich jeder Mensch in seinem Leben vorstellen kann.

In den ersten Tagen habe ich gar nicht realisiert, dass meine Tochter jetzt wirklich da und Teil meines Lebens ist. Ich denke, viele, die von dem Wunder der Geburt sprechen, meinen genau diesen Moment. Ich konnte es rein geistig einfach nicht begreifen. Es fühlte sich so surreal an, dass aus dem Nichts ein Leben entstehen kann. Erschreckenderweise lässt sich das Gefühl für mich am besten mit dem Tod vergleichen. Wenn ein Bekannter oder Verwandter stirbt, schafft man es erst nicht, zu realisieren, dass derjenige jetzt nicht mehr da sein wird. Es dauert ein paar Tage, bis sich dieses Gefühl tief in einem verwurzelt – und genauso ist es bei der Geburt des eigenen Kindes auch. Die Realität, die man sich erschaffen hat, muss einem erst gänzlich bewusst werden.

Die ersten Tage haben meine Freundin und ich damit verbracht, dass unsere Tochter abwechselnd bei uns auf der Brust lag. Dabei haben wir kaum miteinander gesprochen und auch nichts anderes getan, außer die Zeit zu genießen. Es gibt ein Sprichwort, das sich auf die Zeit mit Kindern bezieht: lange Tage, kurze Jahre. Meine Tochter ist noch nicht alt genug, als dass ich das bestätigen könnte, aber ich ahne schon jetzt, dass es sich bewahrheiten wird.

Alle meine Ängste, die ich vor der Geburt hatte, wichen der Sorge, nicht alles richtig zu machen. Dass es mir selbst gut geht, wurde zweitrangig, und so ist es bis heute; als Erstes muss es meiner Tochter gut gehen, damit es auch mir gut gehen kann.

So verstrichen die Tage, und dem romantischen rosa Zauber streckte sich die Realität entgegen. Ich erinnere mich noch an die Worte eines guten Freundes zu Silvester, der zu dem Zeitpunkt ein halbes Jahr Vater war: »Schlaf jetzt noch, so viel du kannst.« Ich habe es damals milde weggelächelt und dachte, so schlimm würde es schon nicht werden – nur um eines Besseren belehrt zu werden. Wie wenig Schlaf man braucht, um funktionieren zu können, erfährt man wohl am ehesten mit einem Neugeborenen, und dabei wurde ich noch verschont, da meine Freundin stillte und somit meine Möglichkeiten begrenzt waren, mich nachts um meine Tochter zu kümmern.

So schön es auch ist, sein Kind nachts bei sich im Bett zu haben, so sehr will man auch irgendwann wieder normal schlafen können. Also legte ich meine Tochter in ihr eigenes Bett und hatte meine Ruhe. So dachte ich mir das zumindest in der Theorie: Kind hinlegen, ein paar beruhigende Worte und dann schläft es. Leider sieht die Realität meist anders aus. Bisher dachte ich, ich kann von niemandem zu etwas gezwungen werden, bis ich stundenlang bis zum Morgengrauen mit meinem Kind auf dem Arm in unserer Wohnung auf und ab lief in der Hoffnung, dass sie endlich aufhörte zu weinen. Dafür wurde ich am Morgen mit dem süßesten Lächeln der Welt begrüßt, und aller Ärger war auf einmal verflogen. Ja, es ist wirklich so. Auch wenn das alle Kinderlosen niemals verstehen können.

Mittlerweile ist meine Tochter fast zwei Jahre alt, und es vergeht kein Tag, an dem ich nicht voller Stolz zusehe, wie sie jeden Schritt mit überschwänglicher Freude erlernt und im Gegensatz zu mir motiviert ist, alles Neue mit Begeisterung auszuprobieren.

Die Zeit als Vater war und ist für mich das Erfüllendste, das mir im Leben bisher widerfahren ist, und ich weiß noch, wie

sehr ich es belächelt habe, wenn ich die romantischen, senti-
mentalen Geschichten von Freunden gehört habe. Ich muss
zugeben, sie haben alle recht: Ein Kind ist die schönste Sache
der Welt.

11 GRÜNDE, WARUM MÄNNER KEINE LUST AUF SEX HABEN

1. Stress und Schlafmangel

Jakob: Mit Stress geht jeder Mann anders um. Bei mir ist es so, dass ich bei einem guten bis leicht grenzwertigen Arbeitspensum auf jeden Fall Lust auf Sex habe. Kommen aber wichtige Abgabetermine dazu, die mich geistig sehr fordern und mir Nachtschichten abverlangen, sodass sich mein Leben auf Schlafen, Essen und Arbeiten reduziert, sinkt meine Lust auf Sex stark.

Ich habe das schon öfter gehabt, dass ich mit einer Frau auf der Couch eingeschlafen bin und irgendwann von ihr aufgeweckt wurde, weil für sie eigentlich etwas anderes anstand. Für mich stand

aber nur noch an, mein Schlafdefizit auszuglei-
chen. Bei meiner Arbeit gibt es einfach Themen,
mit denen ich mich so intensiv beschäftige, dass
ich gedanklich in der Welt verbleibe. Das brauche
ich auch. Und dann spielt Sex eben keine Rolle.

2. Sex ist eine schmutzige Angelegenheit
Max: Das ist eigentlich auch nichts Schlimmes
und meistens sogar sehr geil. Aber manchmal ist
es mir zu dreckig. Man schwitzt wie ein Eber und
stöhnt sich gegenseitig an wie zwei Klavierschlep-
per, die mit einem Flügel in den fünften Stock unterwegs sind. Am Ende, wenn die Körperflüssigkeiten ausgetauscht sind, muss man sie wieder
entfernen.
Wenn meine Stimmung auf der Kippe ist, reicht
mir der Gedanke an die Schmutzigkeit des Akts
aus, um mein Glied erschlaffen zu lassen. Ich stehe
sowieso am liebsten auf sauberen Sex nach einer schönen Dusche. So nach dem Motto: Da weiß
man, was man hat.

Jakob: Schlechte Erfahrungen gemacht? Beim
ONS, wenn man die Frau nicht kennt, finde ich
auch die Frisch-geduscht-Nummer am besten,
obwohl es in der Praxis eher die »Ich habe gerade
sechs Stunden in einem abgesifften Club getanzt
und mein T-Shirt hat nicht nur meinen Schweiß,
sondern auch den von Hunderten Ecstasy-Pati-
enten neben mir aufgesogen«-Nummer ist. Wenn
ich mit einer Frau länger zusammen bin, mag ich
es bei einigen, wenn sie so ganz minimal nach
Schweiß riechen oder eben nach sich selbst.

3. Routine

Jakob: Mit manchen Frauen habe ich wenig krea-
tiven Sex, da stellt sich nach einer gewissen Zeit
eine Routine ein, die das letzte bisschen Rest-Ero-
tik erlahmen lässt. Das fühlt sich dann eher an wie
ein Teil des Zubettgeh-Prozederes. Das ist manchmal davon abhängig, wie stark ich mich von der
Frau körperlich angezogen fühle. Wenn die Anziehung von Anfang an nicht so wahnsinnig stark
ist, entwickelt sich das in den meisten Fällen auch
nicht – aber Ausnahmen bestätigen die Regel.

4. Satt durch Pornos

Max: Ein Problem, das wir schon angesprochen
haben und das ich von mir selbst kenne, ist, dass
ich manchmal zu satt bin. Zu satt, weil ich Pornos
geschaut habe. Pornos sind heutzutage so einfach
verfügbar, und es ist eine schnelle und unkompli-
zierte Sache. Die Verlockung ist ziemlich groß, und
ist erst mal der Akt mit sich selbst erledigt, sinkt
die Wahrscheinlichkeit, dass man sich noch aufmacht und mit der Freundin schläft. Hinzu kommt
das falsche Bild, das durch Pornos vermittelt wird.
Der Sex im Porno ist ein Konzentrat der eigenen
Perversion. Im echten Leben spielt er sich so nie
ab, und eigentlich bin ich auch ganz froh drum. In-
zwischen habe ich den Konsum von Pornos darum
sehr stark reduziert.

Jakob: Da bin ich auf jeden Fall bei dir. Wenn du als
Mensch dein Leben bereichern willst, mach zwei
Dinge: Verzichte auf Pornos und mach die Glotze
aus!

5. Selbstzweifel

Jakob: Gerade bei Frauen, die man besonders attraktiv findet und die man fast schon glorifiziert, kann es passieren, dass man zu viele Erwartungen an sich hat. »Die Frau hatte bestimmt schon viele gute Sexpartner. Kann ich da mithalten?« Und so weiter. Das kann schnell dafür sorgen, dass die Leistung und nicht der Spaß im Vordergrund steht. Als Mann versuche ich, mich da auf mich zurückzubesinnen: Worauf habe ich denn gerade Lust mit der Frau? Und oft ist alles eh anders, als Mann es erwartet.

6. Andere Interessen

Max: Aus der komfortablen Position, in einer festen Beziehung zu sein, kann ich sagen, dass es für mich oft einfach spannendere Dinge zu tun gibt. Sex steht in einer langen Beziehung nicht mehr so im Vordergrund, und da kann es hin und wieder passieren, dass man sich für etwas anderes entscheidet. Fahrrad fahren, zocken, lesen, Brettsport statt Bettsport. Wenn man das mit seiner Partnerin offen kommuniziert, kommt es auch nicht zu Missverständnissen, und beide können sich ihren Dingen widmen. Man sollte sich aber spätestens dann Gedanken machen, wenn auf beiden Seiten absolut keine Lust mehr auf Sex vorhanden ist.

Jakob: Ja, ja, ich weiß, wir sprechen uns nach fünf Jahren Beziehung, aber das klingt so langweilig. Ich höre auch schon deine Freundin, wie sie sich in der nächsten Frauenrunde beschwert: »Max wollte mal wieder nicht mit mir schlafen. Er liest lieber.« Als Antwort kommt dann im schlimmsten Fall ein empörtes: »Du hast ein Recht darauf, geliebt zu werden! Einen Mann zu haben, der dich begehrt! Ab jetzt hast du einen Freischein!« Das ist dann der Jackpot in Sachen Missverständnis.

7. Streit

Jakob: Versöhnungssex kennen die meisten. Ich habe in meinen Beziehungen immer gemerkt, wie gut es tut, die beim Streiten aufgestaute Energie zu entladen. So wie das auf physischer Ebene ganz praktikabel stattfindet, gibt es mir meist noch mal eine emotional-geistige Ebene, auf der ich dann wieder im Reinen bin.

Aber gerade wenn der Konflikt eigentlich unterschwellig am Köcheln ist oder ein Thema unausgesprochen im Raum steht, der Streit selbst also noch nicht stattgefunden hat, ist das ein echter Lusthemmer.

8. Die Regel!

Max: Ein monatlich immer wiederkehrender Sextöter ist für mich der rote Indianer. »Ich bin kein Seemann« und was es sonst so für Sprüche in die Richtung gibt. Ich kann und konnte dem Sex, wenn die Frau ihre Periode hat, noch nie was abgewinnen. Es gibt natürlich reichlich Männer, denen das nichts ausmacht. Für mich ist die Vorstellung daran sehr abtörnend. Ich kann mir auch nicht wirklich vorstellen, dass es für Frauen geil ist, in dieser Zeit Sex zu haben, habe aber schon oft genug erlebt, dass Frauen gerade dann besonders horny sind. Das hat sich die Natur nicht wirklich gut überlegt.

Jakob: Hätte ich von dir nicht anders erwartet, wenn man sich Punkt zwei anschaut. Und auch hier muss ich fast die gleiche Ergänzung machen. Beim ONS habe ich da keinen Bock drauf, aber in der Partnerschaft macht mir das nicht so viel aus. Dunkles Handtuch drunter und los geht's.

9. Wenn die Beziehung eigentlich am Abklingen ist
Jakob: Bei mir konnte ich das innerliche Abklingen einer Beziehung auch immer parallel zum Abklingen der Lust, die ich auf die Frau hatte, messen. Bisher bestätigten wenige Erfahrungen das Gegenteil. Vielleicht liegt es daran, dass Sex in der Beziehung auch immer eine starke emotionale Komponente hat. Die Verbindung durchtrenne ich am Ende und damit auch die Lust auf Sex. Grundsätzlich lässt sich aber bei Frauen aus meiner Erfahrung selten von Sexunlust auf das Ende einer Beziehung schließen.

10. Sex als Fortpflanzungsakt
Max: Seitdem meine Tochter auf der Welt ist, habe ich noch mal ein anderes Bild und eine etwas andere Einstellung zu Sex bekommen. Ja, Sex ist wichtig für die Beziehung und stärkt das Zusammengehörigkeitsgefühl. Aber nach der Geburt eines Kindes wurde mir bewusst, dass Sex vor allem und in erster Linie wohl der Fortpflanzung dient. Das nimmt mir als Mann auch den Druck, immer können zu müssen. Hier gilt, wenn man keine Lust

hat, einfach zurücklehnen, entspannen und genießen. Ich habe meinen Dienst ja schon getan mit meiner Tochter.

Jakob: Urbi et orbi. Du klingst wie der Papst, und ich möchte mich von dieser Aussage distanzieren. Zum einen, weil es in meiner romantischen Idealwelt noch ein Sexleben nach dem Kind gibt, und zum anderen, weil ich glaube, dass Sex auch für den Abbau von sozialen Spannungen erfunden wurde. Bonobo-Style!

11. Weil Mann einfach keinen Bock hat
Jakob: Es gibt Tage, da habe ich total Lust auf körperliche Nähe mit der Frau, aber keine Lust auf Sex. Es gibt Tage, da freue ich mich, alleine in meinem Bett aufzuwachen. Und es gibt Tage, da habe ich wenig Bock auf irgendwas. Das hat nichts mit der Frau zu tun. Da gibt es auch keinen höheren Grund. Es ist einfach keine Lust da, und entgegen dem hartnäckigen Mythos, Männer könnten und wollten immer und Frauen seien hochgradig lustvariabel, kenne ich auch als Mann diese Schwankungen.

SHARING IS CARING –
VON OFFENEN BEZIEHUNGEN

Hallo Max und Jakob,
bald fünf Jahre sind mein Freund und ich in einer Beziehung und treffen uns seit einem Jahr auch mit anderen Menschen für One-Night-Stands, als »friends with benefits« oder theoretisch auch für Längerfristiges.
Für uns passt das wunderbar, wir sind glücklich mit der Situation. Jedoch bin ich etwas verunsichert, was neue Bekanntschaften mit Männern angeht. Viele reagieren ausweichend, was meine Beziehung angeht, scheinen aber kein Problem damit zu haben, offensichtlich zielgerichtet mit mir zu flirten. Wenn ich nicht von meinem Freund erzähle, fühle ich mich unehrlich — wenn doch, entsteht oft eine unangenehme Situation. Wie soll ich am besten damit umgehen? Und warum reagieren die Männer so?
Mira (24)

Max: Wenn ich das so lese, fühle ich mich altmodisch. Ich konnte mir nie vorstellen, in einer festen Beziehung mit anderen Frauen rumzumachen. Das offiziell zu dürfen ist für mich so weit entfernt wie die Vorstellung von einem Dreier mit Alice Schwarzer und Michel Friedmann. Der Gedanke daran, meine Freundin könnte Lust auf eine offene Beziehung haben, lässt meinen Körper krampfen.

Auch wenn ich prinzipiell verstehe, dass man etwas Neues ausprobieren möchte, glaube ich nicht, dass es mir möglich wäre, ruhig zu Hause zu sitzen mit dem Wissen, meine Freundin legt gerade einen anderen flach. Für mich gibt es da im Moment kein Bedürfnis, aber hey, jeder so, wie er es braucht!

Jakob: Ich finde Miras Beziehungsmodell sehr geil. Geil im Sinne von schön. Vielleicht liegt in ihrer offenen Art und der Kommunikation darüber der Grund darin, dass sie schon recht lange zusammen und noch immer glücklich sind.

Auf biologischer beziehungsweise hormoneller Ebene nimmt die Anziehungskraft zwischen den Partnern mit den Jahren ab. In gesunden Beziehungen stopft die Liebe die sich auftuenden Löcher. Die beiden haben für sich einen Weg gefunden, der noch nicht unbedingt bei allen – oder wie es Angie sagen würde, »in der Mitte der Gesellschaft« – angekommen ist. Es muss immer Pioniere geben.

Für manche Männer mag dieses Beziehungsmodell ein bisschen befremdlich sein. Vielleicht ist es die Vorstellung, dass Mira aktuell mit einem anderen Mann schläft. Für einige könnte es aber auch die »Gewissheit« sein, dass eine Beziehung im Moment nur auf körperlicher Ebene möglich ist. Diese Ebene wird von Männern ja des Öfteren aufgesucht, aber wenn eine Zwangsreduktion darauf stattfindet, entsteht ein begrenzter Möglichkeitsradius. Einige sagen sich vielleicht innerlich: »Davon lass ich lieber die Finger«, bei anderen wird der Ehrgeiz geweckt.

Max: Ich habe Verständnis für die Datingpartner von Mira. Sich mit einer Frau die Zeit zu vertreiben, die einem ziemlich früh offenlegt, dass sie einen festen Freund hat und eine offene Beziehung führt, würde auch bei mir dafür sorgen, dass sich meine Vorhaut eng zusammenzieht. Wahrscheinlich sind die Männer, die Mira trifft, offen für ONS. Alles bekommt allerdings so ein »Geschmäckle«, wenn man erfährt, dass da noch einer im Hintergrund ist – nicht nur ein weiterer Nebenbuhler, sondern ein fester Partner. Ich frage mich, ob das auch damit zusammenhängt, dass der Mann die Frau in erster Linie erobern will. Erobern ist im klassischen Sinn nicht mehr möglich, wenn Mira von Anfang an die Spielregeln definiert und sagt, was sie will. Gerade Mann will ja immer das haben, was er nicht haben kann. Alles andere wäre einfach zu simpel.

Ich würde zusätzlich noch meine altmodischen Moralvorstellungen auf ihren Freund projizieren und mich ständig fragen, was der wohl dabei denkt.

Jakob: Mira geht es ja auch um die Ehrlichkeit gegenüber ihrem Freund. Ein Weg ist es, offen mit neuen Männern über die Beziehung zu reden. Die Frage ist: Braucht es das überhaupt? Ist das ein Wunsch von ihrem Freund oder ist es ihm vielleicht nicht so wichtig? Falls ja, ist die Frage, ob das eine Information ist, die in neuen Abenteuern erst einmal keine Rolle spielt. Aber dann spielt sie womöglich auch mit den Gefühlen der Männer …

Max: Ich finde es gut, dass sie von vornherein ehrlich ist und den Männern, mit denen sie verkehren will, sagt, dass sie eine offene Beziehung führt. Einige Männer werden darauf verstört reagieren, sei es auch nur deswegen, weil ein Mann doch insgeheim auf mehr als schnellen Sex hofft. Vielleicht nicht gleich am ersten Abend des Beischlafs, aber nach und nach. Hier bleibt nicht viel Spielraum für die Fantasie.

Jakob: Ein bisschen widersprechen wir uns auch: Ein Mann will nur Sex, aber insgeheim will er doch die Option auf Frau und Kinder. Ein Mann will alles und nichts und ständig 100 Möglichkeiten. Aber der Punkt mit der Fantasie ist durchaus wichtig und richtig. Du ziehst natürlich durch die Welt der Fantasie des Mannes sehr schnell eine Mauer, wenn du sagst: Nur Sex und mehr geht nicht. Damit kann man sich auch gleich Gedanken zur Begehrlichkeit des Mannes machen und Fragen auf den Plan rufen wie: »Warum nur Sex und mehr nicht? Bin ich nicht gut genug?« Und: »Was findet ihr Freund an ihr so toll, dass er eine offene Beziehung zulässt? Das muss eine besondere Frau sein.«

Max: Komisch, mir wäre der Satz »Was findet ihr Freund an ihr so toll, dass er eine offene Beziehung zulässt?« niemals in den Sinn gekommen. Ich hätte eher gedacht, dass die Frau dem Mann schon ziemlich gleichgültig sein muss, wenn er mit ihr eine solche Partnerschaft leben will. Wobei das natürlich für beide Seiten gilt. Inwieweit kann eine offene Beziehung zur Stärkung des Bandes zueinander beitragen?

Ein Freund von mir wurde vor Kurzem von seiner Freundin verlassen aus genau diesem Grund. Sie hatten die Absprache, dass sie sich außerhalb der Beziehung austoben darf. Das hat dazu geführt, dass aus einem dieser ONS mehr wurde. Erst war es eine Affäre und dann Liebe, für die sie meinen Kumpel verlassen hat. Die Kirsche auf dem schimmeligen Törtchen ist: Die beiden haben zwei Monate vor der Trennung teuer geheiratet und waren dabei, ein Haus zu kaufen und ein Kind zu zeugen.

In meiner altmodischen Sicht sperre ich mich gar nicht grundsätzlich gegen offene Beziehungen, wer weiß, vielleicht könnte ich das sogar selbst. Ich sehe aber die Gefahr, dass man damit die Möglichkeit, sich neu zu verlieben, erhöht. Jetzt könnte man argumentieren, dass dies auch ohne offene

Beziehung passieren kann, aber wie heißt es so schön: Gelegenheit macht Diebe. Wieso dann so etwas provozieren?

Jakob: Weil beide darauf Lust haben. Es braucht schon sehr viel Vertrauen, und man muss dem anderen eine Menge gönnen, wenn zwei oder mehrere Partner eine offene Beziehung führen. Das Glück des Partners ist einem wichtiger als der Besitz. Offene Beziehungen gehen genauso in die Brüche wie herkömmliche. Wenn etwas in einer Beziehung fehlt und ein anderer Mensch genau dieses Element von außen einbringen kann, spielt es keine Rolle, ob die Beziehung offen oder geschlossen ist.

Klar zieht dein Argument, dass man mehr potenziellen Kandidaten ausgesetzt ist, wenn man viele Menschen datet. Aber auf der anderen Seite ist ein wichtiger Trennungsgrund, der Wunsch nach anderen Sexualpartnern, schon mal eliminiert. Das ganze »Neu verlieben«-Thema scheint mehr deins zu sein als Miras.

Max: Ich versuche mich ja nur in Miras Gedankenwelt zu begeben und unterschiedliche Ansichten darauf zu entwickeln. Ich denke, Mira macht schon alles richtig. Sie geht offen mit ihrer Situation um, scheint ehrlich zu sich und ihrem Partner zu sein und macht niemandem falsche Hoffnungen. Sie muss einfach damit rechnen, dass Männer immer wieder mit Abneigung reagieren werden. Ich würde sagen: Weiter so, Mira!

Jakob: Ich tue mich selber manchmal schwer, die Dinge so offen anzusprechen, wie sie sind, weil ich Angst habe, die für mich komfortable Situation zu gefährden.

Schön, dass Mira mutig genug ist, ihre Wahrheit auszusprechen. Sich selbst treu zu bleiben ist manchmal nicht einfach, aber auf lange Sicht immer richtig.

WIE ES IST, ALS SPIESSER ZU LEBEN

Von Max

Es gab eine Sache, die ich in meinem Leben nie, unter keinen Umständen, auf gar keinen Fall wollte: so spießig zu werden wie meine Eltern. Dazu gehörte vor allem, nicht in einem Reihenhaus zu wohnen, mit Garten und Carport für den Family-Van. Jeder, der sich in der Pubertät von seinen Erzeugern abnabelt, verurteilt nahezu alles, was die eigenen Eltern zu ihrem Lebensmittelpunkt gemacht haben.

Ich wollte mitten in der Stadt leben, am besten in einer WG mit mehreren weiblichen attraktiven Mitbewohnerinnen. Ich brauchte keine trügerische Sicherheit in Form einer Immobilie, bei der man im Alltag von den Zinsen des Kredits aufgefressen wird. Ich wollte frei sein, jederzeit bereit, in die weite Welt aufzubrechen.

Ich erinnere mich noch, wie ich absurderweise neidisch war auf Freunde, die mit ihren sie allein erziehenden Müttern in einer Wohngemeinschaft lebten. Alles fühlte sich dort so ungezwungen und spontan an. Bei meinen Eltern dagegen wirkte die familiäre Routine bedrückend auf mich. Meine Mutter war die unzufriedene Hausfrau, und wir warteten auf meinen Vater, der abends erschöpft von der Arbeit nach Hause kam. Er wurde von uns freudig begrüßt, nur damit er sich eine halbe Stunde später mit von Mutter vorsorglich geschmierten

Broten vor den Fernseher setzen konnte. Ab und zu durchbrachen ernüchternde Ehestreits dieses traurige Bild, bei denen meine Mutter meist weinend das Haus verließ und mich und meinen Bruder völlig verunsichert zurückließ, nur um nach einer Stunde wiederzukommen, als wäre nichts gewesen. All das wollte ich niemals für mein eigenes Leben.

Fast forward in die Gegenwart: Heute lebe ich selbst in einem Reihenhaus am Stadtrand und bereue diese Entscheidung keine Sekunde. Unser Haus ist nicht das größte und der Garten ist zum Glück auch überschaubar, denn das Alter, in dem Gartenarbeit anfängt, das Leben zu erhellen, habe ich dann doch noch nicht erreicht.

Als ich mit meiner Freundin damals entschieden habe, ein Haus zu kaufen, hatte ich Angst. Nicht davor, wie meine Eltern zu werden, sondern davor, meine Freiheit aufzugeben. Nie wieder wäre ich in der Lage, mich einfach loszureißen und mein Ding zu machen – wobei ich das die letzten zehn Jahre auch schon nicht getan hatte. Zur Miete wohnen gibt einem vor allem in der Großstadt ein trügerisches Gefühl von Freiheit. Ich habe mich lange selbst belogen und mich in dem Glauben gesonnt, ich könnte ja, wenn ich nur wollte. Doch eigentlich hat es nur mit der eigenen Einstellung zu den Dingen zu tun und nicht mit der Wohnsituation.

Mittlerweile lebe ich seit drei Jahren in meinem Spießerheim, und keine meiner Ängste hat sich bewahrheitet. Ganz im Gegenteil habe ich das Gefühl, durch den Besitz eines Eigenheims freier zu sein als früher. Natürlich gehört das Haus noch der Bank, aber mit jeder Überweisung am Ende des Monats weiß ich, dass ich in meine eigene Tasche zahle und nicht jemandem Geld schenke, damit ich für eine gewisse Zeit seine vier Wände bewohnen darf.

Das Spießerleben führe ich mittlerweile aus Überzeugung, und nur weil man in einem Reihenhaus am Stadtrand wohnt, muss man sich nicht dem Klischee aussetzen, auch ein Spießer zu werden. Vielmehr geht es um die Einstellung zum Leben und zu seinen Mitmenschen. Das Leben ist auch gar nicht so viel anders als in einer Wohnung in der Stadt. Es gibt nervige und nette Nachbarn, aber da die Wände dick genug sind, muss ich auf diese keine Rücksicht nehmen. Das Einzige, was ich vermisse, ist, dass man nicht mal eben spontan mit Freunden in ein Café oder eine Bar um die Ecke gehen kann. Der Rest ist gleich geblieben.

Durch die eigene Erfahrung kann ich mit mehr Dankbarkeit auf das Leben zurückblicken, welches mir meine Spießereltern damals ermöglichten. Der Neid auf meine damaligen Freunde, die mit ihren alleinerziehenden Müttern in einer WG lebten, lässt sich für mich heute nicht mehr nachvollziehen. Aber wie sagt man: Der Mensch will immer das, was er nicht haben kann. Genauso erging es mir in meiner Pubertät. Als vermeintlicher Rebell idealisierte ich alles, was nicht dem Leben meiner Eltern entsprach, und wenn ich heute über den Gartenzaun mit meinem Nachbarn bei einem Bier über das Wachstum unseres Rasens spreche, bin ich froh, das Leben eines Spießers zu führen.

ÜBERS SINGLE-SEIN: DIE WAHRHEIT LIEGT IRGENDWO DAZWISCHEN

Von Jakob

Mit ein paar Unterbrechungen bin ich jetzt 33 Jahre Single. Single sein ist für mich wie die Qualität des Obstes im Supermarkt: Es schwankt. Gerade wenn es Winter wird oder ich auf Facebook Fotos von Pärchenurlauben am Strand sehe, auf denen der Mann der Frau mit dem Hacken ein verkrüppeltes Herz in den Sand gezogen hat, fühle ich mich, als ob sich eine Grippe anbahnt. Irgendetwas stimmt mit mir nicht. Irgendetwas ist falsch. Warum bin ich eigentlich Single? Ist wirklich alles in Ordnung mit mir? Will ich nicht, oder ist es tatsächlich so, dass sich nur das Fallobst für mich interessiert und die »guten« Frauen einen Bogen um mich machen?

In anderen Zeiten genieße ich das Singledasein. Wenn ich beruflich unterwegs bin und niemandem Rechenschaft schulde, wenn ich das Flexiticket ganz ausnutze und erst am nächsten Tag nach Hause reise. In solchen Nächten wandere ich durch die Straßen und schaue mir das Leben der anderen in ihren hell erleuchteten Stuck-Wohnungen an. Wie glücklich sie wohl sind? Ich jedenfalls bin als außenstehender Sonderling an diesen Tagen sehr glücklich.

Ich bin als Single glücklich, wenn ich abends erschöpft

vom Tag in mein Bett gleite und mir kein anderer Körper beim Ausstrecken den Weg versperrt. Ich bin glücklich, wenn ich keine belanglose Diskussion führen muss, etwa über die intuitive Drehbewegung meines Kopfes, wenn eine attraktive Frau im Sommer an mir vorbeigeht.

Ich bin glücklich, wenn ich für das nächste Frühjahr meine Reise nach Tel Aviv planen kann und dort machen kann, was ich will. Das gute Gefühl, ohne schlechtes Gewissen genießen zu können, wenn ich mich getraut habe, in der S-Bahn eine hübsche Frau anzusprechen.

Als Single kann ich so lange am Schreibtisch sitzen und meiner Arbeit nachgehen, wie ich möchte, ohne das Gefühl zu haben, jemanden zu vernachlässigen, außer vielleicht mich selbst.

Ich bin glücklich als Single, wenn ich in meiner Vorstellung die perfekte Beziehung führe mit jemandem, der auf mich wartet, wenn ich nach Hause komme und wir gemeinsam auf der Couch mit dem Blick über die Stadt den Abend ausklingen lassen. Wenn wir uns austauschen und ich merke, die Diskussion hat einen echten Mehrwert für mich. Wenn sie auf meinem Bauch liegt und der Rhythmus unseres Atems sich perfekt ergänzt. Mein Bauch geht rein und ihrer raus. Das Gefühl, genau am richtigen Ort zur richtigen Zeit zu sein.

In meiner Vorstellung bin ich glücklich, wenn wir laut im Auto zu Songs mitsingen und es keinem peinlich ist. Wenn ich mit ihr Sex habe, nicht nur weil ich sie geil finde, sondern weil ich sie liebe.

Und damit geht auch die Liste der »Dinge, die ich als Single vermisse« los.

Ich vermisse es, wenn ich beruflich unterwegs bin und mich niemand vermisst. Wenn ich wie ein Geächteter in den Straßen umherschleiche und weiß, es gibt niemanden, der auf meine Heimkunft wartet. Ich vermisse es, dass im Bett jemand auf mich wartet und wie eine kleine Heizdecke im Winter ist. Ich vermisse es, gemeinsam die Welt zu entdecken und durch das Gemeinsame die Erinnerung länger zu behalten. Ich vermisse es, dass mich jemand zum Leben zwingt, wenn ich mal wieder zu lange arbeite. Ich vermisse es, dass jemand eifersüchtig ist, wenn ich einer Frau auf der Straße hinterherschaue.

Ich vermisse das Gefühl, wenn ich sehe, dass sie sich hübsch gemacht hat, obwohl man den Abend zusammen auf der Couch verbringt. Ich vermisse das Gefühl, gebraucht zu werden. Ich vermisse das Gefühl, Verantwortung für einen Menschen zu tragen. Ich vermisse das Gefühl von »Wir gehören zusammen«.

Wenn man alle Singles und alle Pärchen der Welt nach ihrem jetzigen Glückszustand befragte, würden sich sicherlich ähnliche Mittelwerte ergeben. Getrieben von sozialem Druck, eigenen Vorstellungen und tatsächlichem Liebesglück landet man mit seiner Beziehungs- oder Singlekiste am Ende immer nur so weich, wie man sich bettet. Das Problem ist nur oft, dass wir dazu neigen, uns aus alten Mustern heraus lieber auf Stroh und rostige Nägel zu legen als ins weiche Daunenbett. In einer Welt, in der es immer mehr Singles gibt, muss doch die freie Wahl über den eigenen Beziehungsstatus immer leichter sein. Wenn so viele sich dafür entscheiden, Single zu sein, warum sind dann so viele Menschen unglücklich damit?

Die Wahrheit liegt wohl irgendwo dazwischen.

11 DINGE, DIE NACH EINER TRENNUNG HELFEN

1. All die Dinge machen, die in der Partnerschaft nicht erlaubt waren

Im Bett essen, abends vor der Playsi versacken, sturzbetrunken nach Hause kommen – you name it. Gib deinem alten Prä-Beziehungs-Ich ein lautes High Five.

2. One-Night-Stands

Nicht besonders innovativ, nicht besonders edel, und meistens ist der Sex auch nicht besonders großartig, aber es hilft, um das eigene Selbstbewusstsein vor dem Vertrocknen zu retten. Und Spaß macht es ja dennoch.

3. Gute Gespräche mit Freunden führen

Will heißen: sich nicht vergraben. Die Gefühle nicht verdrängen, sondern in Worte fassen und aussprechen. Wieder und wieder. Bis es weniger wehtut. Das erfordert Geduld bei den Freunden und Mut von dir, aber es ist jede Überwindung wert. Am Ende ist es wie ein Stöpselziehen, und irgendwann ist die Badewanne der Trauer leer.

4. Die Ex-Partnerin bei Facebook löschen, damit man sie in ihrem neuen Leben nicht sehen muss

In Zeiten von Social Media ein wichtiger Schritt der Abnabelung. Entfolge sie auf allen Kanälen und komm ja nicht auf die Idee, nachts besoffen nur mal kurz ihren Instagram-Account zu checken.

5. Der Tanzkurs, die Yogastunde, Fallschirmspringen: Dinge tun, die man schon immer mal machen wollte

Du hast jetzt die Gelegenheit, eine neue Seite von dir zu entdecken. Nutze sie und leb das aus, was du bisher nicht ausleben konntest oder wolltest. Entwickle dich weiter, fordere dich heraus und wandle den Schmerz über die Trennung um in die Energie, selbstbestimmter zu werden. Die Zeit ist da.

6. In den Urlaub fahren

Tapetenwechsel tun gut. Andere Orte, andere Menschen, besseres Wetter, keine Alltagspflichten. Gönn dir! Vor allem die Ruhe, die es braucht, um emotional loszulassen. Das bedeutet nicht, dass du vor dem Trennungsschmerz davonläufst,

sondern dass du aus der Distanz Dinge klarer erkennen kannst.

7. Sich eingestehen, dass es wehtut
Lass den Schmerz zu. Er wird dich immer wieder
überkommen wie eine Welle, dich quälen, dich
lähmen und gefangen nehmen. Und wie eine Welle
wird er auch wieder abflauen. Bis du irgendwann
nicht mehr in der Brandung, sondern am Ufer
stehst und endlich durchatmen kannst.

8. Vergeben: sich und seiner Ex
Es ist gescheitert. Du, sie, ihr, eure Beziehung,
eure Idee von der gemeinsamen Zukunft. Das ist
schmerzhaft und wird sich lange wie eine Nieder-
lage anfühlen. Aber sobald du es schaffst, dir und
ihr dafür zu vergeben und stattdessen anzuerken-
nen, was ihr dabei voneinander gelernt habt, wird
die schwere Last auf deinem Rücken leichter.

9. Zur Besinnung kommen
Wer warst du eigentlich vor der Trennung? Wer
warst du vor der Beziehung? In der Phase nach
der Trennung bist du sensibel genug, um so tief in
dich zu gehen, dass du alte und neue Charakter-
züge an dir erkennen kannst und wirst, wenn du
dir die Zeit dafür nimmst.

10. Rausgehen und Abenteuer erleben
Dein Leben ist mehr als Liebeskummer. Du bist
auch ohne die Frau an deiner Seite ein eigenstän-
diger Mensch. Wenn man jahrelang zu zweit gegangen ist, kann sich das am Anfang ein bisschen

wackelig anfühlen, aber wie Fahrradfahren verlernt man auch das Laufen nicht.

11. Sich neu verlieben

Es wird irgendwann passieren. Vielleicht nach
Monaten oder sogar Jahren, vielleicht aber auch
ganz plötzlich und unverhofft nach wenigen Wochen. Lass dir von der Trennung nicht die Offenheit nehmen, und verschließ dich nicht vor einer
neuen Frau aus Angst vor neuem Schmerz. Der
wird vielleicht kommen, aber was zählt, ist die Zeit
dazwischen. Wie großartig die wird, liegt bei dir.

WENN JEDER HANDGRIFF SITZT – SEX MIT DER EX

Jakob: Ich habe immer gedacht, dass ich in Sachen körperlicher Nähe so bedürftig bin wie ein Kaktus. Ab und zu ein bisschen Wasser an die Wurzeln reicht. In Wahrheit bin ich eine Regenwaldpflanze. Am wohlsten fühle ich mich im feucht-tropischen Klima. Und damit meine ich nicht mein Bedürfnis nach Sex. Es geht vielmehr um körperliche Nähe. Die, die ich in einer längeren Beziehung habe. Es geht um Vertrautheit. Jeder weiß, was der andere mag. Das fängt beim Liegen auf der Couch an. In der Kennenlernphase ist es manchmal so, als ob sich zwei Einkaufswagen ineinander verhaken. Aber wenn man vertraut ist, fügt sich alles geschmeidig zusammen wie ein Puzzle. Mit meiner letzten Exfreundin war das so.

Max: Ich hasse Puzzles.

Jakob: Das Kennenlernen ist manchmal für mich wie puzzeln. Passt man zusammen? Zu erörtern, ob die einzelnen Teile in der Summe das Gesamtbild ergeben, das man sich vorgestellt hat. Das kann ein mühseliger Weg sein.

Max: Ich glaube, genau hier liegt der Fehler: Das Gesamtbild, wie du es dir vorgestellt hast? Wer hat in deiner Welt eigentlich Platz? Wenn ihr zusammen etwas Neues schafft, ist es hoffentlich anders als das, was deiner Vorstellung alleine entspringt.

Sich darauf einzulassen ist die Kunst. So war es auf jeden Fall mit den meisten meiner Exfreundinnen. Mit jeder hat man unterschiedliche Facetten im Leben intensiv gelebt. Mit jeder hatte ich Schwerpunkte, die sich unterschieden. Hannah und ich haben supertiefe Gespräche geführt. Wir konnten manchmal nicht aufhören, miteinander zu reden. Da war so viel Interessantes, wo immer wieder neue Gebiete angestoßen wurden.

Mit Anne konnte ich alles machen, was ich auch mit Kumpels mache: Surfen, Wakeboarden, Fallschirmspringen. Mit Anne konnte ich auch im VW-Bus schlafen.

Und mit Rosa war es der Sex, der uns verbunden hat.

Jakob: Und, hast du das Thema nach eurer Beziehung noch mal in Angriff genommen?

Max: Wir hatten mal eine ganze Weile Sex, nachdem wir uns getrennt hatten, aber irgendwann war die Sache durch.

Jakob: Sex mit der Ex finde ich meistens super schwierig. Nach meiner Erfahrung ist immer einer der beiden emotional gefangen – und meistens ist es die Frau. Sex als Rückeroberungsstrategie ist wie Süßigkeiten essen, wenn man Hunger hat. Man bleibt nicht lange satt.

Max: Bei mir und Rosa war das anders. Es war einfach perfekt. Keiner wollte mehr was von dem anderen, aber beide wollten das gleiche: Sex. Das lief so selbstverständlich, dass es schon fast etwas Mechanisches hatte. Wie ins Auto einsteigen: anschnallen, Kupplung treten, Gang rein, Gas geben und abfahren. Über viele Bewegungen denkst du ja nicht mehr nach. Dein Adrenalin kommt hoch, und wenn du am Ende in ihr Gesicht guckst, weißt du, dass es für sie genauso war. So war es mit Rosa. Und es wurde auch nicht langweilig.

Die anfängliche Unsicherheit bei ersten Dates, die man mit Gin Tonic oder Weißwein versucht wegzuspülen, die gibt es beim Sex mit der Ex nicht. Man hat sich nackt, heulend und in vielen peinlichen Situationen gesehen. Wir wussten, warum wir uns treffen. Alles war klar. Kein unnötiger Small Talk. Es ging eigentlich direkt zur Sache.

Jakob: Ja, beim Sex mit der Ex ist alles scheißegal, weil man nichts zu verlieren hat und nicht den Schein einer besseren Version von sich selbst aufrechterhalten möchte. Hier bleib ich so scheiße, wie ich bin, und das ist auch gut so. Und das ist so eine Erleichterung! Es ist wie zu einer Party gehen und nichts erwarten – dann wird es meistens am besten. Den Sex, den du mit der Ex hast, wirst du selten mit einem One-Night-Stand haben.

Max: Und beim Sex mit der Ex fällt der ganze Müll weg, der sich in fast jeder Beziehung anstaut, der ganze Alltag, den jeder von der Arbeit wie Scheiße an den Schuhen mit nach Hause zieht. Genau das legt sich manchmal wie Öl über den Beziehungssex und erstickt alles im Keim.

Wenn ich an meinen Sex mit Exfreundinnen denke, ist da aber nicht nur Rosa. Es ist vielmehr eine Sammlung an Best-of-Momenten. Sie summen durch mein inneres Auge wie 35 Millimeter durch den Projektor.

Jakob: Eine Exfreundin von mir spielt auf jeden Fall die Hauptrolle in meinem 35er. Von manchen Frauen bin ich sexuell angezogen wie Motten vom Licht. Mona war quasi mein Halogenstrahler. Bei ihr fing das Vorspiel direkt nach dem Sex an. Es war meist sehr subtil und selten offensiv. Der Fuß unterm Tisch, die Berührung beim Vorbeilaufen bis hin zu kleinen Nachrichten: »Wir könnten zusammen die Mittagspause verbringen. Beim Vietnamesen soll es schöne Toiletten geben.«

Sie hat sich aber auf eine sonderbare Art rar gemacht und eben nur zwischendurch Pfeile geschickt. Sie hat mir oft das Gefühl gegeben, dass sie richtig Bock auf Sex hatte, aber dass ich dafür trotzdem was tun muss. Es gab der Zweisamkeit einen besonderen Wert. Alles hat seinen Preis. Bis es dann zum Sex gekommen ist, hat es auch wirklich gedauert. Wir haben nicht jeden Tag nach der Arbeit immer gleich miteinander geschlafen. Eher so zwei- bis dreimal die Woche, und die Tage davor hat es sich angestaut.

Das war wie eine Wanderung in den Alpen. Um die Aussicht zu genießen, musste man erst mal durch die Schlucht. Jedes Mal war es eine kleine Eroberung. Das klingt nach Spielchen, war es auch. Und das in der Champions League.

Max: Männer wollen einfach immer erobern, und das hört auch in einer Beziehung nicht auf. Wann hast du dich das letzte Mal in eine Frau verliebt, die dir sofort alles gegeben hat? Manche Frauen verstehen ihr Handwerk.

Jakob: Mona war eine Meisterin. Das ist eigentlich die einzige Exfreundin von mir, auf die ich aktuell richtig Lust habe.

Max: Warum triffst du sie nicht?

Jakob: Das habe ich vor ein paar Tagen, aber da hängt ein verdammt langer Rattenschwanz an Komplikationen dran. Allen voran ist sie in einer Beziehung. Zumindest halb. Ich weiß das nicht genau. Eigentlich habe ich auch gar keinen Bock, über die ganze Sache zu reden.

Max: Ja, und da sind wir wieder bei Verantwortung und Lernchancen. Vielleicht plagt dich auch dein schlechtes Gewissen, und das hat keinen Bock, darüber zu reden?

Jakob: Vielleicht.

Max: Mich begleitet bei allen meinen Exfreundinnen das merkwürdige Gefühl, es wäre nicht fremdgehen, wenn man mal ab und zu Sex miteinander hat, selbst wenn sie gerade in einer Beziehung ist. Irgendwie war man ja schon vorher da. Es klingt absurd, wenn ich mich selbst höre, aber das Gefühl bleibt.

Vor Jahren hat Rosa eine kleine Party bei sich zu Hause geschmissen. Ihr neuer Freund stand im Türrahmen und mit ihm dieser immer wiederkehrende seltsame Handschüttel-Moment: »Ach, du bist also Max.« Und eigentlich merkt man, dass er den Satz gerne zu Ende bringen würde mit: »Der sie kurz vor mir gebumst hat.« Stattdessen drückt er sich ein gezwungenes »Sie hat schon von dir erzählt« raus. Und ich komplettiere den Dialog innerlich mit einem: »Ja, und schon oft meinen Namen gestöhnt.« Und in jedem Moment unserer Unterhaltung begleitet mich dieses erhabene Gefühl von: Wenn ich wollte, würde sie wieder von mir erzählen. Mit einem Fingerschnippen. Und dieses Fingerschnippen steht zwischen uns wie ein großer aufgeblasener Ballon aus Sexschweiß, Blowjobs und Analverkehr. Dieses Fingerschnippen knallt durch die Gehörgänge der Partygäste. Ich war ja derjenige, der mit ihr Schluss gemacht hat, und irgendwie ist das Gefühl auch real: Mit einem Fingerschnippen könnte ich sie wiederhaben. Aber ich lass sie noch ein bisschen. Vielleicht für immer.

Jakob: Vor allem knallt dein Ego in meinem Gehörgang und vielleicht auch dein gekränkter Stolz. Ich bezweifle, dass eure Becken noch mal knallen, aber du kennst Rosa besser. Vielleicht hätte bei der Party ein leises Flüstern in ihr Ohr zum Spontansex auf der Waschmaschine geführt – I doubt it. Am

Ende ist der Glaube an das »man könnte« das Wichtigste. Wie viele Sachen macht man dann tatsächlich, von denen man glaubt, man könnte sie tun?

Das Gefühl einer ewig andauernden Verbindung zur Exfreundin auf der rein körperlichen Ebene, auch wenn sie schon mit dem neuen Freund mehr Sex hatte als mit dir, kenne ich gut. Von den meisten meiner Exfreundinnen hatte ich mich getrennt, und es bleibt das Gefühl, man könnte wieder zusammenkommen, wenn man alle Hebel in Bewegung setzt. Damit nimmt man den aktuellen Freund der Freundin nicht hundertprozentig ernst und eher als Notlösung wahr. Der Gedanke ist aber auch bei mir ziemlich sicher vom Ego geleitet und würde sich in der Realität nicht bewahrheiten.

Max: Kommen wir mal zu deinem schlechten Gewissen. Ich wusste bis gerade eben nicht, dass du Mona vor ein paar Tagen getroffen hast. Warum hast du mir das nicht erzählt?

Jakob: Du hast nicht gefragt. Außerdem wollte ich das von allen Seiten moralisch unbewertet lassen. Dein Motto ist doch selbst immer: frisch und frei.

Max: Seit wann bin ich deine große moralische Instanz? Aber sei's drum. Erzähl!

Jakob: Du weißt ja, dass das Ganze ein Vorspiel hat. Und das im doppelten Sinne. Sie ist ins Ausland gezogen, und wir hatten viel Kontakt über WhatsApp. Die sexuelle Ebene kam immer genau dann bei ihr durch, wenn sie betrunken war. Dann kamen Nachrichten wie »Ich vermisse dich« oder »Hätte dich gerne mal wieder bei mir – ganz nah«. Die freundschaftlich-emotionale Seite war eher in anderen Situationen präsent. Wenn wir telefonierten. Wir redeten darüber, wie es uns geht, halfen uns bei beruflichen Entscheidungen und arbeiteten Sachen von früher auf. Wir beide wussten, dass wir uns irgendwann sehen mussten. Da sie für mich in einer undefinierbaren Beziehung stecke, war ich mir zwecks Treffen auch unsicher.

Max: Hast du sie gefragt, wie ihr Beziehungsstatus ist?

Jakob: Nee, wäre es meine Pflicht?

Max: Deine Pflicht ist es nicht. Vielleicht willst du dein eigenes Gewissen beruhigen, aber da sie deine Ex ist, hast du natürlich absoluten Anspruch auf sie. Nein, im Ernst: Ich finde, es liegt da in ihrer Verantwortung, klar gegenüber ihrem Freund und dir zu sein. Du bist der Exfreund, da herrscht ein anderes Verhältnis als zu einem Fremden. Daher ist in diesem Fall die Grenze zum Fremdgehen nicht ganz klar zu ziehen. Sie könnte dich ja wirklich nur beruflich um Rat fragen und das auch vor ihrem Freund so darstellen. Der kann dagegen nicht viel machen, außer ihr vertrauen, denn wenn er sensible Fragen stellte, würde sie wahrscheinlich gereizt reagieren.

Die Moralkeule musst du dir diesmal nicht von mir abholen. Auf jeden Fall ist klar, dass es ihr um mehr geht als nur darum, den Kontakt zu einem »guten Freund« aufrechtzuhalten. Das weißt du auch und kannst für dich entscheiden, wie du damit umgehen willst. Ich rate mal: Du hast den Kontakt eingestellt?

Jakob: Richtig. Für mich war die Situation nicht ganz einfach. Eine Seite von mir hat ernsthaft darüber nachgedacht, ob es nicht vielleicht doch infrage kommt, mit ihr wieder eine Beziehung zu führen. Schließlich fühlte ich mich noch von ihr angezogen, und wir hatten gute Gespräche. Es waren fast sechs

Jahre seit unserer Trennung vergangen. Eine andere Seite von mir wollte einfach nur mit ihr Sex.

Irgendwann meinte sie dann zu mir: Du, ich komme nach Berlin geflogen. Wollen wir uns sehen? Ich musste nicht lang überlegen. Michael Nast hatte mich zu einer seiner Lesungen eingeladen, und ich dachte mir, dass seine Themen ganz gut passen. Sie hatte Lust, und wir wollten hin.

Am besagten Samstag war ich dann mit meinem kleinen Bruder schwimmen und schrieb ihr, dass ich erst später könne, weil ich noch was mit ihm unternehmen wolle. Das stand schon länger fest, und das ging für mich vor. Von ihr kam nur die Antwort, dass sie eh nur drei Stunden geschlafen hätte und es nicht zur Lesung schaffe, weil sie zu fertig sei. Darauf habe ich erst einmal gar nichts geantwortet und dachte nur: Fick dich!

Später kam dann eine WhatsApp-Nachricht von ihr, dass »wir« noch etwas essen seien und ob ich danach noch in eine Bar kommen wolle, wo sie mit ein paar Freunden sei. So ein schöner gemütlicher Abend mit Freunden … Ich hatte ungefähr so viel Lust drauf wie auf meine Steuererklärung.

Max: Sie scheint dich wieder voll in ihren Fängen zu haben. Du wirkst etwas zornig. Oder kommt mir das nur so vor? Und was heißt denn hier »wir«?

Jakob: Ich war wirklich kurz davor abzusagen. Ich war sauer darüber, dass sie andere Leute zu unserem Treffen einlud – aus Naivität oder purer Absicht oder einfach, weil sie Lust dazu hatte. Aber gut, der Point of no Return war für mich überschritten: Zu diesem Zeitpunkt hatte ich schon zu viel Zeit und Energie investiert, sodass ich trotzdem hingefahren bin. Jetzt erst recht, dachte ich mir. The battle is on.

Und damit ging es so richtig los mit den Spielchen. Ich fuhr durch das verregnete Berlin und öffnete die Tür zu einer verrauchten Bar, in der ein Haufen schöner Menschen waren. Sie stand direkt an der Theke im intensiven Gespräch mit einem großen blonden Typen. Ich sagte »Hallo«, wir nahmen uns in den Arm, und sie sagte mir: »Lass mich nicht mehr los.« Mir war die Situation irgendwie unangenehm. Dieses Hin und Her zwischen hop und top. Ich hätte es ahnen müssen.

Max: Für mich sah die Situation bis jetzt nach Rückzieher aus. Vielleicht plagte sie ein schlechtes Gewissen ihrem Freund gegenüber. Denn die mitgebrachten Freunde in der Bar bildeten so etwas wie ein Schutzschild vor deinen perfiden Absichten.

Jakob: Meine Absichten waren anscheinend auch über WhatsApp deutlich zu spüren. Aber im Ernst: Ich wollte wirklich schauen, ob es doch noch was Ernstes werden könnte. Vielleicht wollte ich auch einfach Sex. Manchmal bin ich da auch nicht ganz ehrlich zu mir selbst.

Wir verbrachten jedenfalls den Abend zusammen, hatten aber nicht viel zu reden. Mit manchen Frauen hast du geile Gespräche, mit anderen relativ normale. Beides ist schön, aber unser Treffen hat mich daran erinnert, dass ich mit ihr immer relativ oberflächliche Gespräche geführt habe. Nur manchmal öffneten wir uns. Für den Rahmen war es auch genau richtig. Lässige Party und lässige Leute. Deep Talk in einer Partybar ist meist wie mit den Händen in einem Gourmetrestaurant essen.

Nach und nach kamen immer mehr geladene »Freunde« von ihr in die Bar. Jeder Typ, der reinkam, hätte auch eine ehemalige Affäre von ihr sein können. Und es kam mir so vor, dass die Typen ihr auch mit dieser Intention begegneten. Eine ganze Entourage aus Männern hatte sich um sie und damit um uns gebildet. Ich fühlte mich ein bisschen wie Prinz Charles mit Lady Di, nur dass die Bodyguards ein bisschen zu sehr um das Leibeswohl der Prinzessin bemüht waren. Irgendwann unterbrach ich das Gespräch mit Mona und startete eine Unterhaltung mit einem ihrer Freunde. Wir kamen von Architektur zu seiner Vaterbeziehung, zu seiner Exfreundin, die für ihn immer noch die schönste Frau der Welt sei und von der er nicht loskomme.

Eine halbe Stunde später wagte ich mal den Blick nach rechts und sah Mona, wie sie ihr Bein über das eines ihrer guten Kumpels gelegt hatte. Die beiden Münder hatten beim Sprechen nur eine Penislänge Abstand. Mit meinen weiblichen Freundinnen ist das nicht der normale Style. Zumindest rede ich selten so mit meinen Freundinnen, wenn ich nicht mit ihnen schlafen will. Ich drehte mich zurück an die Bar und versank mit ihrem anderen Kumpel in den Deep Talk, den ich ja eigentlich nicht führen wollte. Doch irgendwie war ich von Mona abgelenkt, also drehte ich mich wieder zu ihr, und was ich sah, konnte ich kurz nicht so recht glauben.

Das klingt jetzt wie eine digitale Süßigkeit von Buzzfeed, aber die Auflösung der Geschichte ist nicht mit 120 Bannern zugehängt. Da saß sie am Fenster auf einem Barhocker und knutschte mit ihrem Kumpel rum, dachte ich zumindest. Es war für mich wie der unerwartete Faustschlag eines Fremden. Ich war aufgebracht und wütend. Über sie und über mich, dass ich überhaupt meine Zeit mit dem ganzen Scheiß verschwendet hatte. Zu ergänzen wäre vielleicht noch, dass ich meine Kontaktlinsen nicht drin hatte und 1,25 auf beiden Augen im Minus bin. Auf sieben Meter Entfernung hätten da schon fast Trump und Putin züngeln können, und ich hätte das anders interpretiert. Ob die beiden sich wirklich mit den Zungen ineinander verhakt hatten, konnte ich nicht mit hundertprozentiger Gewissheit sagen. Ich habe das ganze Szenario reichlich verschwommen gesehen. Nach zwei Minuten schnappte ich mir jedenfalls an der Garderobe meine Jacke, um einen polnischen Abgang zu machen.

Wie der Zufall es so wollte, stand Mona in diesem Moment vor mir, und ich sagte ihr, dass ich nach Hause gehen würde, weil der Abend für mich eine Zeitverschwendung sei. Bei der Gelegenheit ließ ich auch gleich mal raus, wie kacke ich es fand, weil wir uns eigentlich zu zweit verabredetet hatten. Und dass ich es nicht so geil fände, dass sie mit ihren Arbeitskollegen rumknutschte. Während ich das hier schreibe, merke ich, wie absurd es überhaupt ist. Ich habe ja gar keinen Anspruch auf sie, aber egal: Scheiße finde ich es trotzdem, und das musste mal raus.

Max: Seid ihr zu dem Zeitpunkt schon wieder in einer Beziehung gewesen? Klingt nämlich ganz danach.

Jakob: Ja, wo ich dir die Geschichte jetzt erzähle, klingt es so. Vielleicht haben wir uns auf einer sonderbaren Ebene nie wirklich getrennt. Vielleicht bleibt da immer eine Verbindung zwischen Expartnern.

Mein letzter Satz war: Ich gehe jetzt, du kannst mitkommen oder hier bleiben. Deine Entscheidung.

Sie wollte mit zu mir, ein bisschen auf der Couch abhängen. Wir schnappten uns die Jacken und waren gerade am Ausgang, da kam ihr Einwand, dass sie ihre Freunde nicht alleine lassen könne. Ein Teil der Entourage kam also mit, worauf ich natürlich gar keinen Bock hatte, aber ich ließ mich auf den Kompromiss ein. Wir warteten etwas länger, weil ein Sammeltaxi vonnöten war, um die Gruppe in einem Stück in meine Wohnung zu transportieren. Das Taxi rollte an und beim Einsteigen stellte Mona noch kurz fest: »Du magst es nicht, wenn mich andere Männer wollen, oder?« Mir wurde kurz ein bisschen übel.

In der gemütlichen Großtaxirunde verlieh sie ihrer Verwunderung über die ganze Situation noch mal Ausdruck: »Der hat die ganze Zeit versucht, mich zu küssen.« Ich dachte nur, kein Wunder, wenn du solche Signale aussendest. Wir stapften nach oben zu mir in den fünften Stock. Oben angekommen waren fast alle wieder nüchtern, und wir aßen selbst gemachte Dinkel-Pizza. Die Müdigkeit übermannte mich und ich ging ins Bett. Mona entschloss sich, mir noch mal »Gute Nacht« zu sagen und kam mit. Alles war irgendwie auf komische Art klar und normal. Alles war vertraut. Das ist wie Fahrradfahren. Egal wie lange der Drahtesel im Innenhof rostet, man steigt auf und gleitet dahin. Alles ging schnell. Ein bisschen rumgemacht, und zack, schon ging es los.

Ich kannte noch genau das Gefühl von früher, und es schob sich wie eine Vergleichsfolie aus Erwartungen über den Overheadprojektor meiner Erinnerungen. Es war nicht so gut wie in meiner Erinnerung. Geil vielleicht schon, aber nicht so schön. Alles, was mir damals schon gefehlt hatte, war dieses Mal viel präsenter. Und alles wurde überschattet von meinen Gedanken: War das heute real, was du erlebt hast? Machst du dir zu viele Gedanken? Definitiv ja! Was willst du mit einer Frau, wenn es dir so schwerfällt, zu vertrauen? Ich war zu sehr in meinem Kopf gefangen. Sex ist am geilsten, wenn der präfrontale Cortex von anderen Sinneseindrücken überflutet ist. Ruhemodus für den Geist. Eigentlich ist guter Sex wie Meditation. Ich war in dem Zustand, in dem ich nicht meditieren konnte, weil zu viel Scheiße in meinem Gehirn geparkt hatte.

Das eigentlich Traurige wurde mir erst etwas später klar. Zum einen wusste ich nicht, ob sie wirklich Bock auf Sex hatte oder ob es ihre Art war, mir zu sagen »Du hast deine Zeit nicht verschwendet«.

Zum anderen wurde mir ihre Rolle klar: All unsere Probleme, die wir in der Beziehung hatten, beruhten darauf, dass sie über den Weg der Erotik Freundschaften aufbaut. Ich glaube tatsächlich, dass sie sich von ihren männlichen Freunden Zugehörigkeit und Verständnis wünscht, aber früher oder später führt der Weg zur Trennung oder ins Bett.

Das war wie ein Schlag ins Gesicht für mich. Auch wenn es bei uns beiden vermutlich anders war, hatte ich trotzdem genau diesen Weg gewählt und damit genau das bedient.

Für mich bleibt die Frage: Wenn eine Frau bewusst oder unbewusst das Gefühl hat, solche Mittel für den Aufbau einer Freundschaft wählen zu müssen, was, denkt sie, hat sie dem Mann sonst noch zu bieten? Ein komisches Gefühl der Einsamkeit machte sich in mir breit.

Max: Mir wird echt schlecht, wenn ich die ganze Story höre. Du hättest schon viel früher die Reißleine ziehen müssen. In dem Moment, wo sie gesagt hat »Ich würde gerne meine Freunde mitnehmen«, wäre ein schallendes Auflachen erforderlich gewesen. Dann hättest du wie ein Zauberer mit Knall und Dampf verschwinden müssen. Aber hätte, hätte, Fahrradkette.

Jakob: Ich fühle mich heute wirklich auf sonderbare Weise so toll verstanden von dir.

Max: Fahre fort, mein Sohn!

Jakob: Am nächsten Morgen war ich traurig, aber auch erleichtert. Traurig, weil ich meinte, sie in ihrem Dilemma zu sehen. Erleichtert, weil ich mich intuitiv vor Jahren richtig entschieden hatte. Es war richtig, mit ihr Schluss zu machen. Das Gefühl, ich kann ihr nicht hundertprozentig vertrauen, begleitete mich schon damals. Ich bin selten bis nie eifersüchtig. Bei ihr war ich es fast immer.

Einer Frau möchte ich in einer Partnerschaft so vertrauen können, dass ich ihr im Falle einer Pleite meinen gesamten überschaubaren Besitz überschreiben könnte, ohne darum Angst haben zu müssen. Durch ihre und auch meine Unsicherheit wird nichts aus einer neuen Beziehung. Schon allein das ungeklärte Ding mit ihrem Freund oder vielleicht Exfreund. Wenn du derjenige bist, mit dem eine Frau ihren Freund betrügt, wer sagt dir, dass sie das nicht irgendwann mal mit dir abzieht?

Das ist für mich in keinem Fall ein Fundament, auf das ich eine Beziehung bauen will. Wenn einem davon nur die Hälfte durch den Kopf spult beim Sex, kann er eigentlich nicht gut werden. Ich hatte vielleicht zu viele Erwartungen an das Treffen. Und trotzdem war ich am Ende erleichtert.

Max: Also, wenn ich dich so erzählen höre, erinnert mich das an eine alte Beziehung, und mich macht es richtig zornig. Dieses ständige Hin und Her und diese ständig wechselnden Signale, die ihr euch gegenseitig zusendet. Das Schärfste finde ich, dass du das einzig Richtige tun wolltest, nämlich deine Jacke nehmen und gehen, aber sie dich im letzten Moment mit der Aussicht auf ihre warme Muschi bekehrte. Der schwanzgesteuerte Part in dir reagiert prompt unterwürfig und bestellt ein Taxi in die eigenen vier Wände. Und jetzt treibt sie es mit ihrer Dreistigkeit auf die Spitze und nimmt ihre Leute mit. Da du gerade in einer absolut devoten Haltung bist und das Einzige, was noch aufrecht steht, dein Schwanz in der Hose ist, wird getan, was sie sagt. Im Prinzip will sie ihr Schutzschild aus Freunden weiter mit sich rumtragen, weiß aber selbst nicht so richtig, wofür.

Dass sich so viel aufgestaute Energie bei euch beiden dann sofort in Sex entlädt, wundert mich nicht, auch nicht, dass dieser dann nicht den Erwartungen entspricht.

Jakob: Wollten wir beide was anderes?

Max: Ich denke, ihr wolltet beide exakt das Gleiche, aber keiner traute sich so richtig, es auszusprechen. Sie hat für sich Mechanismen entwickelt, die helfen sollen, sich nicht auf dich einzulassen. Das wiederum hat auf deiner Seite für mehr Verwirrung gesorgt, was sie wiederum nicht wollte. Ein Hin und Her.

Jakob: Warum wollte sie sich nicht einlassen? Wollte sie sich interessanter machen?

Max: Nein.

Jakob: Freund zu Hause?

Max: Ja.

Jakob: Schlechtes Gewissen?

Max: Ja, und Angst, sich in dir zu verlieren. Dir hilflos ausgeliefert sein. Angst, von dir fallengelassen zu werden. Angst, Angst, Angst!

Jakob: Angst ist nicht die beste Voraussetzung für guten Sex mit der Ex. Von beiden Seiten. Vielleicht ist es ein Signal dafür, ihn gar nicht erst zu haben. Glaubst du, es gibt Sex mit der Ex, bei dem keiner mehr von beiden Gefühle für den anderen hat?

Max: Wahrscheinlich nicht.

KANN MAN SICH SEINE FREUNDE AUSSUCHEN?

Hey ihr beiden!
Ich weiß nicht, wie es euch da geht, aber ich erlebe Freundschaften heute anders als früher. Wenn es in der Liebe Lebensabschnittsgefährten gibt, gibt es dann auch Lebensabschnittsfreunde? Muss man Freundschaften tatsächlich beenden, und kann man das freundlich tun? Sind es vor allem unterschiedliche oder zu hohe Erwartungen aneinander, die ungünstig sind?
Wann sollte man Freunden Lebewohl sagen, wann sich nur eine Zeit lang nicht sehen? Was bedeutet Freundschaft überhaupt? Hat sie weiterhin den gleichen Stellenwert, wenn der Wunsch nach einer eigenen Familie stark zunimmt? Eure Meinung dazu würde mich sehr interessieren.
Liebe Grüße
Rosa

Max: Diese Mail hätte auch von mir sein können. Ich frage mich schon seit Längerem, ob es normal ist, dass ich meine Freundschaften führe wie früher meine Beziehungen. Es ist über einen kurzen Zeitraum sehr intensiv, dann schleicht sich langsam der Kontakt aus, und am Ende kommt es zur stillschweigenden einvernehmlichen Trennung. Nur den Sex lässt man weg. Rosa gibt mir Hoffnung, dass ich mit meiner Art nicht alleine dastehe und kein soziopathisches Arschloch bin, das mit sinkendem Interesse an freundschaftlichen Beziehungen durch die Welt schreitet.

Jakob: Dafür klebst du aber seit Jahren wie eine Fliege an mir.

Max: Das fiel mir auch gerade auf. Bei uns ist es so, dass wir eine gemeinsame Aufgabe in unserem Hobby gefunden haben, das uns verbindet und zu regelmäßigen Treffen zwingt. Das ist nicht das, was unsere Freundschaft ausmacht, sonst hätten wir keine Lust auf unser Hobby, aber es vereinfacht die Pflege unserer Freundschaft. Ganz praktikable Gründe zum Beispiel: Wir können uns nicht so leicht gegenseitig ausschleichen. Vielleicht bin ich im Allgemeinen auch einfach zu faul und desinteressiert an dem Schicksal meiner Freundschaften.

Jakob: Wir hatten über die Abnahme der Stetigkeit ja schon in Ansätzen bei Liebesthemen gesprochen. Unsere Welt ist im ständigen Wandel, und der Wandel scheint sich immer schneller zu vollziehen. Wenn man früher einen Beruf erlernt hat, konnte man davon ausgehen, dass man diesen bis in sein Rentenalter ausübte. Heute durchläuft jeder bis zum Rentenalter vier bis fünf Berufe, Tendenz steigend. Früher gab es einen Kleidungsstil, der über Generationen weitergegeben wurde, heute gibt es »Fast Fashion«. Der Kapitalismus in der heutigen gelebten Form bedingt, um das angestrebte Wachstum zu ermöglichen, in allen ihn tangierenden Bereichen einen immer schnelleren Wechselzyklus. Und die Erhöhung der Wechselzyklen überträgt sich auch auf Bereiche, die augenscheinlich nicht in unmittelbarer Verbindung stehen. Das ist ein wechselseitiger Prozess: Wir verändern unsere Umwelt, und unsere Umwelt verändert uns. Das betrifft alle möglichen Bereiche. Natürlich macht dieser Prozess auch nicht halt vor Freundschaften. Obwohl wir dem nicht hilflos ausgeliefert sind.

Max: Ja, ich denke, das ist ein großer Einflussfaktor. Um zu ergründen, was zuerst da war, der Wunsch nach Wandel oder das ihn bedingende System dahinter, also der Kapitalismus, der die Veränderung verlangt, müssten wir jetzt die Huhn-Ei-Diskussion führen.

Dinge verändern sich, manche bedingt durch die Zeit, in der wir leben, andere bedingt durch den Altersabschnitt, den wir durchleben. Auch die Veränderung von Interessen unterliegt diesem Kreislauf, und somit verändert sich auch die Schnittmenge von Hobbys und Gemeinsamkeiten, die es erleichtern, Freundschaften aufrechtzuerhalten. Man entwickelt sich einfach in unterschiedliche Richtungen.

Früher schlug ich mit meinen Kumpels täglich im Park die Zeit tot. Heute ergibt sich diese Möglichkeit nicht mehr so und selbst wenn, würde ich sie nicht wahrnehmen. Freundschaften müssen mich in erster Linie bereichern. Bereicherung kann auf unterschiedlichen Ebenen stattfinden. Wenn mich das Zusammensein mit einem Freund langweilt, kommt ziemlich schnell das Gefühl auf, mich nicht weiter treffen zu wollen. Das Ganze kann mir sogar lästig werden. Die Folge daraus ist meist, dass sich die Nummer im Nichts verläuft.

Eigentlich sehe ich da auch kein Problem, denn das Gefühl der Abhängigkeit von seinen Freunden nimmt mit der Zeit ab. Früher war mir die Anerkennung von meinen Freunden noch sehr wichtig. Heute ist es zwar schön, aber nicht mehr ausschlaggebend. Freundschaft hat sich bei mir im Kern verändert. War es früher das soziale Gerüst, in dem ich Halt fand, geht es mir heute um eine gute Zeit. Mein emotionaler Hafen heißt mittlerweile Familie.

Jakob: Freundschaften haben sich definitiv verändert, und am Ende geht es immer darum, was wir uns wünschen. Bei Rosa höre ich raus, dass sie die Veränderung als etwas Bedauerliches, Negatives wahrnimmt, und genau das kann ich gut verstehen. Gerade weil unsere Welt sich in einem großen Tempo verändert, sucht jeder nach Konstanten im Leben. Nach Personen, bei denen ich einkehren kann und ich mich zu Hause fühle, ohne einem Erwartungsdruck von außen ausgesetzt zu sein. Und das geht für mich über die Familie hinaus. Dieses Gefühl wünsche ich mir auch bei Freunden.

Das Paradoxe ist allerdings: Diesen Erwartungsdruck, dem ich in der Freundschaft entfliehen will, lege ich nicht ab, sondern frage mich: Was erwarte ich von meinen Freunden? Kann ich eine gute Zeit mit ihnen haben? Geben wir uns gegenseitig genügend Anreize zur gemeinsamen Entwicklung?

Max: Mittlerweile ist es mir in einer Freundschaft wichtig, dass die Beziehung so stabil ist, dass ich auch mal ein paar Monate nichts von mir hören lassen muss, und es ist trotzdem alles gut. Es bringt mir und meinen Freunden nichts, wenn ich mich immer wieder dazu zwingen muss, mich mit ihnen zu verabreden, nur weil es sich so gehört. Mir ist es wichtig, sinnvolle Zeit mit meinen Freunden zu verbringen, es soll effektiv sein. Einfach nur treffen und die Zeit verstreichen lassen ist mir zu wenig. Es sollte etwas passieren oder entstehen.

Ein gutes Beispiel für Zeitverschwendung sind für mich die immer häufiger werdenden erzwungenen Pärchentreffen wegen der Kinder. Wenn ich merke, der andere Vater langweilt mich zu Tode, weiche ich diesen Treffen aus oder fokussiere mich ganz auf das Spielen mit meiner Tochter. Mein Zeitkontingent ist über die Jahre mit den wachsenden Alltagsaufgaben geschrumpft, und darum will es gut eingeteilt sein. Meinen Freundeskreis habe ich deshalb ordentlich durchsiebt. Wenn ich mich frage, wer am Ende meine wirklichen Freunde sind, bleiben da heute noch drei bis vier Menschen. Auch bei Freunden gilt mittlerweile das Motto »Qualität vor Quantität«.

Jakob: Das sehe ich auch so. Klar ist, dass sich mit der eigenen Entwicklung auch der Anspruch an Freundschaften wandelt. Aber für mich ist Freundschaft eine der wenigen Bastionen, die vor unserer Leistungsgesellschaft geschützt sein sollte. Mir missfällt der Gedanke, dass plötzlich der Leistungsdruck ganz gemütlich am Pförtner vorbeispaziert und fordert: »Ich will eine qualitativ hochwertige Zeit verbringen!« Oder: »Mein Kumpel muss mich weiterbringen!«

Wohin muss mich Freundschaft bringen? Wohin soll dieses Streben nach Weiterentwicklung führen? Dieser Höher-schneller-weiter-Gedanke, gepaart mit dem ständigen Selbstoptimierungswahn, geht mir richtig auf den Sack. Ihm liegen zwei Annahmen zugrunde: Dass, solange Besseres möglich ist, das Aktuelle nicht gut genug ist und dass »abhängen« nicht mehr ausreicht, weil man sich dabei nicht ausreichend stimuliert. Wo ist der gute alte Müßiggang hin? Das war bei den Philosophen früher mal ein wichtiger Bestandteil der Arbeit. Und wofür arbeiten wir eigentlich, wenn das nicht mehr möglich ist? Geht es nur darum, seine Miete zu zahlen und sich etwas Neues von Media Markt zu ziehen, oder sprechen wir auch bei dem Thema Arbeit von der Schaffung von Freiräumen?

Wir klagen oft über mangelnde Zeit, aber jeder hängt den ganzen Tag auf WhatsApp, Facebook und Twitter herum. Nur will keiner mehr Zeit haben, um mit seinen Freunden einfach auf der Couch abzugammeln. Und das mit der Begründung, weil einen das nicht weiterbringt?

Max: Was ich weiter oben meinte, ist schon hart formuliert, und ich habe mich vielleicht auch etwas unklar ausgedrückt. Es klingt, als wären Menschen für mich wie ein Bankkonto: Ich zahle darauf ein, um irgendwann wieder abheben zu können. So ist es nicht.

Die Berechtigung, mit seinen Freunden abzuhängen und einfach Zeit verstreichen zu lassen, hat natürlich jeder. Aber es muss sich für einen selbst immer gut und richtig anfühlen. Es ist nichts Verkehrtes daran, auch seine freundschaftlichen Beziehungen nach der Sinnhaftigkeit zu hinterfragen. Wenn die im Abhängen und in der Entspannung liegt, dann ist diese Frage klar beantwortet. Aber zugegeben, ich habe keine Lust mehr, aus reinem Gutmenschentum meine Zeit mit Menschen zu verbringen, die ich früher einmal als Freunde bezeichnet habe, die mich heute jedoch höchstens langweilen. Ich denke, wir landen am Ende am gleichen Punkt.

Ich erinnere dich an dieser Stelle an den Abend im Restaurant, bei dem das Thema »Hausbau und Auszug« die ganze Runde dominierte. Das Gespräch war einfach fundamental langweilig. Beim Rausgehen meintest du zu mir, dass das Treffen für dich eine reine Zeitverschwendung war. Ich habe dann von Verpflichtung gesprochen, dass sich so etwas halt gehört und man sich seine Freunde nicht aussuchen kann. Aber genau an dem Punkt bin ich nicht mehr, denn natürlich kann man sich seine Freunde aussuchen.

Es geht mir immer um sinnvoll verbrachte Zeit. Wenn ich merke, dass es mir nicht mehr reicht, zusammen abzuhängen, beende ich die Freundschaft oder reduziere zumindest den Kontakt.

Jakob: Ich haushalte auf jeden Fall anders mit meiner Zeit als noch vor zehn Jahren. Ich mache mir Gedanken über die eigene Endlichkeit, und Zeit wird da zum kostbarsten Gut. Die

Gespräche über das Eigenheim waren für mich einfach tod-langweilig und weder inspirierend noch unterhaltend. Wenn man etwas mehr Geld hat, dann ist es halt nicht Poco oder Ikea, sondern Bulthaup oder Simatic und fertig.

Menschen, die den Ausbau ihrer eigenen vier Wände zum Hauptthema ihres Lebens machen, haben für mich so viel Spannung wie der Hodensack von Heino. Und wenn sich Menschen zu lange mit so etwas beschäftigen, verstecken sie sich nach meiner Auffassung vor den eigentlichen Themen im Leben.

Ich möchte meine Freizeit genießen, und solche Abende sind kein Genuss. Vielleicht war ich da eben nicht ganz klar in meiner Definition von Freundschaft und in meinen Ansprüchen. Rosa hatte sich gefragt, warum manche Freundschaften ewig halten. Für mich liegt der Grund darin, dass beide Freunde sich weiterentwickeln und stets gegenseitig inspirieren. Auch auf der Couch beim Abhängen, und das macht das Abhängen zu etwas Besonderem.

Mit vierzehn Jahren lernte ich einen meiner besten Freunde kennen. Wir hatten den gleichen Schulweg, und mit der Zeit freundeten wir uns an. Jeder hatte seine eigenen Ziele im Leben und seine Ansprüche. Wir haben uns entwickelt und per Zufall oder Wesenszug sogar in eine ähnliche Richtung. Ich lege viel Wert auf seine Meinung. Und das ist vielleicht für mich der entscheidende Punkt von Freundschaft: Die Meinung von ihm ist immer noch wertvoll für mich. Ein weiterer sehr wichtiger Punkt, vielleicht noch wichtiger als die »Bereicherung«, von der wir hier ständig sprechen: Er ist jemand, von dem ich mich verstanden fühle.

Wenn du so einen Menschen gefunden hast, spielt es keine Rolle, was du machst. Es ist immer nur wichtig, mit wem du es machst.

Max: Das musst du erläutern.

Jakob: Du kennst das doch von früher, wenn man in irgendeinem Partykeller war und den fünfzehnten Geburtstag eines Freundes feierte. Die Lichtorgel, dazu die schrecklichen Songs der neusten *Bravo Hits*, es gab Schnaps, und wer sich schon ziemlich hart fühlte, musste alle zehn Minuten raus zum Paffen. Spätestens als der Erste gekotzt hat, durfte auch drinnen geraucht werden. Nach objektiven Maßstäben war die Party schlecht. Dadurch aber, dass die richtigen Leute da waren, hatte man die Zeit seines Lebens.

Und genau das ist es, was Freunde ausmacht: Mit ihnen wird egal, wo man ist, welche Musik läuft und ob der letzte Kurze eine gute Idee war. Sie geben jeder Situation eine positive Grundstimmung, und aus der Verbundenheit entsteht eine Nähe, in die man sich fallen lässt. Ja, vielleicht auch, weil man nicht mehr stehen kann. Aber du verstehst, was ich meine.

Max: Da hast du Glück gehabt, dass sich deine Schulfreundschaft analog zu deinem Leben entwickelt hat. Ich behaupte, dieses Glück hat man nicht immer. Ich habe auch so einen Freund aus der Schulzeit, und unsere Leben haben sich zwar oberflächlich mit Haus und Kind in die gleiche Richtung bewegt, aber wenn ich tiefergehende Gespräche mit ihm führe, lande ich schon nach gefühlten zwei Metern auf dem Grund des Sees. Während ich mir den Ozean wünsche, ist er das Nichtschwimmerbecken. Da kommt für mich dann auch wieder Rosas Frage ins Spiel, ob sich Freundschaften über die Zeit ausschleichen, und die Frage muss jeder für sich beantworten.

Ist es mir die Freundschaft wert?

Wie viel Zeit möchte ich in diese Freundschaft investieren?

Ich finde, das sind berechtigte Fragen, und wenn ich diese Fragen nicht klar beantworten kann, schleichen sich Freundschaften aus. Das ist doch völlig okay.

Ich frage mich aber auch, ob man an dieser Stelle ähnlich wie in Beziehungen das Gespräch suchen sollte. Aus solch einem Gespräch kann dann etwas Neues erwachsen, oder man muss die Beziehung beenden. Dazu gehört Mut, und den habe ich oft nicht. Somit ist es für mich leichter, die Sachen einfach laufen zu lassen, bis man sich so weit entfremdet, dass beide Seiten den Kontakt auf null reduzieren.

Jakob: Offene Gespräche sind in jeder Beziehung gut. Auch in Freundschaften. So weh sie manchmal tun, so gut können sie für die Gemeinsamkeit sein. Hier sind wir wieder bei Potenzial: Sieht man das in seinem Freund beziehungsweise seiner Freundin oder nicht? Gibt man dem Freund oder der Freundin die Chance, zu verstehen, was man sich wünscht? Für mich lautet das Credo immer, auch wenn es mir oft genug schwerfällt: Woher soll jemand wissen, was ich mir wünsche, wenn ich es ihm nicht sage? Wenn man seine Wünsche ausspricht, hat man es wenigstens versucht und ein gutes Gefühl. Und wer weiß, vielleicht geht es dem Freund oder der Freundin genauso.

Max: Du triffst die Sache auf den Punkt. Inwieweit kann ich mittels Gesprächen etwas erreichen, und lasse ich mich darauf ein? Und da gilt: Lieber einmal zu oft probieren als einmal zu selten.

Jakob: Eine Frage von Rosa bleibt noch offen, und die geht an dich: Hat die Bedeutung von Freundschaft abgenommen, seitdem du eine Familie hast?

Max: Die Frage ist für mich nicht so einfach zu beantworten, obwohl ich ja bereits gesagt habe, dass mein emotionaler Hafen jetzt eben die Familie ist. In meinem Leben hat der Faktor Zeit einen ziemlich hohen Stellenwert. Mein Kind fordert mich an manchen Tagen rund um die Uhr, dazu kommen die Arbeit und die Freundin. Das ist schön. Schön ist es allerdings auch, genau aus diesem Kontext immer mal wieder auszubrechen. Seit meine Tochter auf der Welt ist, bin ich radikaler am Aussieben. Mit wem ich wie viel Zeit verbringe, schaue ich mir ganz genau an. Es ergibt einfach keinen Sinn mehr, allen Freunden, die man über die Jahre so angesammelt hat, seine Zeit zu widmen. Ein paar gute und dafür intensiv – mir reicht das, und in meiner Lebenswelt ist das für mich ein guter Kompromiss.

Jakob: Qualität statt Quantität. Mit manchen fühlt es sich einfach richtig an und fertig. Obwohl mir eine Sache noch einfällt. Ich habe auch eine Menge »Aspekte-Freunde«. Das ist ähnlich wie bei einer Sportausrüstung oder Werkzeug. Für alle gibt es den oder das Richtige. Einen Freund zum Sportmachen, einen Freund zum Feiern und Reisen, einen Freund zum Werkeln und einen zum Reden und Abhängen.

Max: Und wer bin ich? Lass mich raten: Der Softie zum Reden?

Jakob: Na, du bist meine beste Freundin.

SCHEISSE DRAUF

Von Jakob

Es gibt Tage, die beginnen so: Augen auf, scheiße drauf. Das hat nichts mit dem grauen Himmel zu tun, der so tief hängt wie die Augenlider meines Nachbarn. Es hat nichts zu tun mit dem Nieselregen, der alles in Feuchtigkeit taucht wie ein nasser Lappen, der schlaff über dem Wasserhahn hängt. Es hat nichts mit meinem Beruf oder meinen Freunden zu tun.

Es ist ein kleines stilles Pochen. Ein Gefühl, das sich aufbläht wie ein Luftballon unter meinem Solarplexus. Zu nichts Lust. Kein Antrieb. Als wäre die schlechte Stimmung kein Gefühl, sondern ein körperlicher Zustand. Ein bitterer Cocktail aus Lethargie, depressiver Verstimmung und Zynismus.

Das schlechte Gewissen zerrt mich aus dem Bett. Ich stehe oben am Fenster und schaue auf den Fluss, der früher Berlin in zwei Hälften teilte.

Mir kommt die Frage: Darf ich mies drauf sein? Du hast doch alles. Eine Familie mit tollen Geschwistern und Eltern, die nur das Beste für dich wollen. Nette Freunde. Einen guten Job mit vielen Freiheiten und Möglichkeiten. So viele Möglichkeiten! Eine schöne Wohnung. Freiheit. So viel, dass es mich manchmal erdrückt. Ich habe so viel, dass es mir vor anderen zuweilen unangenehm ist. So viel – und trotzdem das Gefühl, dass irgendwas fehlt. Woher könnte dieses Gefühl kommen? Woher stammt die Idee, immer mehr zu brauchen?

Vielleicht ist es die Erwartung an mich selbst, aus all dem Naturgegebenen etwas Großes formen zu müssen.

Reicht das Einfache nicht? Muss das Große her?

Wie sieht das Große aus? Meine Suche danach lässt mich so manches Mal nicht das sehen, was schon da ist.

Vielleicht sind es die Möglichkeiten, die mich müde machen. Es gibt kein vorgefertigtes Gerüst, keinen Bauplan. Jede Möglichkeit, die noch so schön sein mag, fordert meine Initiative, meinen Antrieb. Meine Hand, die daraus Realität formt. Das ist das Schöne an der Kreativität – und die Herausforderung. Jeden Tag aufs Neue die Reise ins Ungewisse, wie in einem fremden Land ohne Kompass und Ziel. Wann bin ich da, wo ich sein will? Wann bin ich fertig? Vielleicht jetzt.

11 DINGE, DIE MÄNNER GLÜCKLICHER MACHEN

1. Die Kunst des Nichtstuns

Max: Neulich gammelte ich mal wieder auf der Couch ohne den Hauch eines schlechten Gewissens. Meine Freundin fragte mich, ob ich keine Schuldgefühle hätte, so faul zu sein. Dabei geht es mir meistens gar nicht so sehr um das Nichtstun an sich. Die Vorfreude darauf, dass man die nächsten vier bis fünf Stunden eine große leere Zeitblase vor sich hat, ist für mich das weitaus wichtigere Gefühl dabei. Ich liege dann auch nicht komatös auf der Couch, sondern mache irgendetwas. Aber eben nichts von mir Verlangtes oder gerade Nötiges, sondern etwas, wonach mir der Sinn steht. In

269

unserer Leistungsgesellschaft ist gepflegte Langeweile fast schon verwerflich. Ich lebe, um frei zu sein. Und das ist ein Stück meiner Freiheit.

Manchmal denke ich dann an dich, Jakob, den Workaholic, und kurz blitzt der Gedanke auf, ob ich nicht etwas »Sinnvolles« mit meiner Zeit anstellen sollte. Und dann zieht ein kleines Schaf mit der Aufschrift »Time you enjoy wasting is not wasted time« vor meinem inneren Auge vorbei und ich kann mich wieder beruhigt zurücklehnen.

Jakob: In Sachen »Auszeiten nehmen und genießen« kann ich mir in der Tat noch etwas von dir abschauen. Mir gelingt das oft nicht. Mich plagt dann ziemlich schnell ein schlechtes Gewissen und das Gefühl, nicht alles gegeben zu haben, was möglich war an diesem Tag, in der Woche, im Monat und letzten Endes im Leben. Ich sollte vielleicht öfter hinterfragen, warum ich so viel erreichen will. Will ich so ein geiler Hecht sein, der sich freut, wenn Menschen ihn bewundern? Welche Leistung ich in einem Jahr erbracht habe, mache ich dann nicht immer daran fest, welche Projekte ich realisiert habe, sondern was Promi XY in meinem Alter erreicht hat. Du kannst dir denken, wie groß die Wahrscheinlichkeit ist, da den Kürzeren zu ziehen.

Damit kommen wir für mich zu einem ganz wichtigen Punkt.

2. Sich an sich selbst messen

Jakob: Die Welt bietet uns Tausende Möglichkeiten, uns ständig und mit jedem zu vergleichen. Mit den vor Schönheit strahlenden Models auf dem

Plakat zu den neuesten Must-have-Sneakern. Oder unseren Freunden und Bekannten in den sozialen Netzwerken. Wir sehen die Best-of-Momente der anderen – aber deren persönliches Fail-Book entzieht sich unserer Wahrnehmung.

Wenn ich mich zu oft mit anderen vergleiche, schmeckt mein eigenes Leben manchmal wie ein fades Süppchen. Wo ist mein »Youtube-Ski-fahr-I doubt it«-Moment? Obwohl mir schon klar ist, dass mein Leben – medial richtig inszeniert – den Geschmack einer fruchtigen Bowle hätte. Ich vergesse leider immer, das Foto für Facebook zu machen, wenn ich gerade richtig glücklich bin. Dementsprechend vergleiche ich mich eigentlich auch nur in den Momenten, in denen ich nicht so richtig zufrieden bin. Für mich ist das immer ein gutes Warnsignal, zu schauen, was ich mir gerade wünsche und wie genau das Realität werden könnte.

Max: Du hast in deiner perfekten Welt die 20-Uhr-Nachrichten vergessen.

Jakob: Du hast völlig recht. Ein anderes Extrem, das mich manchmal ziemlich abfuckt. Ich halte Nachrichten für wichtig. Darüber aufzuklären, was in der Welt passiert, umso mehr. Ich frage mich nur immer nach dem Sinn der auf mich einseitig negativ wirkenden Berichterstattung. Passiert wirklich nur Scheiße auf der Welt? Den Nachrichten nach zu urteilen: Ja. Sollen die Nachrichten als eine Art Reset-Knopf verstanden werden, der einem vermittelt: »Ja, ja, ich höre ja schon auf zu meckern, denn wenigstens steuert gerade keine mit Bomben behängte Drohne auf mein Wohnzimmer zu.«? Wer sich besser fühlt, weil es anderen schlecht geht, für den kann auch eine Ausrichtung nach innen recht heilsam sein.

Dann gibt es noch die Klatschblätter, die verwenden zwanzig Prozent ihrer Seiten darauf, Wundersalben zu bewerben, die angeblich die Hautalterung verlangsamen. Auf den übrigen Seiten bekommen wir ein detailgetreues Update des Beziehungsstatus unserer prominenten Lieblingspärchen. Wenn ich beim Arzt bin, greift meine Hand fast reflexartig nach genau diesen Zeitschriften, und so erfahre ich vom letzten Streit des ehemaligen Traumpärchens Brangelina. Ich denke bei mir nur: Mmh, doch nicht alles so rosig, obwohl sie doch alles haben. Höchste Zeit, eine wichtige Frage an mich zu stellen: Wie geht es mir eigentlich? Und was kann ich dafür tun, damit es mir besser geht?

So, Max, und jetzt du, ich muss mal kurz ausglühen.

3. Zeit mit Kindern verbringen

Max: Auch wenn Menschen ohne Kinder diesen Satz nicht mehr hören können: Als Gegenstück zu allem Negativen auf dieser Welt weiß ich aus meiner Erfahrung, dass es für das Seelenwohl nichts Schöneres gibt, als Zeit mit den eigenen Kindern zu verbringen. Meine Tochter lässt mich die Probleme des Alltags vergessen, denn sie selbst befasst sich natürlich mit ganz anderen Dingen: »Wow, ein Bagger baggert ein Loch« oder »Das Motorrad brummt«. Wenn ich mich darauf einlasse und mitspiele, habe ich binnen fünf Minuten die Entdeckerbrille auf, und im Wohnzimmer warten die größten Abenteuer.

Dabei wollte ich nie Kinder haben. Meine Freiheit war meine oberste Priorität. Jetzt ist es meine Tochter. Allein ihre Anwesenheit bringt mich in einen Zustand der absoluten Ruhe und inneren Zufriedenheit. Das ist so schön, dass ich kotzen könnte, wenn ich meine Geschichte von jemand anderem hören würde.

Jakob: Obwohl ich noch keine eigenen habe, habe ich oft die Gelegenheit, Zeit mit Kindern zu verbringen. Ich habe etliche Geschwister, mein jüngster Bruder ist gerade mal zehn. Meine Eltern hingen früher einer Religionsgemeinschaft an, bei der das Thema Verhütung so gerne gesehen war wie Rollsplit auf der Eichel.

Es ist schön, zu sehen, wie Kinder die Welt entdecken. Überall wartet ein Wunder. Das habe ich als Erwachsener leider zum Teil verlernt, wahrscheinlich ist das auch normal. Man würde seinen Alltag zwischen Lohnarbeit und Pfandflaschen wegbringen vermutlich nicht schaffen, wenn jeder Grashalm Grund zum Staunen wäre. Trotzdem oder vielleicht gerade deswegen freue ich mich als Erstes über die Freude des Kindes, und dreißig Minuten später bin ich auf dem Trampolin Teil der Gummibären-Bande, die vor dem bösen Ritter flieht.

4. Ein Hobby pflegen

Jakob: Es gibt Tage, da frage ich mich, wofür ich eigentlich arbeite. Und dann weiß ich: Manche Jobs, die ich mache, sind nur dafür da, um mir ein finanzielles Polster aufzubauen, damit ich meinen Hobbys nachgehen kann.

Hobbys sind für mich einzig und alleine dafür da, um zu entspannen, glücklich und zufrieden zu sein. Sie können und sollen sogar völlig sinnbefreit sein, ein hohes Verletzungsrisiko aufweisen und unverschämt viel Geld fressen. Sie müssen nicht den nächsten großen Erfolg versprechen. Hobbys macht man ohne Ziel und nur als Selbstzweck. Genau deswegen sind sie so gut. Es ist auch egal, ob andere daran Spaß haben. Wichtig ist, wie gut man sie selbst findet. Das kann bei dem einen Malen und Basejumpen sein und bei dem anderen Spazieren gehen oder Mit-dem-Fernglas-in-die-Nachbarwohnung-starren. Bei mir gibt es da mehrere Sachen: Surfen, Wakeboarden, Snowboarden, Gitarre, Reisen, Küchenpsychologie und erotische Stunden mit mir selbst. Aber wie du bei Punkt eins schon gemerkt hast, kommen meine Hobbys in letzter Zeit ein bisschen kurz.

Max: Hobbys sind wohl das, wofür wir arbeiten, und wie du schon sagtest, dürfen sie auch ohne Ende Geld schlucken, solange sie der eigenen Erfüllung dienen. Hobbys sind für mich auch immer etwas Eigenes. Auch wenn ich diese zusammen mit Freunden unternehme, ist es Zeit, die ich für mich in Anspruch nehme. Und das ist auch gleich mal einen Extrapunkt wert:

5. Sich Zeit nehmen für sich selbst

Max: Das ist bei mir oft Streitthema in der Beziehung. Obwohl wir beide wissen, dass am Ende alle profitieren. Derjenige, der sich die Zeit nehmen konnte, kann auch wieder mehr geben. Ich bin mittlerweile ganz gut darin, mich von den alltäglichen Zwängen zu befreien. Denn unterm Strich zähl ich.

Jakob: Ich gehe in letzter Zeit gerne mal alleine in die Sauna. Sollte ich mir Sorgen machen?

Max: Ja!

Jakob: Dachte ich mir.

6. Laut lachen

Jakob: Ich selbst finde meinen Humor natürlich großartig, aber wenn ich mich neu kennenlernen würde, wüsste ich nicht, wie da mein Urteil ausfallen würde. Ich muss über Sachen lachen wie *Dumm und Dümmer* und *Eisprinzen*. Einmal musste ich mich unter Bauchkrämpfen vom Lachen zum Fernseher rollen und ihn ausschalten, weil ein Best-of von *Kalkofes Mattscheibe* lief.

Dann gibt es natürlich bestimmte Freunde, mit denen man viel lacht. Mit diesen Auserwählten gerät man einfach in eine Stimmung, in der man über viele Dinge lachen kann. Das ist schon fast wie ein Lachflash auf Dope, nur ohne die Panik, dass man nicht mehr aufhören kann.

Über Dinge lachen zu können ist oft eine Einstellungsfrage. Es gelingt mir nicht immer.

Max: Das Schöne ist ja, dass es keinem so richtig gelingt, andere beim Lachen zu beobachten, weil man eben mitlachen muss. Den Spiegelneuronen sei Dank.

Ich umgebe mich viel mit Menschen, mit denen ich richtig gut lachen kann. Ich habe Menschen ziehen lassen, die mich ständig runtergezogen haben. Klar heißt das nicht, einen Freund, der in einer schweren Phase ist, abzubügeln mit »Du, lass mich bitte mit deinem Scheiß in Ruhe, ich muss jetzt ins Lachyoga«. Es geht eher um Menschen, die einem die Energie wegsaugen wie ein Kaisers-Alki die Pulle Korn.

Jakob: Du weißt ja, dass ich ein bisschen toleranter mit negativen Menschen bin. Das ist vielleicht auch das Duct Tape in unserer Freundschaft. Man muss die negativen Miesmacher auch mal in Schutz nehmen.

Max: Dessen bin ich mir mittlerweile bewusst geworden. Ich war ein sehr negativer Mensch. Alles war von vornherein zum Scheitern verurteilt, und ich habe dadurch auch meine Freunde mit in diesen Strudel gezogen. Es hat lange gedauert, das loszulassen, und es wird immer ein Teil von mir bleiben, aber im Großen und Ganzen male ich meine Welt nicht mehr schwarz. Ich kann nur den Rat geben: Umgib dich mit Menschen, die dir guttun, und brich mit allem Negativen, das dich umgibt.

7. Der Flow

Jakob: Es gibt diverse Bücher darüber, die auf unterschiedliche Weise beschreiben, was eigentlich völlig klar und doch so schwer umzusetzen ist. Die meiste Zeit unseres Lebens verbringen wir damit, über Vergangenes zu grübeln oder uns um die Zukunft zu sorgen. Das Einzige, was aber wirklich existenziell und wichtig ist, ist der jetzige Moment, in dem wir leben. Wenn wir in diesen abtauchen, sind wir im Flow. So ziemlich das Geilste, das man erleben kann. Sex, Sport, gute Gespräche und in Teilen die Arbeit bringen mich oft in den Flow.

Klar gibt es Momente, wenn zum Beispiel ein Vortrag ansteht, für den es sinnvoll sein kann, sich über die Zukunft Gedanken zu machen. Aber auch die Vorbereitung darauf sollte und kann nur im Hier und Jetzt passieren. Sich Sorgen darüber zu machen, wie man vor der Menschenmenge auf einmal einen Blackout bekommt, macht weder die Zukunft noch den Moment besser und erschwert meist die Vorbereitung. Das ist wieder so ein Relikt aus Urzeiten, was uns in unserer jetzigen Zeit in Sachen Glück nicht weiterbringt. Klar, bei Themen wie Klimawandel mal die Birne auf morgen anzuknipsen ist nicht die schlechteste Idee. Da geht es auch wieder ums tatsächliche Überleben. Aber auch hier ist es besser, die Energie auf die Aktivität zu legen. In 99 Prozent der Fälle helfen Sorgen einfach mal gar nicht.

Es gibt ein paar Dinge, die mir helfen, in den Flow zu kommen und dort zu bleiben: Die fünf Tibeter (eine Abfolge von Übungen, die sowohl gut für den

Körper als auch für den Geist sein sollen), Meditation, das Handy ausstellen und positive Visualisierung. Max, vielleicht wirst du jetzt sagen: Sich vorzustellen, wie eine Sache gelingt, bevor sie gelungen ist, ist eine Illusion. Aber genauso ist die Vorstellung des negativen Ausgangs einer Situation eine Illusion. Mich motiviert das Positive immer mehr.

Max: Warte mal, ich schlage kurz ein paar Töne auf meiner Klangschale.

8. Persönliche Sättigungspunkte definieren
Jakob: Ich glaube, die Welt, in der wir leben, ist in den meisten Fällen immer weniger auf das Olympiaprinzip »Höher, schneller, weiter« ausgelegt, auch wenn uns das suggeriert wird. Zumindest ist das mein Eindruck, wenn ich mich umschaue. Eine Mehr-mehr-mehr-Welt kann bei begrenzten materiellen Ressourcen einfach nicht funktionieren. Der kapitalistische Strudel gräbt sich irgendwann selbst das Wasser ab. Und ich selbst kann mich davon nicht ausnehmen. Ich lebe im puren Luxus und habe viele Dinge, die ich meinte zu brauchen, bei denen ich dann aber nach zwei, manchmal drei Wochen bemerke, dass sie mein Leben auf Dauer nicht bereichern.
Wenn ich mein Glück von materiellen Dingen oder dem Erreichen von Zielen abhängig mache, begebe ich mich in eine Teufelsspirale.
Ich hatte es schon öfter, dass ich mir gesagt habe: Dein Abitur, deine Masterarbeit, dieses Projekt, komm schon, zieh durch, musst du noch verwirkli-

chen. Dann kannst du dich entspannen und glücklich sein. Im Moment des ersten Durchatmens war schon wieder ein neuer Punkt in weiter Ferne definiert, wo das Glück und die Entspannung auf mich warteten.

Wichtig für mich ist hier, persönliche Sättigungspunkte zu definieren. Muss ich zum Beispiel 20 000 Euro im Monat verdienen, oder reichen auch 2000 Euro? Es gibt mittlerweile diverse Studien darüber, dass das eigene Glück ab einem Bruttoeinkommen von 5500 Euro nicht mehr merklich ansteigt. Und solche Sättigungspunkte können in vielen Bereichen sinnvoll sein. Das heißt nicht, dass man keine Ambitionen mehr haben sollte. Es heißt aber in jedem Fall: aus dem Teufelskreislauf aussteigen.

Max: Schlag Nummer zwei auf meine Klangschale.

Jakob: Hol schon mal aus für Schlag drei und begleite diesen bitte mit einem langsam ausklingenden Ommmmmm!

Max: Ich befinde mich in Levitation und schwebe zwanzig Zentimeter über dem Boden.

Jakob: Du wirst es mir noch danken, wenn du mit 65 ein alter, schrumpeliger Zausel bist, dich von deiner dritten Frau trennst und trotzdem ab und zu mit einer unter 50-Jährigen schlafen darfst, weil du bis dahin ein mit Weisheit vollgestopfter Guru bist.

9. Demut

Jakob: Im Ausklingen der Klangschale greife ich Punkt acht mit dem Unterschied auf, dass Demut auch für Dinge gilt, für die man nichts tun muss. Das vergesse ich im Alltag sehr schnell. Viele Dinge sind für mich einfach selbstverständlich. WLAN im Zug ist relativ neu, und alle Leute freuen sich. In zwei Jahren wird es Standard sein (auch in der voll funktionstüchtigen Variante und nicht in dem Bröckel-LAN, das es bislang gibt). Wenn es Standard ist, werden sich viele darüber aufregen, wenn es mal ausfällt. Es ist dann zu einer Selbstverständlichkeit geworden und kein Geschenk mehr.

Ich nehme wirklich viele Dinge als selbstverständlich wahr. Schon allein morgens mit warmem Wasser zu duschen oder in den Supermarkt zu gehen und jeden Tag Früchte aus der ganzen Welt kaufen zu können. Es gab für mich einen Aha-Moment, in dem ich das in aller Deutlichkeit realisiert habe. Ich war 2009 für eine Dokumentation einen Monat in Afghanistan. Ich habe die Zeit dort, abgesehen von meinen zwei Lebensmittelvergiftungen, als sehr spannend empfunden. Weil die Eindrücke des vom Krieg gebeutelten Landes einfach zu intensiv waren, wurde mir erst auf dem Rückweg klar, wie dankbar ich allein dafür sein kann, dass sich meine Eltern vor drei Jahrzehnten zum Liebesakt an einem in Deutschland liegenden Tümpel entschieden haben. Eine Sache, die einige Menschen als Leistung verbuchen, die aber ohne unser Zutun passiert und wofür ich immer mehr Demut entwickle.

Und es muss nicht immer so heftig sein. Zumindest wenn es um die Länderwahl und die eigene Demutsaffinität geht. Ein Kumpel von mir ist Christ. Ein sehr gläubiger Christ übrigens. Kein Sex vor der Ehe. Beten vor jedem Essen. Neulich waren wir bei einem dieser chinesischen Schnellimbisse, wo das Essen schon fertig ist, wenn man länger als drei Sekunden auf die Karte guckt. Als das Essen kam, betete er und dankte Gott für die verschiedenen Gerichte, die Menschen aus aller Herren Länder ihm in Berlin zubereiten.

Jetzt mal egal, wem man die Demut entgegenbringt, sich selbst, der Welt, Gott, Allah, den Elementarteilchen oder dem Universum: Mir machte es mal wieder kurz klar, dass es eben keine Selbstverständlichkeit ist, so eine große Auswahl zu haben. Und auch in Oettingen und Buxtehude gibt es eine Pizzeria, eine Kneipe und einen Dönerladen.

Und jetzt noch mal zum Berliner Tümpel und die Entscheidung meiner Eltern, sich unter sengender Hitze hier dem mich zeugenden Liebesakt hinzugeben. Ich fange an, immer demütiger dafür zu werden, dass ich so aufwachsen durfte, wie ich aufgewachsen bin. Das ist keine Selbstverständlichkeit. Für mich steckt da auch immer die Frage dahinter, wie ich anderen Menschen begegne, die ein anderes »Schicksal« hatten. Wie viel in meiner Entwicklung ist davon abhängig, in welcher Umgebung, bei welcher Familie, unter welchen finanziellen Umständen ich aufgewachsen bin? Es geht schnell, dass ich mal sage, der Mensch XY ist richtig dumm. Aber wer wäre ich geworden, wenn ich nicht bei meiner Mutter, bei meinem Vater, in meiner Gegend groß geworden wäre?

10. Gutes tun

Max: »Gut ist der, der Gutes tut« hat schon Forrest Gump als weisen Ratschlag seiner Mutter in die Pralinenschachtel gelegt bekommen. Dabei weiß man nie, was man zurückbekommt. Und genau das ist auch ziemlich unwichtig. Für mich ist es eines der Grundprinzipien für das eigene Glück. Ich merke, wenn ich mich im Alltag auch auf die kleinen zwischenmenschlichen Gesten besinne, gehe ich mit einem besseren Gefühl abends ins Bett. Gutes tun ist dabei für mich aber eher wie Sport, den ich gern mache, und nicht wie das Fitnessstudio eine Institution zum Abnehmen und Stählen. Ja, ja, ich weiß, es gibt ein paar Leute, die fahren gern mit dem Auto in die Muckibude, um da aufs Laufband zu steigen.

Beim »Gutes tun« gilt es, sich dem Grundsatz zu stellen, nach wertschätzenden Prinzipien zu handeln und mit seinen Mitmenschen respektvoll umzugehen.

Jakob: Ich finde es auch eigentlich egal, ob das Motiv nun altruistisch oder egoistisch ist. Wichtig ist, was dabei rauskommt. Lass doch Person XY ihr Gesicht ein bisschen länger bei der Kindergala in die Kamera halten, wenn dafür 50 000 Euro an Bedürftige gehen. Vielleicht gibt es Nachahmer. Für mich persönlich ist es immer eine ganz klare Mischung aus »für das eigene gute Gefühl« und »für die Sache an sich«. Ein Cocktail, der sich bedingt.

Gibt es wahren Altruismus überhaupt? Mutterliebe – und sonst?

Max: Die Vaterliebe.

11. Sein ganz eigenes kleines Glück definieren
Max: Bis hierhin liest sich das Ganze ein bisschen wie ein spiritueller Ratgeber zum Glücklichsein – und vielleicht ist es das auch. Wir haben in unserer heutigen Luxusgesellschaft ausreichend Zugang zu oberflächlichen, wohltuenden Glücksbringern. Ich finde aber, die Frage nach dem Glück ist für jeden nur ganz individuell zu beantworten. Was ist gerade mein Thema, was brauche ich?
Wenn ich Bock darauf habe, mit vielen Frauen zu schlafen, mich sexuell auszuprobieren, dann sollte ich diesen Wunsch auch einfach mal ausleben. Ebenso kann jemand sich in dem Modus befinden, Dinge anzuhäufen, und auch das wird ihn vielleicht für den Moment befriedigen. Am Ende muss sich jeder selbst darüber klar werden, was ihn in der aktuellen Lebensphase glücklich macht und was er oder sie dafür tun kann.

Jakob: Materielle Güter anhäufen fände ich okay, wenn jeder seinen eigenen Planeten bewohnen würde. Da wir uns die Welt teilen, bekomme ich manchmal schon einen Hals, wenn jemand mit so einer PS-Schleuder an mir vorbeidonnert. Ich fasse mal zusammen. Wir haben: im Moment leben. Mit Frauen schlafen. Mit Frauen, die man liebt, schlafen. Lecker essen.

Max: Für mich wäre es: sich gepflegt einen in der Badewanne runterholen.

Jakob: Kunst auch außerhalb von Museen genießen. Das sagen, was man auf dem Herzen hat. Mit Menschen Zeit verbringen, die einem wichtig sind.

Max: Sich selbst und andere nicht immer so ernst nehmen!

Jakob: Vielleicht der wichtigste Punkt.

DANKE AN:

Matze Hielscher für seine Unterstützung und Aufgeschlossenheit.

Ilona Hartmann für ihre tollen Tipps, ihre Kompetenz und Vorschläge.

Silke Müller für ihre Kommentare und neuen Perspektiven.

An Max' Freundin für die geschenkte Zeit.

Und natürlich unsere Lektorin, die es hasst, namentlich genannt zu werden und wie Max lieber nicht in der Öffentlichkeit steht: Mareike Neukam.

Küsse und so.

Der unautorisierte Forschungsbericht aus Westeros

Helen Keen
DIE WISSENSCHAFT
VON EIS UND FEUER
Wenn »Game of Thrones«
auf Fakten trifft
Aus dem Englischen
von Edith Beleites
224 Seiten
mit zahlreichen
Abbildungen
ISBN 978-3-404-60938-3

Kann man einen menschlichen Schädel mit den Händen zerquetschen? Was geschieht mit den Genen, wenn Geschwisterliebe Sprosse treibt? Welche Metalllegierung hält selbst der enormen Hitze eines Drachenfeuers stand? Und natürlich: Wann wird es Winter?

Game of Thrones spielt mit den Grenzen zwischen Magie und Möglichkeit, Fabel und Historie und lädt die Fans zu wilden Spekulationen ein. Nun lüftet Helen Keen die wissenschaftlichen Geheimnisse dieser großartigen Serie und findet auf (fast) alles eine Antwort. Ein großer Spaß für alle, die gern mal wie ein echter Maester denken ...

Bastei Lübbe

»Sie sprechen ja fantastisch Deutsch«

Mathias Kopetzki
BOMBENSTIMMUNG
Wenn alle denken, du
bist der Terrorist
240 Seiten
ISBN 978-3-404-60956-7

Ob im Bett mit einer hübschen Frau, am Strand, im Zug oder in der Schule - Mathias Kopetzki hat im Lauf seines Lebens schon die absurdesten Geschichten erlebt, welche ihn immer wieder daran erinnern, dass er »nicht ganz deutsch« ist. Allerdings ist der Autor in einem norddeutschen Dorf aufgewachsen, hat Abitur gemacht und studiert. Mit schwarzem Humor und Ironie erzählt er von kleinen und großen Kränkungen, von Sticheleien und fragwürdigen erotischen Avancen, von skurrilen Situationen in Behörden oder auf der Straße, mit Sicherheitsbeamten, Schaffnern und Passanten.

Bastei Lübbe